STAHLTRAGWERKE

schlank hoch weit

Edition **DETAIL**

Inhalt

DÄCHER

010 Matmut-Atlantique-Stadion in Bordeaux
020 Hauptbahnhof in Den Haag
030 Technologiezentrum in Chicago
040 Sporthalle Quai de la Moselle in Calais
048 Coal Drops Yard in London
058 Jewel am Flughafen Changi in Singapur

BRÜCKEN

070 Autobahnbrücke bei Sundsvall
082 Isarsteg Nord in Freising
088 Queensferry Crossing bei Edinburgh
098 Fußgängerbrücke in Be'er Sheva
106 Kienlesbergbrücke in Ulm

GESCHOSSBAUTEN

118 Intesa-Sanpaolo-Hochhaus in Turin
128 Morpheus Hotel in Macau
138 Science Center Experimenta in Heilbronn
150 Zentralbibliothek Oodi in Helsinki
162 Bürogebäude Arena in Herzogenaurach

SONDERBAUTEN

176 Aussichtsturm in Brighton
184 Kraftwerk Lausward in Düsseldorf
194 Meixi Urban Helix in Changsha
204 Vessel in New York
214 Kulturzentrum The Shed in New York

ANHANG

226 Autoren
228 Abbildungsnachweis
229 Projektbeteiligte
232 Impressum

Filigran und effizient

„Gusseisen war im Prinzip ein völlig neuer Baustoff, der erste, seitdem die Römer in größerem Maßstab den Beton eingeführt hatten. Es gab keinerlei Präzedenzfälle, keine Standardentwürfe, keine Entwurfsregeln."

So beschreibt der britische Bauingenieur Bill Addis die Situation in der Geburtsstunde der modernen Eisenarchitektur Ende des 18. Jahrhunderts. Seither haben Menschen Eisen und Stahl aus vielerlei Gründen im Bauwesen eingesetzt: Die Zugfestigkeit von Stahl übersteigt die anderer, traditioneller Baustoffe deutlich, er besitzt relativ gute Brandschutzeigenschaften, hat das Potenzial zur massenhaften Vorfertigung und ermöglicht schnelle Bauabläufe. Es verwundert daher nicht, dass Addis' deutscher Kollege Richard J. Dietrich den Stahl einmal als „Stoff der Möglichkeiten" bezeichnet hat.

Doch Eisen und Stahl waren stets auch kostspielig und nur begrenzt verfügbar. Ihre Verwendung im Bauwesen war daher von Anfang an vom Effizienzgedanken geprägt, die Abmessungen der Elemente von Ingenieuren berechnet. Die von Addis' beschriebene Regellosigkeit wich schon bald modernen, mit wissenschaftlichen Methoden entwickelten Konstruktionsprinzipien und industriellen Produktionsstandards. Damit unterscheidet sich der Eisen- und Stahlbau fundamental von älteren Bauformen, deren Entwicklung über die Jahrhunderte angesammeltem Erfahrungswissen folgte.

Die erste Blütezeit von Eisenkonstruktionen Anfang des 19. Jahrhunderts ging mit vielen Erfindungen wie dem Doppel-T-Träger oder dem Fachwerkträger einher, die bis heute fest zum Repertoire der Tragwerksplanung gehören. Mit der Errichtung von Joseph Paxtons Londoner Kristallpalast 1851 schlug schließlich auch die Geburtsstunde der industriellen, standardisierten Massenfertigung im Bauwesen. Auch Pionierleistungen des Brückenbaus wie die Brooklyn Bridge in New York oder die Forth Bridge nördlich von Edinburgh wären ohne Eisen und Stahl unmöglich zu realisieren gewesen. Heute sind neue Aspekte hinzugekommen, etwa wie die Rückbaubarkeit moderner Stahlkonstruktionen und die Recyclingfähigkeit des Materials. Stahl, so lautet eine treffende Beobachtung, wird nicht ver-, sondern nur gebraucht.

Die Faszinationskraft, die Stahltragwerke ausüben, ist ungebrochen: Mit Stahl lassen sich filigranere Dächer konstruieren und gewagtere Auskragungen realisieren als mit allen anderen Massenbaustoffen. Das haben unter anderem Frei Otto mit seinem Olympiadach in München und Jean Nouvel mit dem Kultur- und Kongresszentrum in Luzern unter Beweis gestellt. Stahltragwerke können Gebäude auch äußerlich prägen wie beim Hearst Tower in New York oder dem Morpheus Hotel in Macao, das wir in diesem Buch ausführlich vorstellen. Daneben hat der Stahl bauliche Extravaganzen ermöglicht wie das Atomium in Brüssel, das Guggenheim-Museum in Bilbao oder die ebenfalls in diesem Buch gezeigte Großskulptur „Vessel" in New York.

Unser Buchtitel „schlank hoch weit" spielt auf diese Einzigartigkeit des Stahls an: Wenn es um schlanke Türme, weit gespannte Brücken und gewagte Auskragungen geht, ist der Werkstoff fast immer mit von der Partie. 21 wegweisende Bauten aus den vergangenen Jahren – darunter Brücken und Hochhäuser, Stadien und Bahnhofshallen – stellen wir auf den folgenden Seiten detailliert vor. Wir hoffen, dass sie eine reiche Inspirationsquelle für Ihre eigenen Entwürfe sind. Die Entwicklung digitaler Planungs- und Berechnungsmethoden lässt jedenfalls erahnen, dass die Grenzen der Innovationskraft diesbezüglich noch lange nicht erreicht sind.

Diese Prognose gilt jedoch beileibe nicht nur für den Stahlbau, und kluge Tragwerksplanung hat sich seit jeher die Stärken aller verfügbaren Werkstoffe zunutze gemacht. „schlank hoch weit – Stahltragwerke" bildet daher nur den Auftakt zu einer dreiteiligen Buchreihe. Zwei weitere Bände über Tragwerke aus Stahlbeton und Holz sind bereits in Vorbereitung und werden in den kommenden Monaten erscheinen.

Dächer

MATMUT-ATLANTIQUE-STADION IN BORDEAUX 010

HAUPTBAHNHOF IN DEN HAAG 020

TECHNOLOGIEZENTRUM IN CHICAGO 030

SPORTHALLE QUAI DE LA MOSELLE IN CALAIS 040

COAL DROPS YARD IN LONDON 048

JEWEL AM FLUGHAFEN CHANGI IN SINGAPUR 058

Architekten Herzog & de Meuron, Basel (CH)

Tragwerksplaner Cabinet Jaillet-Rouby, Orléans (FR)
Structures Ile de France, Montrouge (FR)

Matmut-Atlantique-Stadion in Bordeaux

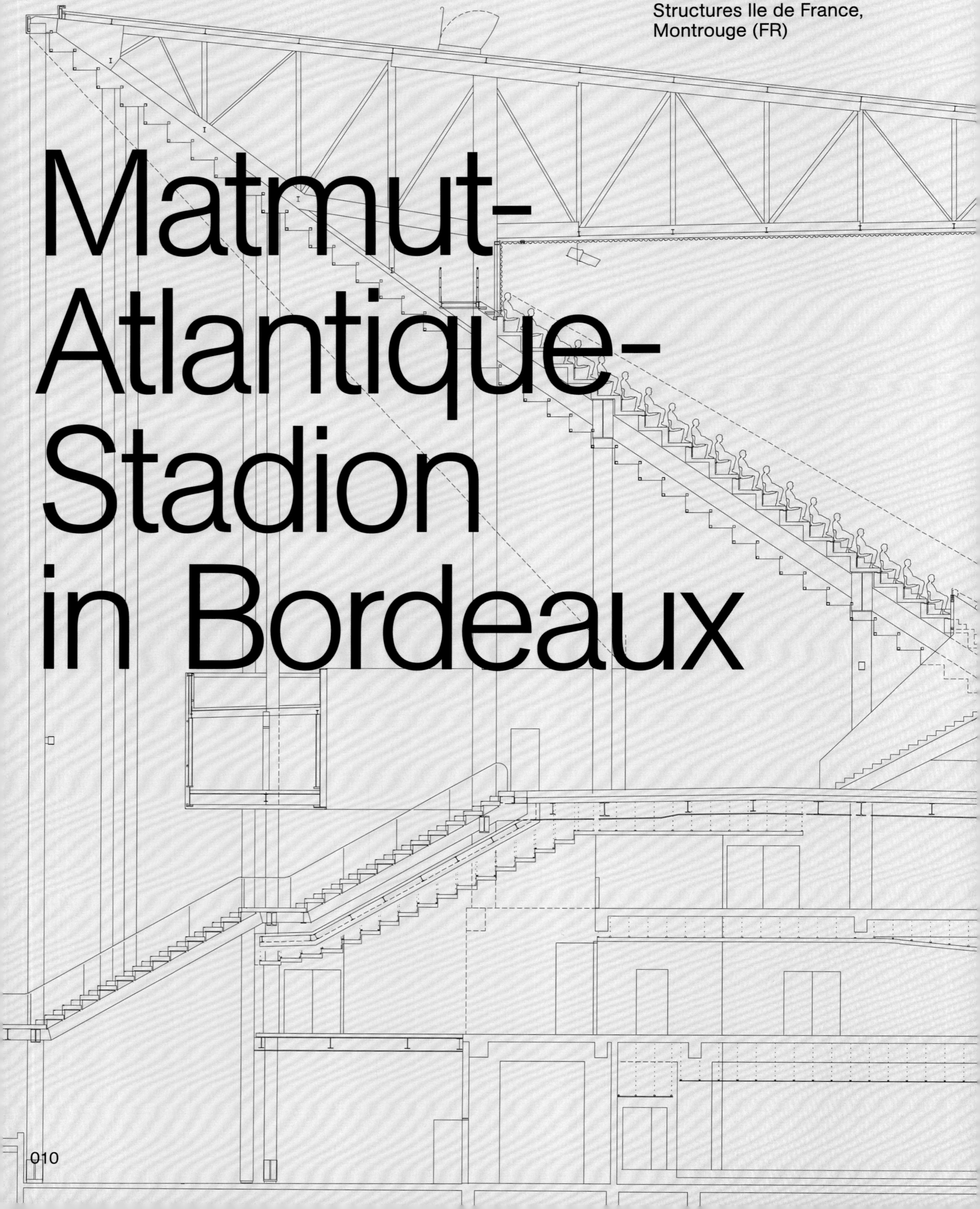

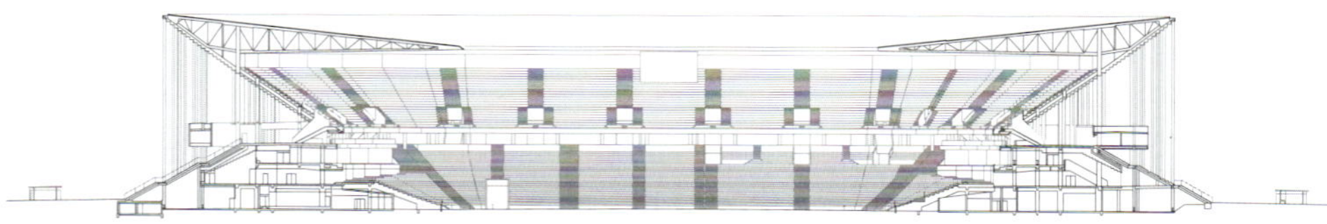

aa

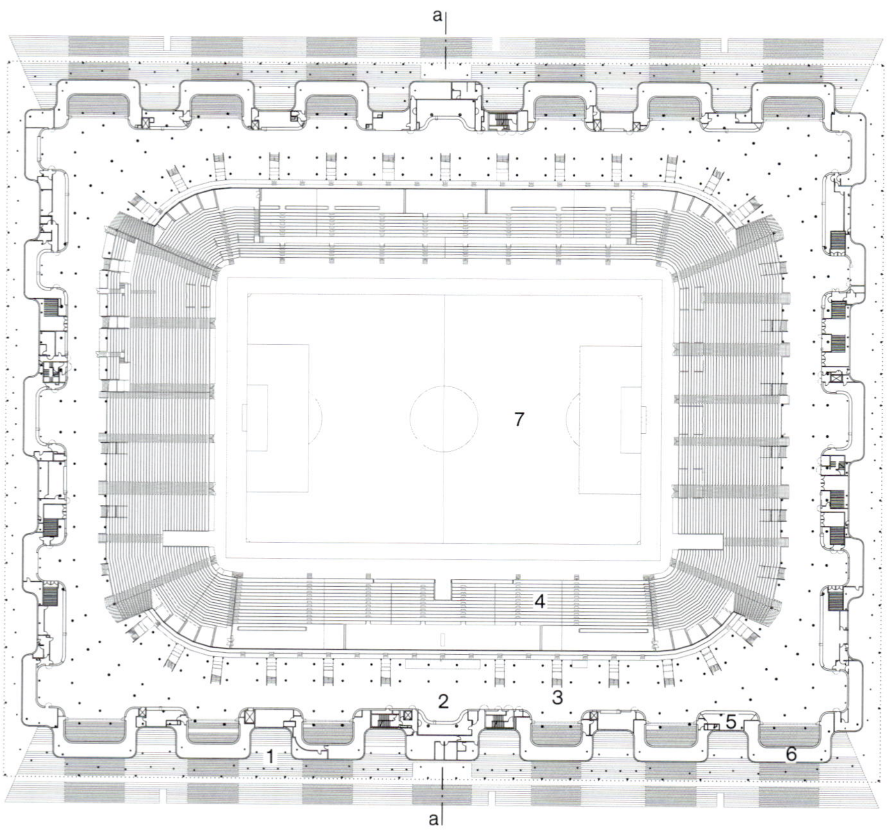

Am nördlichen Stadtrand von Bordeaux liegt das neue Stadion direkt am Übergang zur offenen Landschaft. Die multifunktionale Arena für bis zu 42000 Zuschauer ist für Fußball- und Rugbyspiele ebenso wie für Konzerte und gesellschaftliche Veranstaltungen konzipiert.

Die klare, orthogonale Geometrie des Baukörpers ist auch im Innenraum ablesbar, bis hin zur rechteckigen Öffnung über dem Spielfeld.

Alle Funktions- und Veranstaltungsräume sind in einem das Spielfeld rahmenden Sockel untergebracht, der an der Innenseite die unteren Tribünen aufnimmt und als Basis für eine umlaufende Erschließungsebene dient. Ein vor- und zurückschwingendes Band mit Nebenräumen begrenzt diese Ebene nach außen. Die obere Tribüne bildet eine Einheit mit dem um 44 m auskragenden Dach, dessen neutrale Untersicht nicht vom Geschehen auf dem Spielfeld ablenkt.

So „aufgeräumt“ der Innenraum ist, so ausdrucksstark zeigt sich der Baukörper außen: Der dünne Dachrand geht in die Unterseite der oberen Tribüne über, die mit einer die Sitzreihen nachbildenden weißen Blechverkleidung ablesbar wird. Diese komplex geformte, gestufte Fläche ruht auf einer dichten, teils wie zufällig arrangiert erscheinenden Schar aus dünnen, weißen Stützen. An den beiden Längsseiten begleiten sie die Zuschauer auf den breiten Freitreppen auf dem Weg in das Stadion. Diese Säulen vermitteln im Zusammenspiel mit der kubischen Gesamtform und dem ausgeprägten Sockel das Bild eines filigranen, weißen Tempels.

Burkhard Franke

Schnitt
Grundriss Ebene 3
Maßstab 1:2000

1 Freitreppe
2 umlaufende Erschließungsebene
3 Zugang obere Tribüne
4 untere Tribüne
5 Kiosk
6 Toiletten
7 Spielfeld (Ebene 0)

Text Burkhard Franke, München (DE)

A

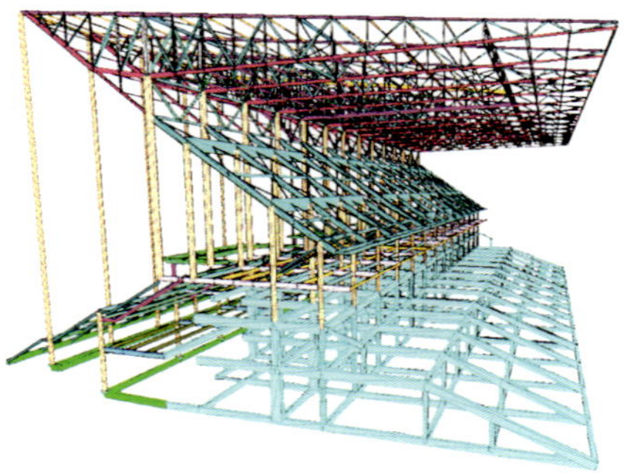

B

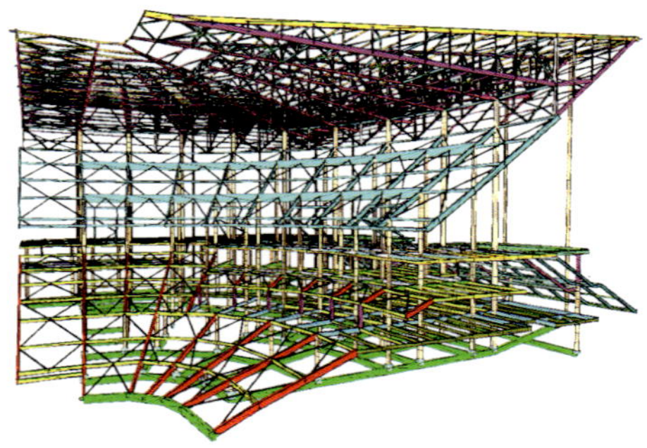

C

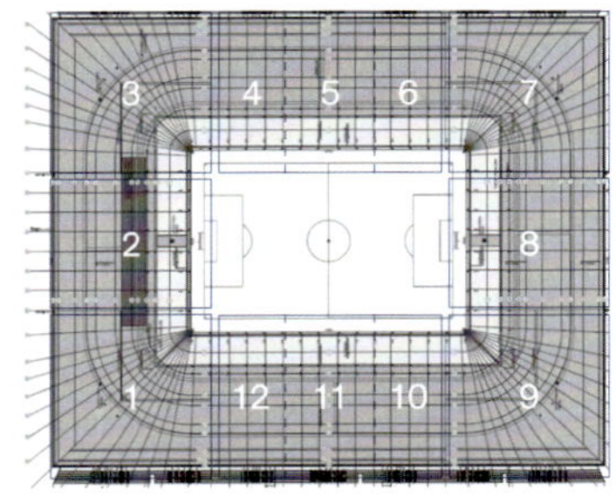

D

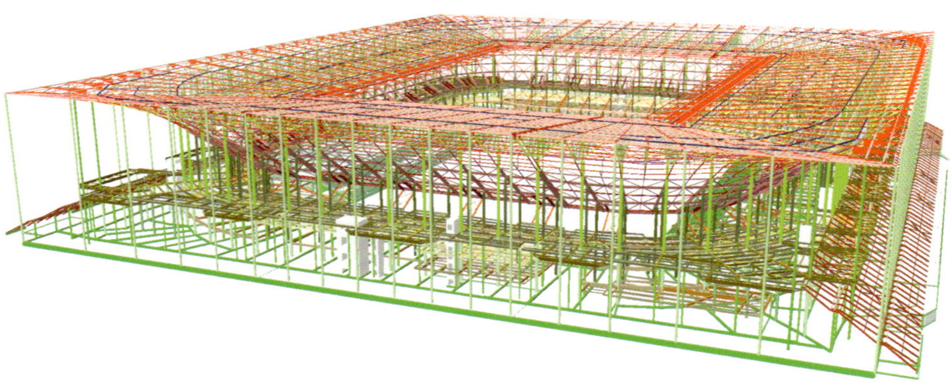

E

F

A
Axonometrie Tragwerk Westtribüne

B
Axonometrie Tragwerk Nord-West-Ecke

C
Grundriss Gesamtstruktur mit Unterteilung in 12 statisch unabhängige Abschnitte

D
Perspektive des digitalen 3D-Modell mit Unterteilung der Gesamtstruktur

E
Stahlkonstruktion der Tribüne auf Betonsockel

F
biegesteife Knoten der Stahlkonstruktion

TRAGWERKSELEMENTE

Der rechtwinklige Baukörper umfasst ein Volumen von 233 × 210 × 37 m Kantenlänge. Im Querschnitt unterteilt er sich in drei übergeordnete Baugruppen: den viergeschossigen Sockel, die oberen Tribünen und das Dach – dabei umfasst der Sockel auch die großen Freitreppen, die unteren Tribünen und die umlaufende „Schlange“ mit den Nebenräumen. Im Grundriss ist die Konstruktion vom Sockel bis zum Dach in zwölf statisch eigenständige Abschnitte geteilt (Abb. C), die über Dehnungsfugen verbunden sind. An diesen Stellen übertragen konsolenartige Auflager mit Druckelementen aus Neopren nur vertikale Lasten an den benachbarten Träger, erlauben aber horizontale Bewegungen von bis zu 5 cm als Reaktion auf Dilatation oder seismische Lasten. Mit Ausnahme der Sockelbauten aus Stahlbeton an den beiden Längsseiten ist das gesamte Tragwerk aus Stahl konstruiert.

G

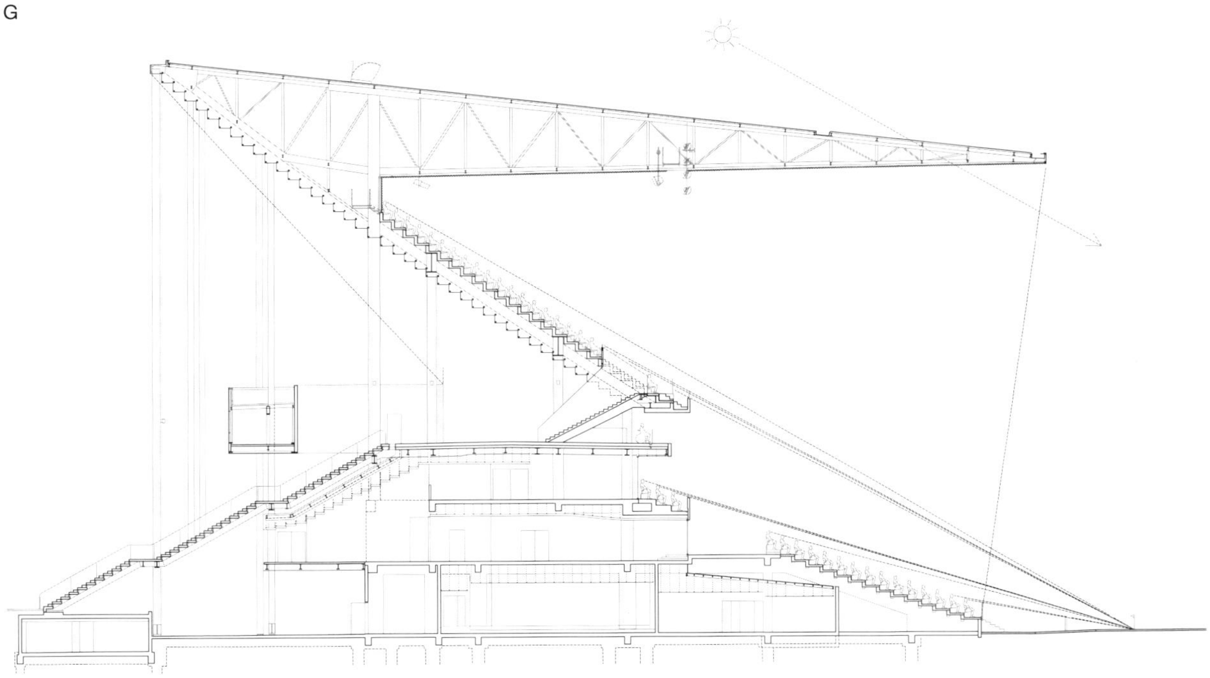

H

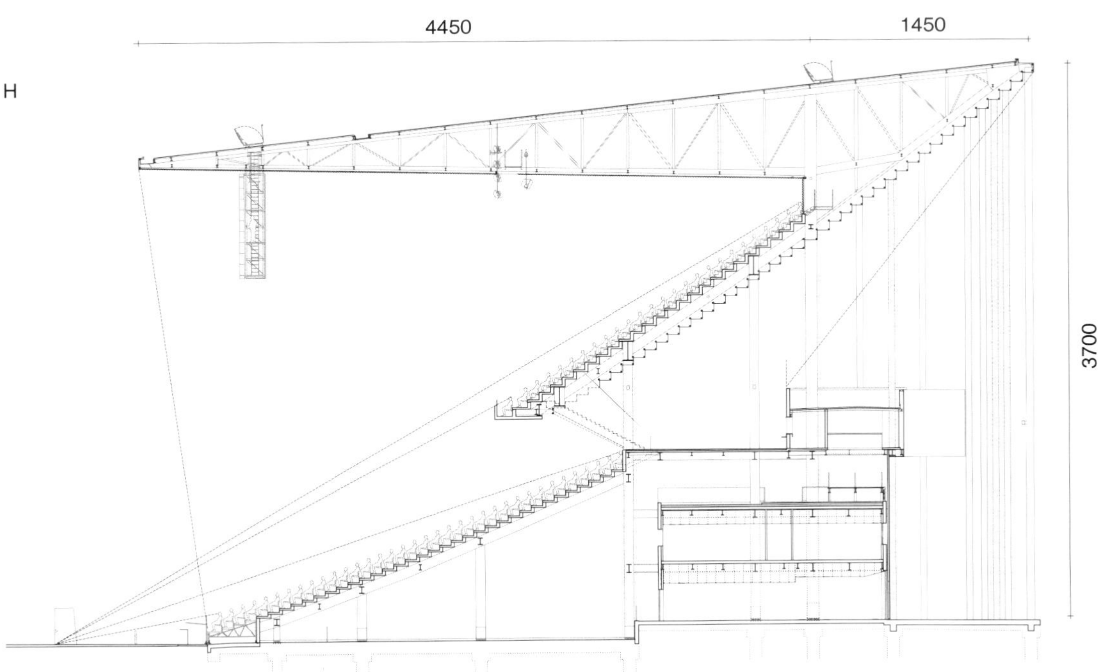

G
Schnitt Westtribüne
Maßstab 1:500

H
Schnitt Südtribüne
Maßstab 1:500

I

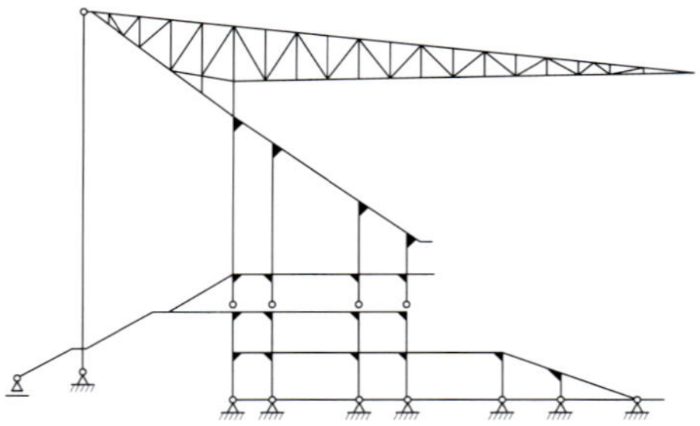

J

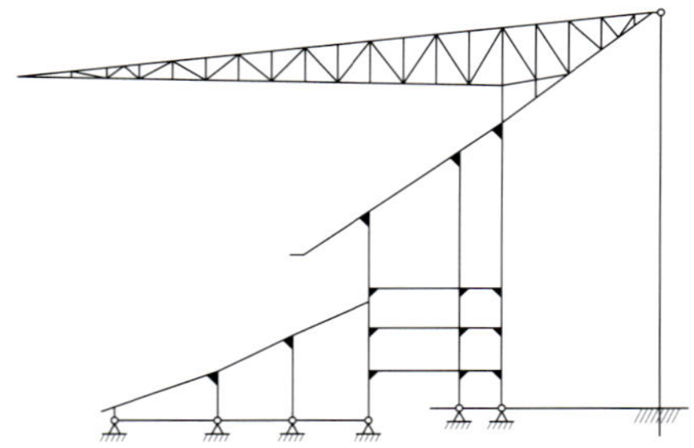

K

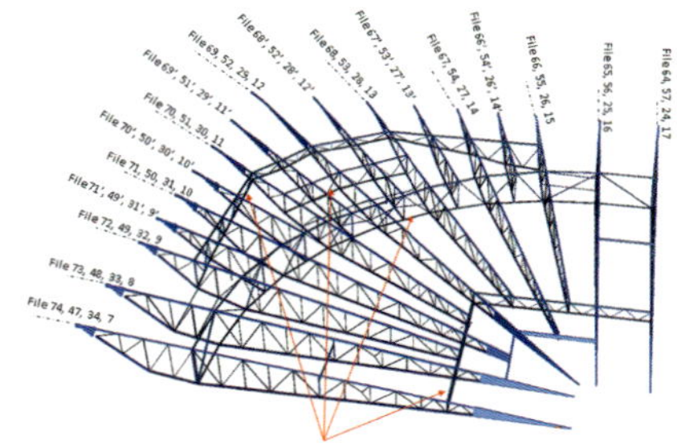

L

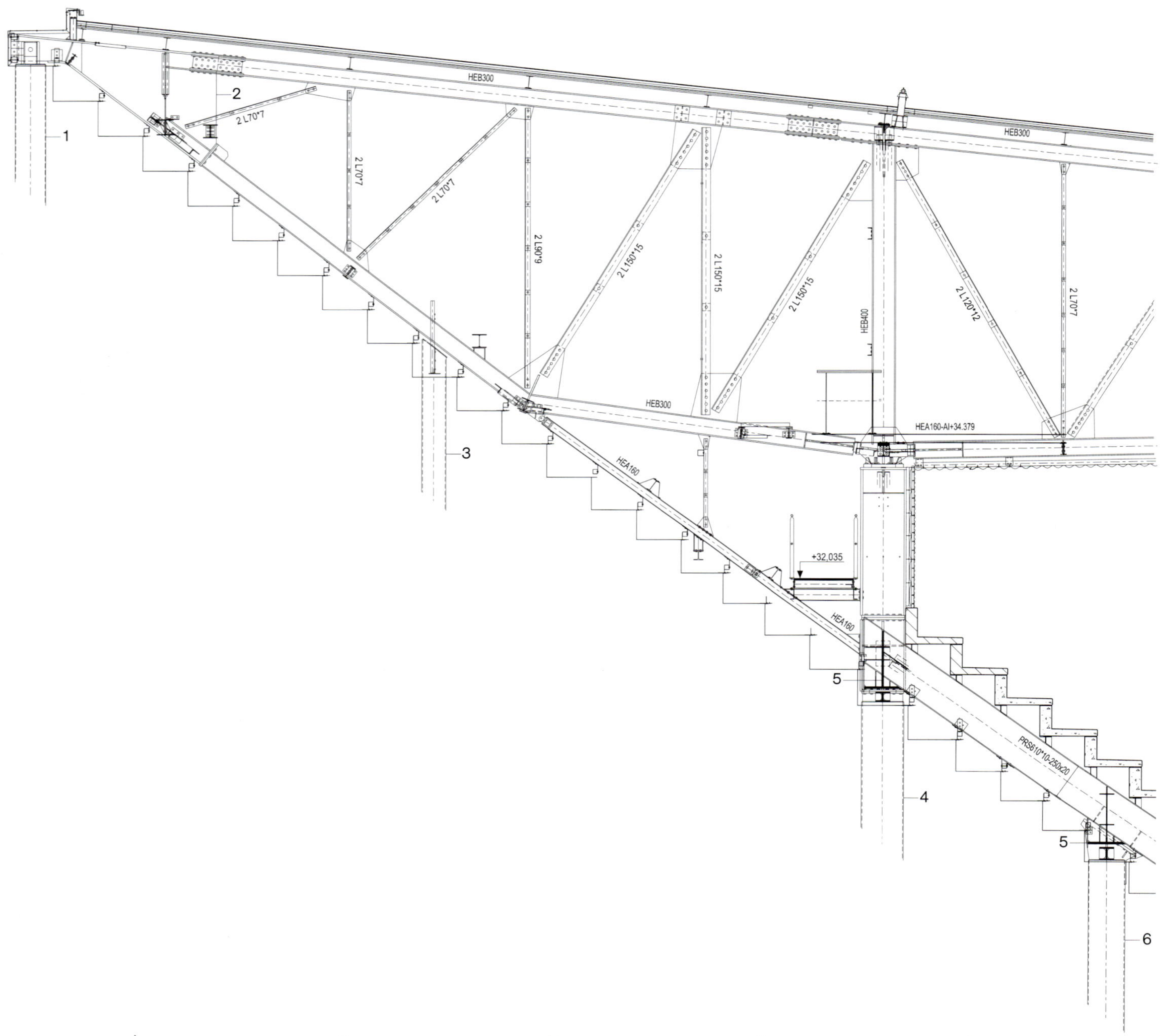

I
statische Prinzipskizze Westtribüne

J
statische Prinzipskizze Südtribüne

K
Axonometrie Ecke Dachtragwerk mit aussteifenden Längsträgern

M
Montage der Dachmodule mit Schwerlastkran

N
Montage der unteren Dachverkleidung aus gelochtem Akustikwellblech

O
Seitenansicht Dachmodul mit 44,5 m Auskragung

GRUNDSTRUKTUR UND AUSSTEIFUNG

Grundsätzlich lagern die Tribünen auf Stützen – diejenigen am oberen Rand der Sitzreihen tragen zusätzlich die Fachwerkbinder des Daches und sind besonders kräftig dimensioniert. Das Moment aus der Auskragung nach innen wird über eine Zugstütze am äußeren Dachrand aufgenommen. Das System ist so ausbalanciert, dass das Dach auch bei abhebenden Windlasten nur minimale Druckkräfte auf die äußeren Stützen überträgt. Die Stützen sind auf der Fundamentplatte oder auf dem betonierten Sockelbau in der Regel gelenkig gelagert. Die Aussteifung geschieht über die biegesteife Verbindung mit den Deckenplatten bzw. den Trägern der Tribüne (Abb. I, J). Durch die hohe Anzahl der Stützen entsteht eine vielfache Rahmenwirkung. Im Dachbereich laufen die Stützen bis an den Obergurt der Fachwerkträger durch. Da die Träger in Stützenebene auch untereinander durch einen Fachwerkgurt verbunden sind (Abb. K), ergibt sich für jede Stütze eine Einspannung in beiden Richtungen. Zusätzlich wird ihre Knicklänge reduziert. So stehen Tribünen und Dach ähnlich wie ein ringförmiger „Tisch“ auf den Sockelbauten.

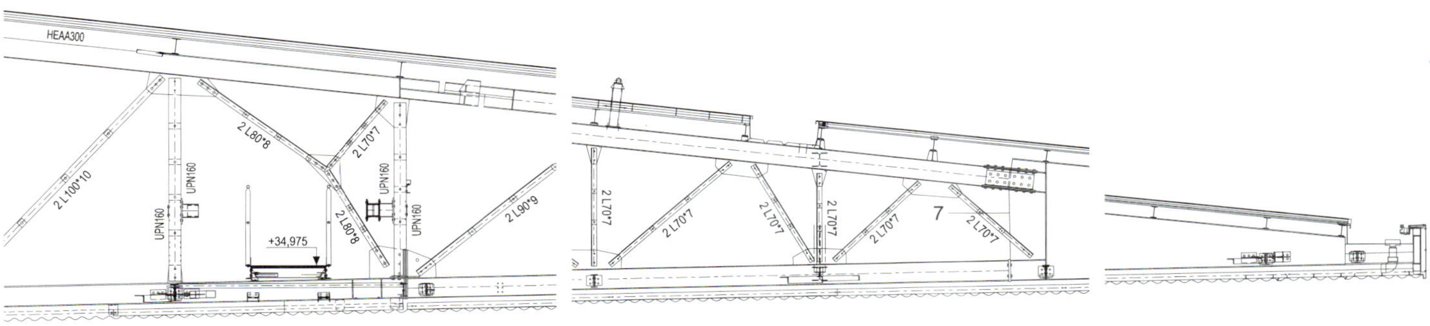

M

N

O

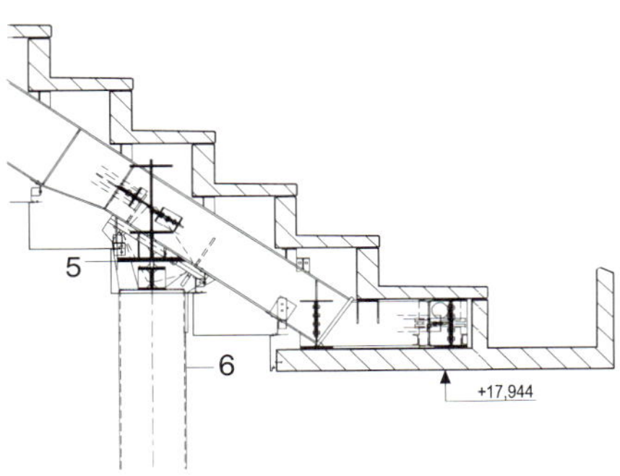

L
Schnitt Dach Osttribüne
Maßstab 1:100

1 Zugstütze Stahlrohr Ø 508 × 8 mm
2 Aussteifung für gelenkigen Anschluss Zugstütze Stahlblech geschweißt
3 nichttragende Stütze Stahlrohr Ø 406 × 6 mm mit Befestigungsdorn
4 Hauptstütze Stahlrohr Ø 711 × 12 mm
5 biegesteifer Anschluss an Stahlträger obere Tribüne
6 Stütze obere Tribüne Stahlrohr Ø 610 × 12 mm
7 Aussteifung Spitze Fachwerkträger Stahlblech geschweißt

P

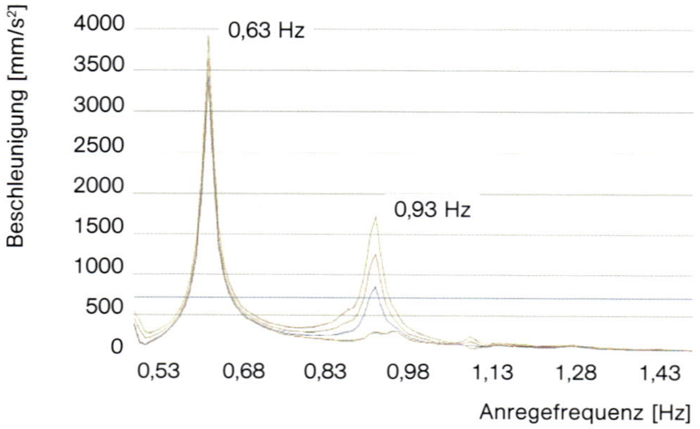

Beschleunigung [mm/s²]
4000
3500
3000
2500
2000
1500
1000
500
0
0,63 Hz
0,93 Hz
0,53
0,68
0,83
0,98
1,13
1,28
1,43
Anregefrequenz [Hz]

Q

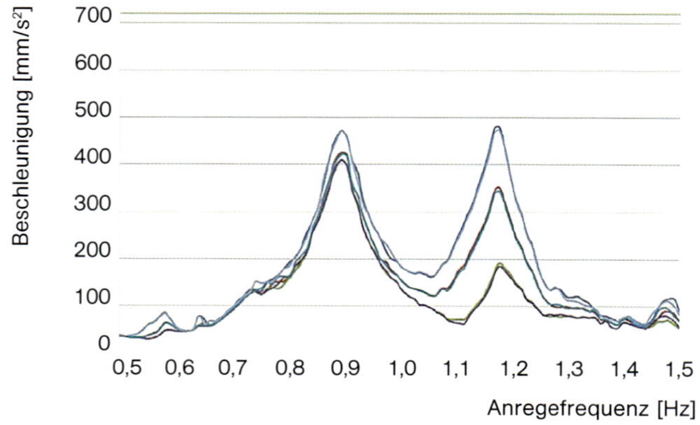

Beschleunigung [mm/s²]
700
600
500
400
300
200
100
0
0,5
0,6
0,7
0,8
0,9
1,0
1,1
1,2
1,3
1,4
1,5
Anregefrequenz [Hz]

SCHWINGUNGSDÄMPFUNG

Untersuchungen zum Schwingungsverhalten bei Bewegungen der Zuschauer zeigen, dass deren Einfluss mittels einer periodischen, nicht harmonischen Funktion dargestellt werden kann. Diese lässt sich in eine Fourier-Reihe zerlegen, von der nur die ersten drei Oberschwingungen quantitativ relevant sind.

Unter Ansatz eines Dämpfungsgrads von 1,3% für vertikale und 0,4% für horizontale dynamische Anregungen zeigte sich, dass die vertikalen Schwingungen im zulässigen Bereich lagen. Zur Minimierung horizontaler Schwingungen wurden an acht der zwölf Bauwerksfugen Kolbendämpfer angeordnet (Abb. R, S). Diese werden mit einer maximalen Kraft von 60 kN belastet und um bis zu 10 cm ausgelenkt.

NICHTTRAGENDE STÜTZEN

Zusätzlich zu den tragenden Stützen wurden aus gestalterischen Gründen weitere Stützen eingefügt, die Entwässerungsrohre oder Elektroleitungen aufnehmen können (Abb. T).

R

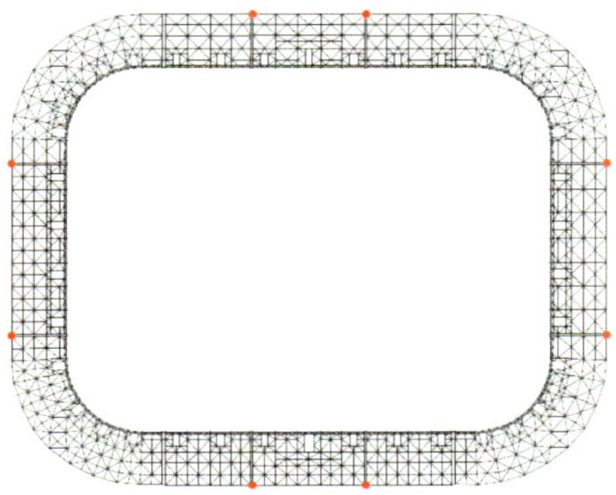

S

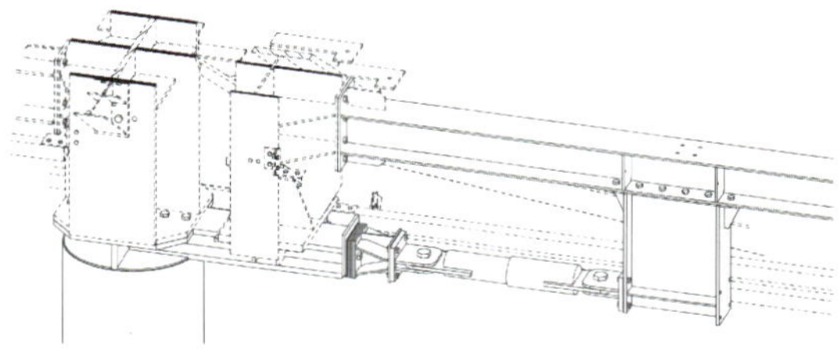

T

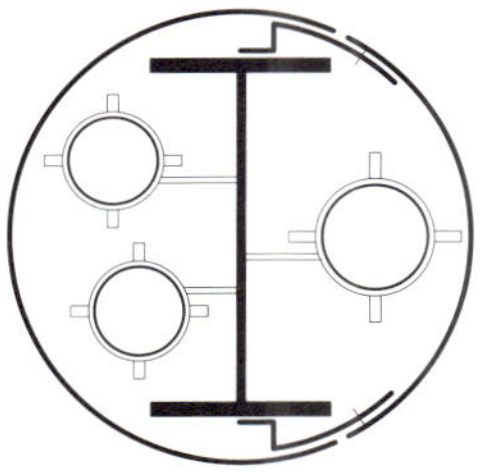

U

P
horizontale Beschleunigung der Nordtribüne ohne Schwingungsdämpfer

Q
horizontale Beschleunigung der Nordtribüne mit Schwingungsdämpfern

R
Lage der Dämpfungselemente

S
Kolbendämpfer Tribünen

T
Querschnitt nichttragende Stütze mit Medienführung

U
Bekleidung der Tribünenunterseite mit Stahlblech

Architekten Benthem Crouwel Architects, Amsterdam (NL)

Tragwerksplaner Sweco Nederland, De Bilt (NL) [ehemals Grontmij, De Bilt (NL)]

Hauptbahnhof in Den Haag

Den Haag Centraal
STATION
Lift

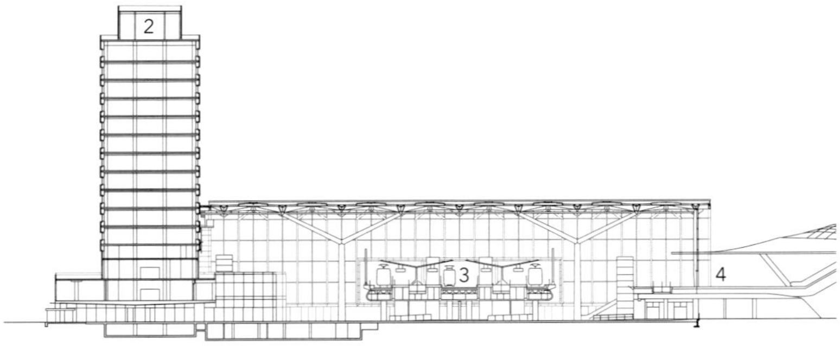

aa

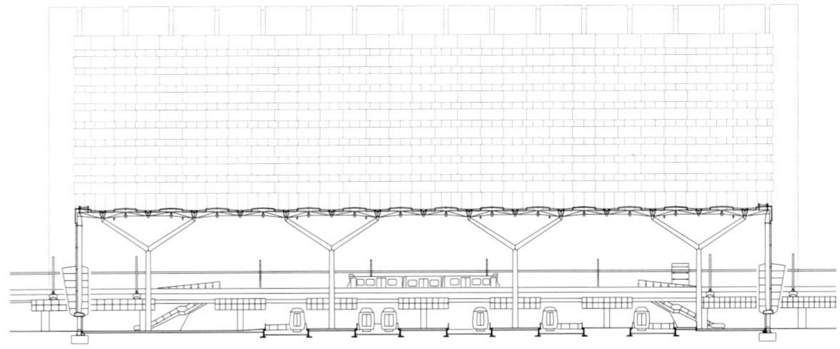

bb

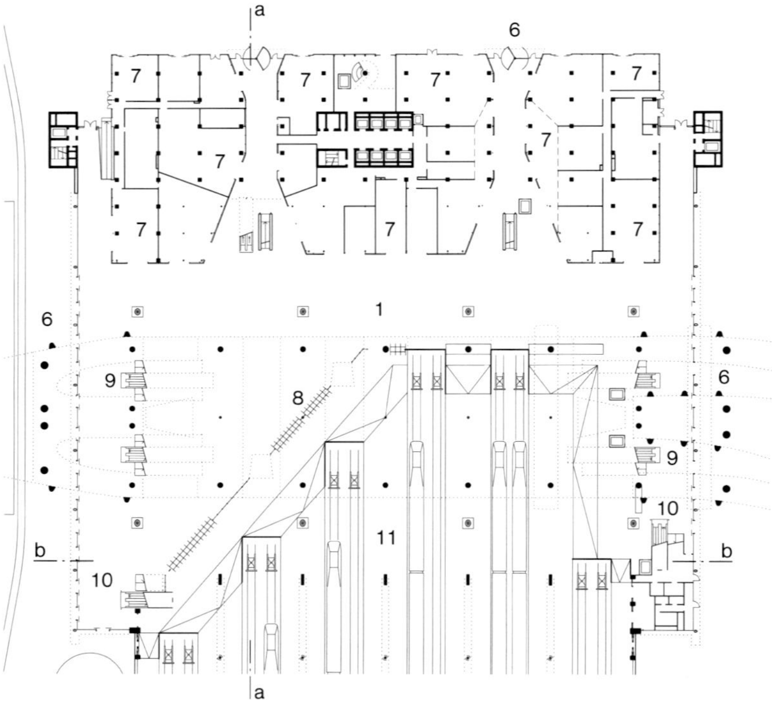

Erdgeschoss

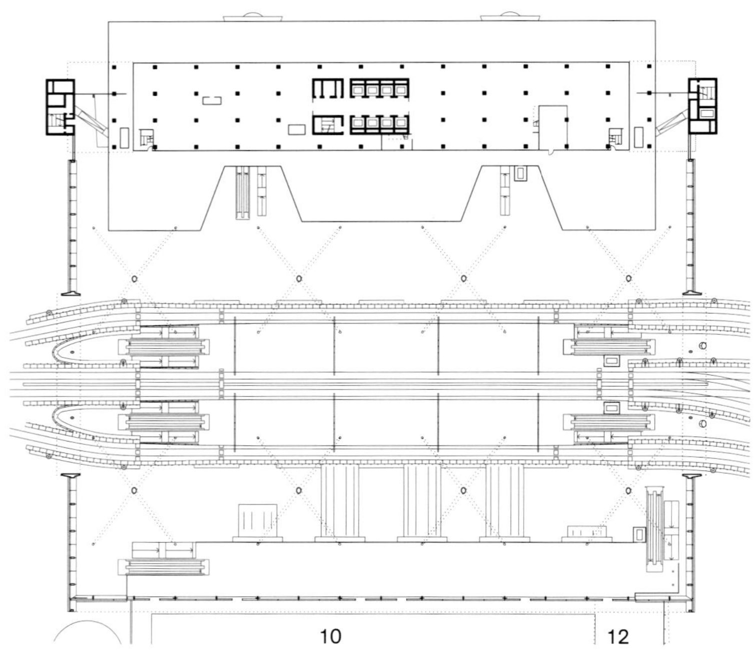

Obergeschoss

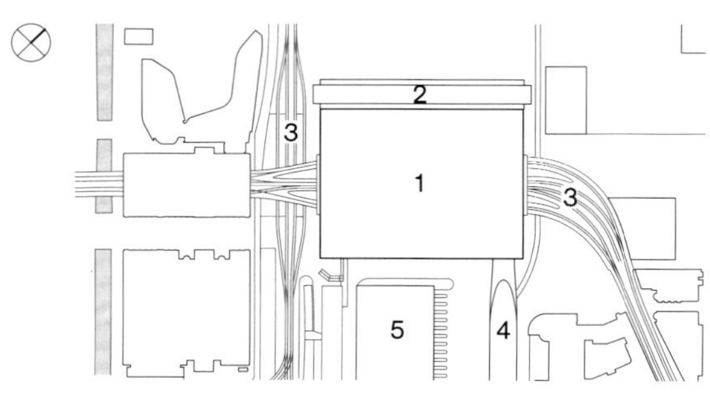

Schnitte
Grundrisse
Maßstab 1:1500
Lageplan
Maßstab 1:6000

1 Bahnhofshalle
2 Bürogebäude (Bestand)
3 Tram
4 Lightrail-Bahnhof
5 Busbahnhof
6 Eingang
7 Laden
8 Zugang Bahngleise
9 Zugang Tramgleise
10 Zugang Busbahnhof
11 Bahnsteig
12 Zugang Lightrail

Nach den Bahnhöfen in Rotterdam, Utrecht und Amsterdam haben Benthem Crouwel Architekten mit dem Den Haager Hauptbahnhof ein weiteres Infrastrukturprojekt abgeschlossen. Den Haag Centraal ist als Kopfbahnhof elementarer Knotenpunkt für den nationalen und internationalen Zugverkehr am niederländischen Regierungssitz: Die lichtdurchflutete Stahlbauhalle, die einen dunklen Betonbau ersetzt und an ein bestehendes Bürogebäude anschließt, wird von einer aufgeständerten Tramlinie durchkreuzt. Westlich der Halle befindet sich auf Straßenniveau ein weiterer Tramanschluss, im Süden – eine Ebene über den Gleisen – ein Busbahnhof, sowie die neue Endstation der Lightrailbahn von Zwarts & Jansma Architekten für den nationalen Personentransport. Die Halle fungiert als allseitig offener Raum im Sinne eines überdachten Platzes und ist somit eng verknüpft mit der Stadt. Die übersichtliche Organisation der Wege spielte eine zentrale Rolle bei der großen Anzahl öffentlicher Verkehrsmittel. Tageslicht strömt durch das transparente Dach und die Glasfassaden. Die rautenförmigen Dachfelder erzeugen bei Sonnenlicht ein interessantes Schattenspiel – sie dienen gleichermaßen der Belichtung, der Belüftung und der Akustik. Mit den eleganten 22 m hohen Baumstützen sind sie wichtige Gestaltungselemente der 120 m langen und 96 m breiten Halle.

Andreas Ordon

Centraal Station
HTM
BOL
1500 PIANO'S & 150 VLEUGELS
www.bolpianos.nl

Centraal Station
8-12
2, 3, 4, 6
Anna van Boerenplein
Centrum
Turfmarkt
BURGERS
BELLOTA
FISH AND CHIPS

DEN HAAG (NL)

A

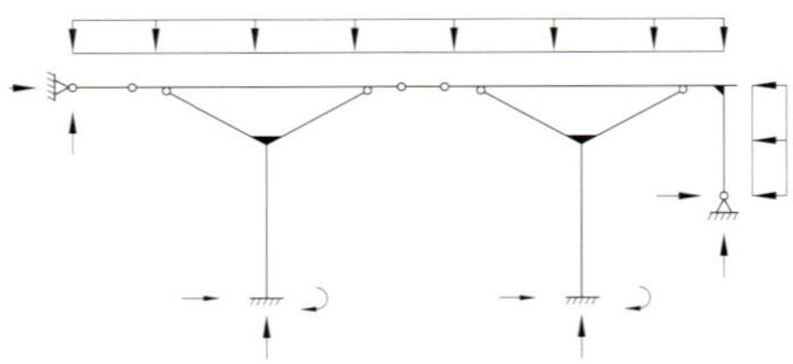

B

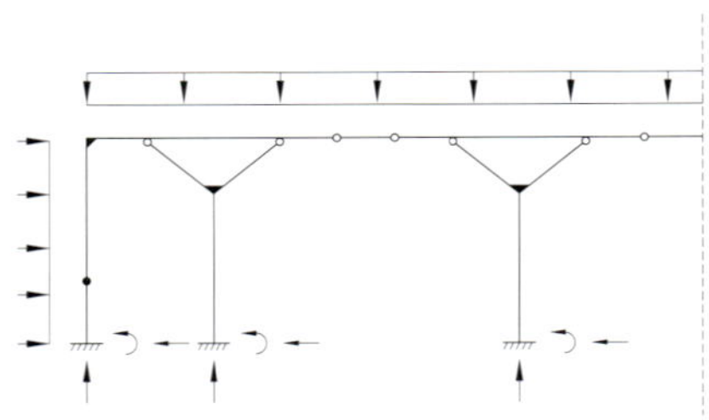

C

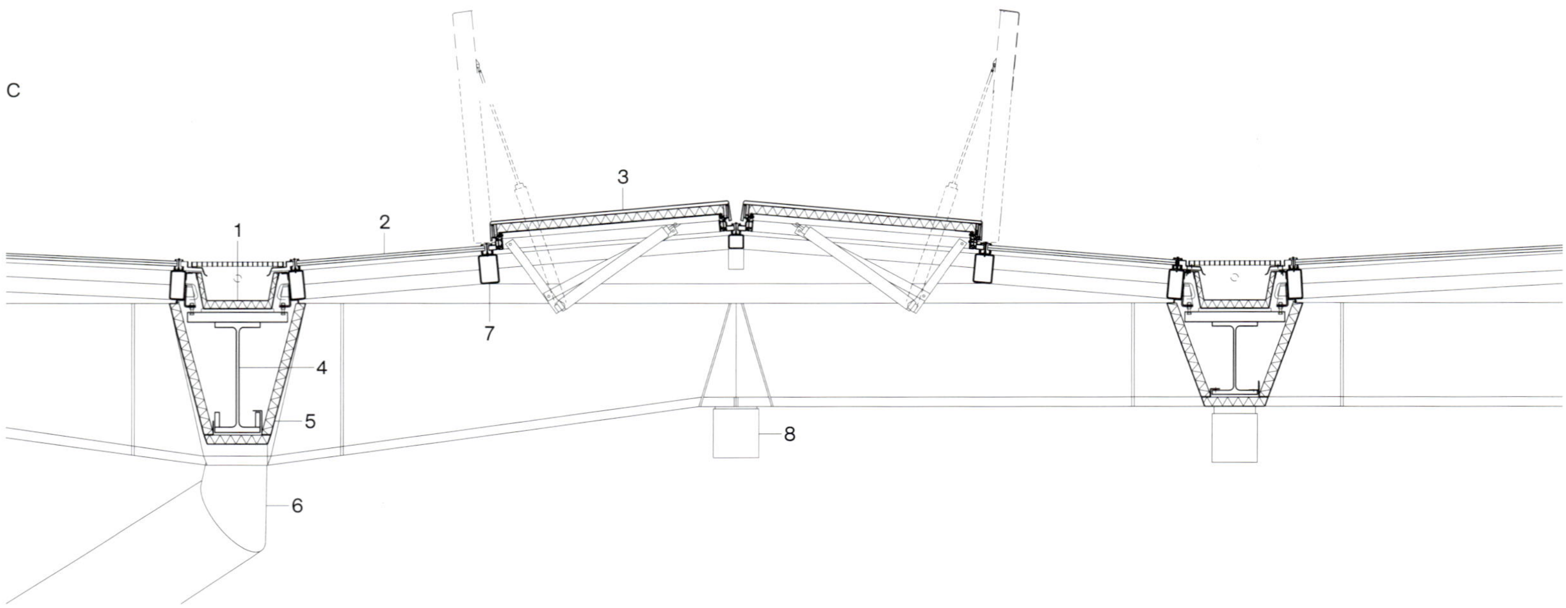

A
statisches System zu Schnitt aa (S. 22)

B
statisches System zu Schnitt bb (S. 22)

C
Schnitt Dach
Maßstab 1:50
1 Regenrinne
2 Isolierverglasung
3 RWA-/Lüftungsklappe: Aluminiumelement gedämmt 70 mm
4 verjüngter HEB-Träger
5 perforiertes Aluminiumblech gedämmt 70 mm
6 Anschluss Baumstütze
7 Stahlrohr Ø 200/125 mm
8 Beleuchtung

D
Stahlbaudetails
biegesteifer Anschluss Baumstütze – Zweige
Maßstab 1:50

E
Stahlbaudetails
Anschluss Zweig – Dachträger
Maßstab 1:50

F
Stahlbaudetails
Fußpunkt Baumstütze
Maßstab 1:50

TRANSPARENZ UND OFFENHEIT FÜR DIE FAHRGÄSTE

Andreas Ordon: Die zentralen statischen und architektonischen Elemente der Bahnhofshalle sind die Baumstützen und die markante Dachkonstruktion. Wie funktionieren die Lastabtragung und die Stahlbauanschlüsse?

Bas van Ooijen: Jede der acht Baumstützen ist in den Fundamenten eingespannt. Über sie werden hauptsächlich die vertikalen Lasten des Daches abgeleitet. Die Verbindung der Stütze mit den vier „Zweigen" ist biegesteif ausgeführt. An die Enden der Zweige schließt auf jedem der Anschlusspunkte aus Gussstahl ein Kreuz aus sich verjüngenden HEB-Trägern gelenkig an. Das Kreuz selbst ist biegesteif verschweißt. Daran sind HEB-500-Träger gelenkig angeschlossen, die die Zwischenräume bis zur nächsten Baumstütze überspannen. Die Querschnitte der Träger ergeben sich aus den Biegemomenten. Als Sekundärtragwerk innerhalb der rautenförmigen Felder fungieren kleinere Stahlrohre mit einem Querschnitt von 200/125 mm. Die Dachhaut besteht aus Glas- und Lüftungselementen. Dachkonstruktion und Stützen arbeiten als Parallelsysteme. Es werden hohe Zugkräfte bis 3000 kN in die Dachträger und hohe Druckkräfte in die Zweige geleitet. Das erfordert, dass sich die Achslinien am Anschlusspunkt in genau einem Punkt treffen müssen, sodass keine Momente aus Exzentrizitäten in die Träger eingebracht werden. Die Trägerdimensionen müssten sonst viel größer sein, was wiederum zu einer größeren Biegung der Dachträger führen würde.

War die ovale Ausführung der Stützen eine rein gestalterische oder auch eine statische Entscheidung?

Durch die Einspannung nehmen die Stützen auch Windlasten auf, ihre ovale Form richtet sich

D

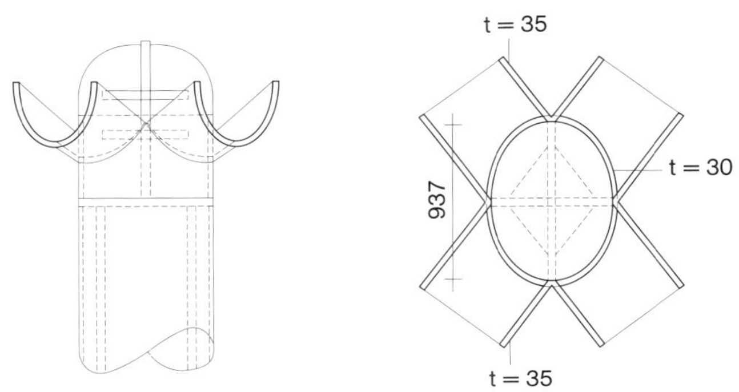

E

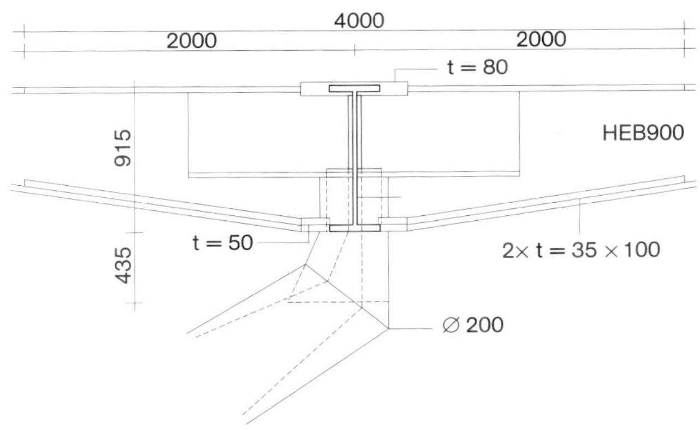

F

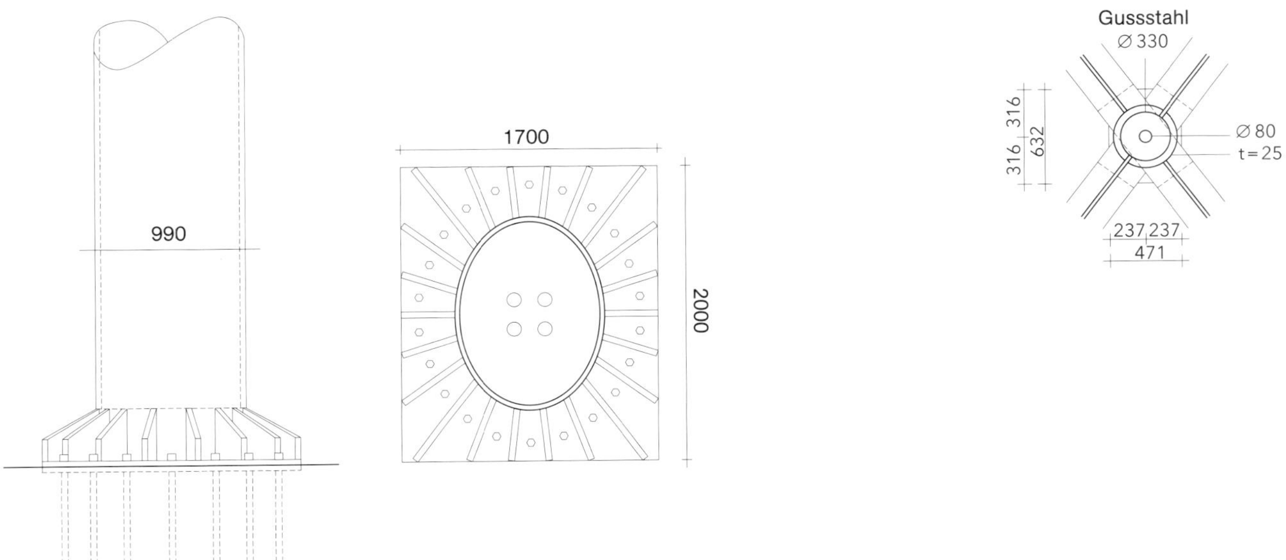

jedoch ausschließlich nach den Vorgaben der Architekten. Die Orientierung des Ovals bezieht sich auf die Nord-Süd-Ausrichtung der Zweige. Die Dimension der Stützen dagegen ist wiederum statisch erforderlich.

Welche Rolle spielt die Fassadenkonstruktion für die Stabilität des Daches?

Die rautenförmige Dachkonstruktion ist in beide Richtungen flexibel, da sie aufgrund fehlender Dreiecksfelder keine vollflächig geschlossene Scheibe ausbildet. Außerdem sind die Träger und Stützen relativ schlank dimensioniert. Verformungen des Daches können sich nicht nur aus der Biegung der Dachträger, sondern auch aus einer minimalen Rotation der Baumstützen ergeben. Windlasten in den Hauptwindrichtungen werden daher lokal in die Fassadenebene aufgenommen. In der Südfassade geschieht dies über einen Windverband. Bei Wind aus Ost-West-Richtung werden Normalkräfte über die Dachträger in diesen geleitet. Davor treffen sie jedoch noch auf die Stützen. Die Erdgeschossstützen der Ost- und Westfassade sind zudem in die Fundamente eingespannt, um die Verformung der Fassade gering zu halten. Zusätzliche Stahlstäbe in den Rautenfeldern des Daches nahe der Ost- und Westfassade verhindern, dass die Dachträger durch die Windlasten wie eine Harmonika zusammengefaltet werden (Abb. I). Sie nehmen Zug- und Druckkräfte auf. Die erste Reihe der Rautenfelder an der Ost- und Westfassade wirkt dadurch wie ein horizontaler Träger. Letztlich ist der genaue Kräfteverlauf eine Frage der Steifigkeitsverhältnisse.

Die oberen Stützen in der Ost- und Westfassade werden von einem Träger über dem Erdgeschossniveau abgefangen. Warum dieser Zwischenschritt?

Die Architekten wünschten ein Minimum an Stützen im Erdgeschoss, um die Transparenz und die Offenheit für die Besucher zu erhöhen. Dies wird durch das Einführen dieses Stahlträgers in der Fassade gelöst, der biegesteif mit den oberen und unteren Stützen verbunden ist. An Stellen, wo diese nahe beieinander liegen, muss der Träger auch Torsionskräfte aufnehmen können und ist zur Erhöhung der Steifigkeit als Rohr ausgebildet.

Wie trägt der Anschluss an das bestehende Bürogebäude zum Gesamttragwerk bei?

Neben den Baumstützen, der Südfassade und dem Anschluss zur Busplattform stabilisieren auch die Verbindungen mit dem angrenzenden Bürogebäude das Tragsystem in horizontaler Richtung. Das Bestandsgebäude – eine Stützen-Platten-Konstruktion mit aussteifendem Treppenkern – übernimmt darüber hinaus auch einen kleinen Teil der vertikalen Lasten des Daches. Schräge Verbindungsstäbe an den Rändern der Bahnhofshalle sind so konzipiert, dass sie sowohl Verformungen aus Temperaturänderungen kompensieren als auch die Stabilität des Daches gewährleisten, indem die Stahlrohrprofile Zug- und Druckkräfte durch Windlasten in Nord-Süd-Richtung aufnehmen können (Abb. K). Zusätzliche Verbindungen am mittleren Kern des Bestandsgebäudes nehmen Windlasten aus Ost-West-Richtung auf (Abb. L). Diese wurden eingeführt, um die Verformung des Gebäudes zu verringern, sind aber für die Standfestigkeit nicht ausdrücklich erforderlich. Die Verformung des Daches ohne Stäbe wären allerdings doppelt so hoch und gestalterisch unbefriedigend.

Inwieweit hat auch der spätere Anschluss der Lightrail-Bahn von Zwarts & Jansma Architekten und Knippers Helbig die Planung der Konstruktion beeinflusst?

Der Einfluss war sehr gering. Im Entwurf berücksichtigten wir, dass ein bestimmtes Volumen das Gebäude zu einem späteren Zeitpunkt schneiden wird. Es werden jedoch keine zusätzlichen Lasten aufgenommen.

G

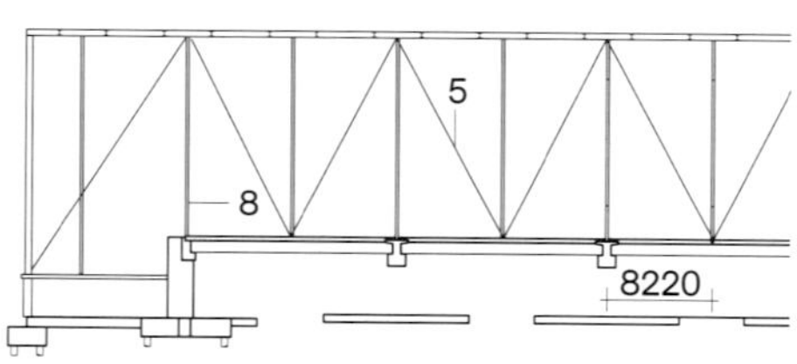

H

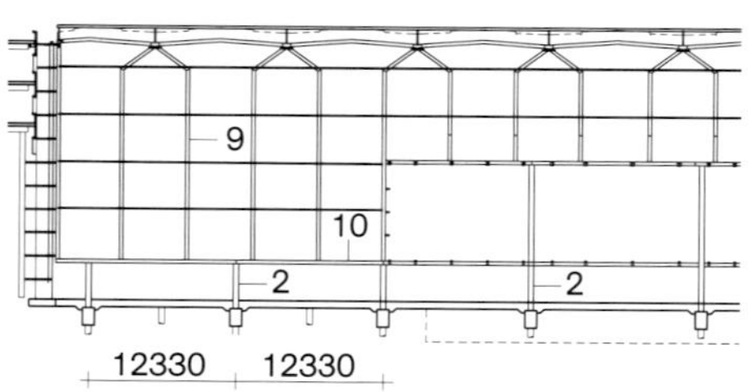

G
Ausschnitt Tragwerk Südfassade
Maßstab 1:1000

H
Ausschnitt Tragwerk Westfassade
Maßstab 1:1000

I
Verformung unter Windlasten

J
Axonometrie Tragwerk

K
Horizontal-/Vertikalschnitt Anschluss Verbindungsstab an Bestand
Maßstab 1:100

L
Horizontal-/Vertikalschnitt mittlerer Anschluss an Bestand
Maßstab 1:100

I

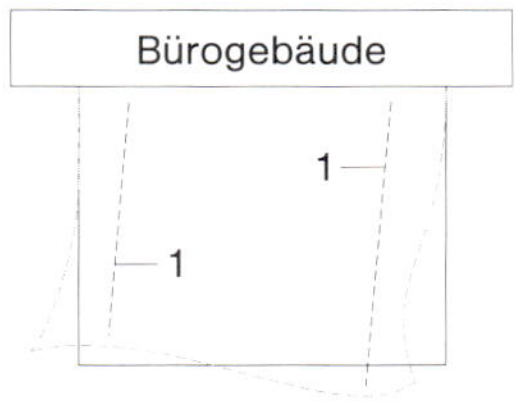

J

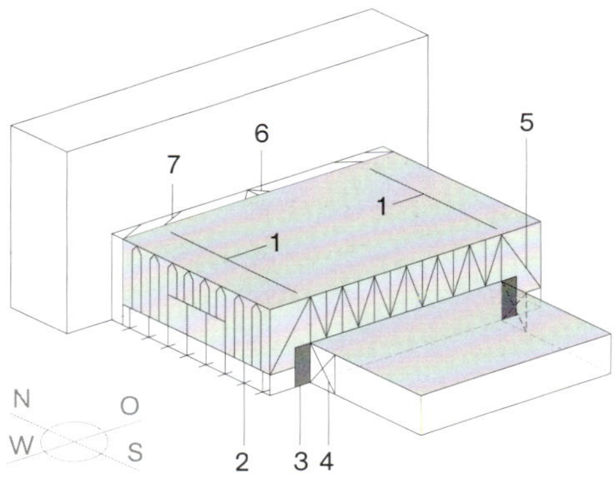

K

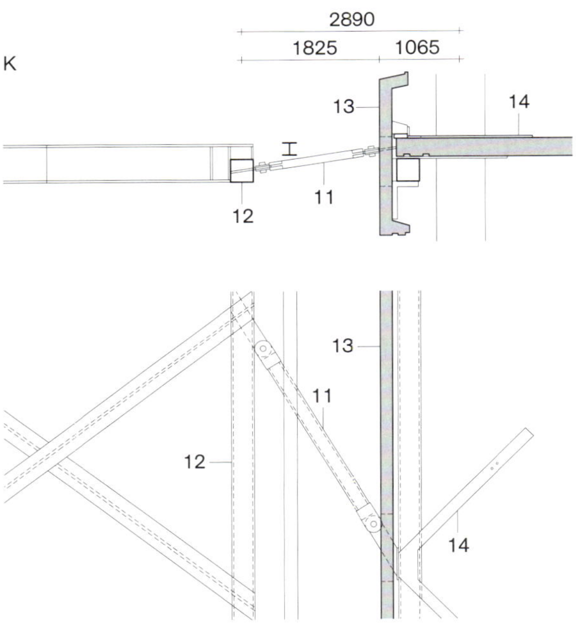

L

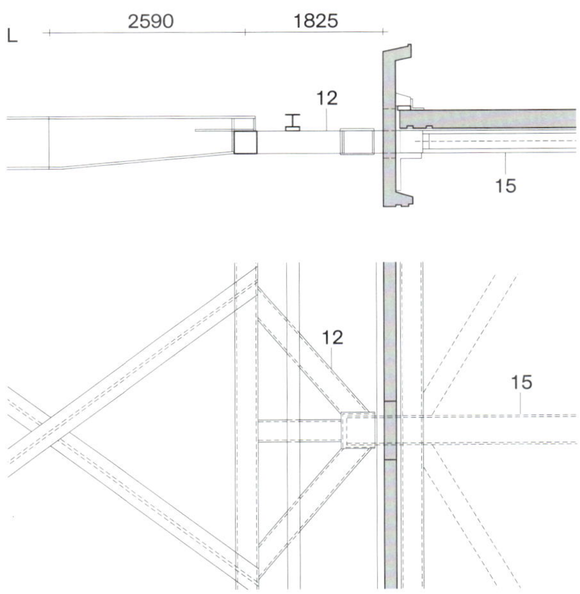

1 Stahlstange Ø 55 mm
2 Stahlstütze eingespannt oval 650/450/18 mm
3 Betonscheibe 2× 1 m
4 Strebenkonstruktion
5 Windverband
6 Verbindungsstab Abb. L
7 Verbindungsstab Abb. K
8 Stahlstütze Südfassade ⧄ 600/220/20 mm
9 Stahlstütze Westfassade ⧄ 800/300/20 mm
10 Träger HEM 1000 liegend
11 Verbindungsstab Stahl Ø 200/100/12,5 mm
12 Träger ⧄ 300/300/14 mm
13 Fassadenelement Beton (Bestand)
14 Stahlplatte d = 20 mm
15 Träger HEB 400 Anschluss Treppenkern

Architekten Barkow Leibinger, Berlin (DE)

Tragwerksplaner Knippers Helbig, New York (US) / Berlin (DE)

Technologiezentrum in Chicago

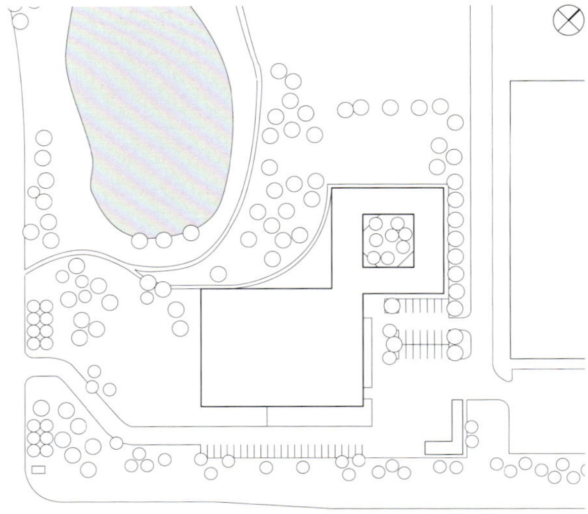

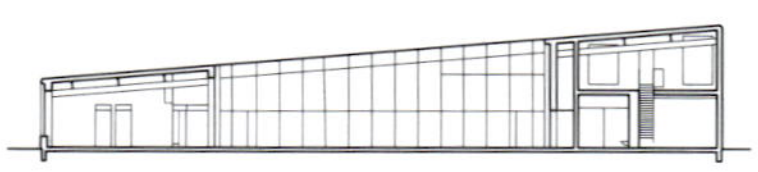

aa

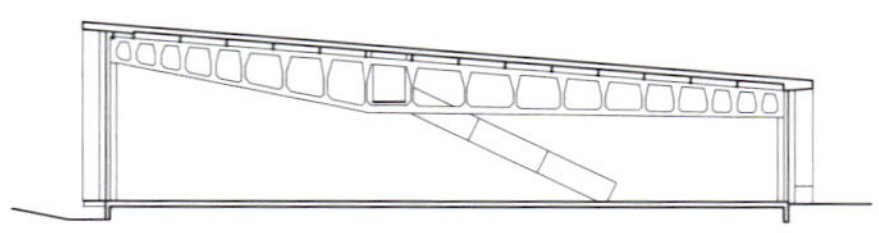

bb

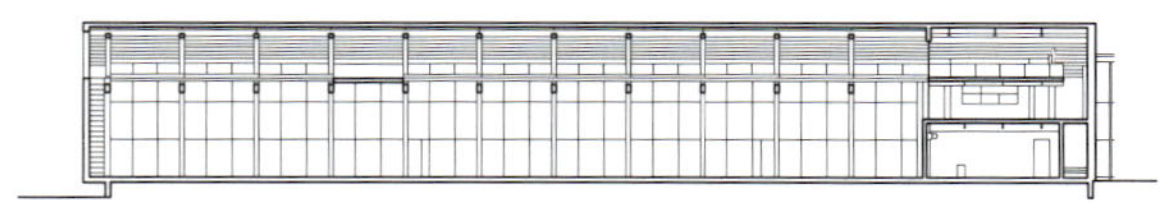

cc

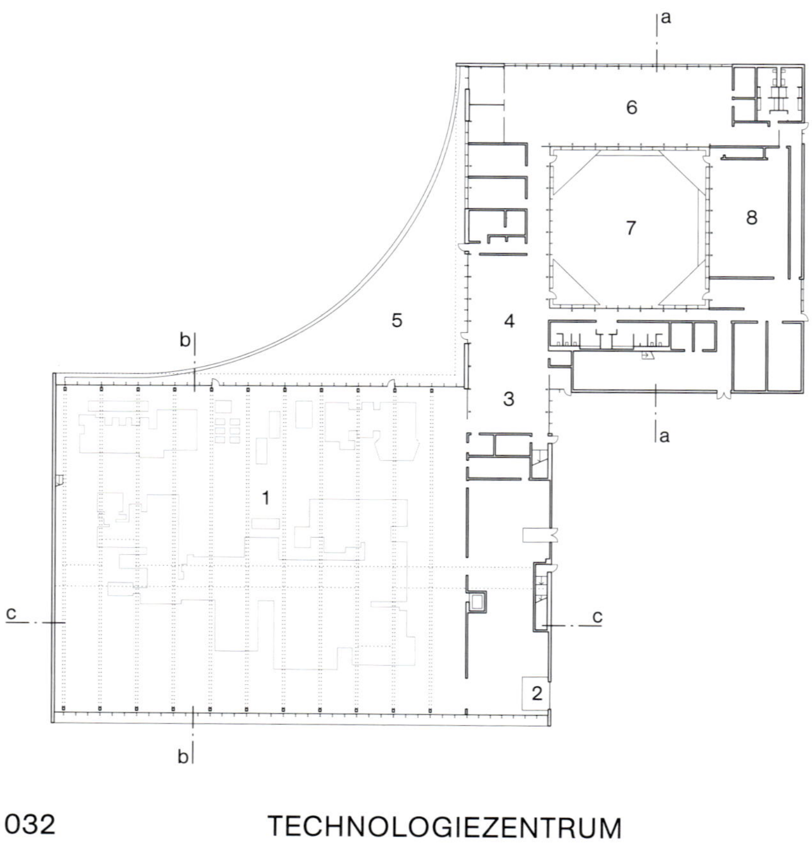

Lageplan
Maßstab 1:4000
Schnitte, Grundriss
Maßstab 1:1000
1 Ausstellungshalle
2 Anlieferung
3 Foyer
4 Café
5 Terrasse
6 Bürofläche
7 Innenhof
8 Schulungsraum

Als Werkhalle und Ausstellungsgebäude zugleich dient das neue Technologiezentrum des Maschinen- und Laserherstellers Trumpf. Das direkt an einem Highway liegende Ensemble aus zwei großen, sanft abfallenden Baukörpern ist an der Rückseite von Rasenflächen, lockeren Baumgruppen und einem Stausee umgeben. Der zur Straße gelegene Showroom und der nördliche Baukörper mit Büros, Schulungsräumen und Café sind über Eck verbunden und definieren zwei Außenbereiche: Parkplatz und Hauptzugang im Südosten und eine große geschwungene Terrasse zum Grünbereich im Nordwesten. Das durchgehende Pultdach steigt zur 12 m hohen Stahl-Glas-Fassade im Süden, die das Schaufenster zur Straße bildet. Im Showroom demonstrieren als Produktionslinie vernetzte Werkzeugmaschinen die gesamte für komplexe Blechbauteile erforderliche Prozesskette. Ein prägnantes Dachtragwerk aus elf 44 m langen und bis zu 3,6 m hohen Vierendeel-Stahlbindern aus verschweißten, auf Trumpf-Maschinen lasergeschnittenen Blechen überspannt den Raum und dient zugleich als Exponat für das Know-how des Unternehmens. Ein offener Skywalk durchquert die Träger in 6,5 m Höhe, bietet einen eindrucksvollen Überblick über die Anlagen und macht die besondere Struktur des Dachtragwerks räumlich erlebbar. Mit ihren Fassaden aus rohem Cortenstahl-Wellblech, der großzügigen Verglasung und einer sorgfältigen Materialwahl und Detaillierung verbindet die Anlage industriellen Charakter mit repräsentativer Eleganz.

Andreas Gabriel

Text Thorsten Helbig und Boris Peter, Knippers Helbig, New York (US) / Berlin (DE)

A

a

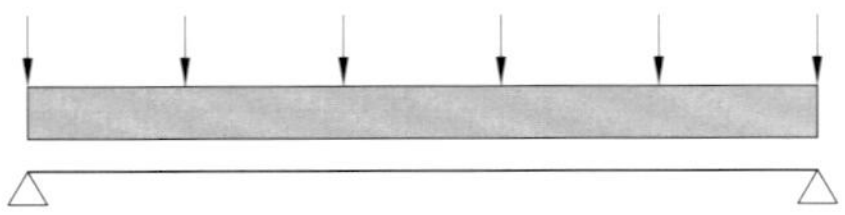

b

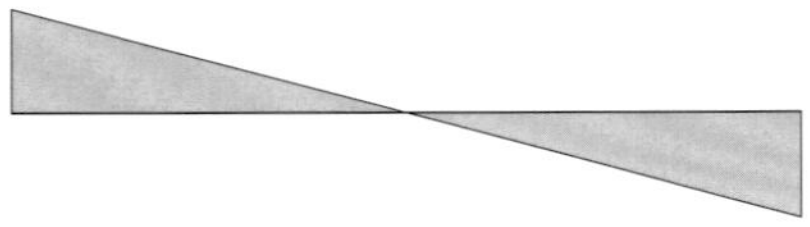

c

d

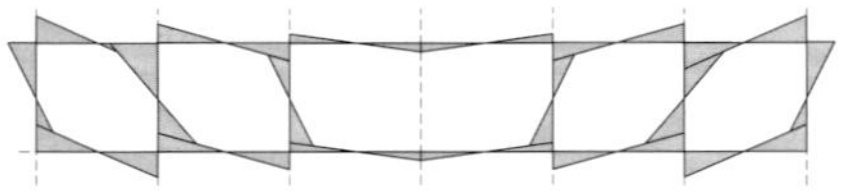

e

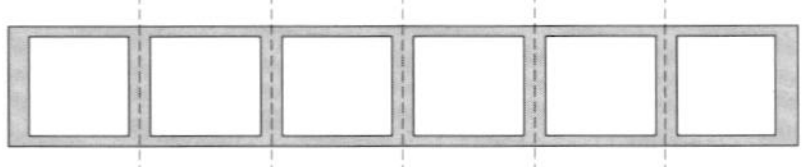

f

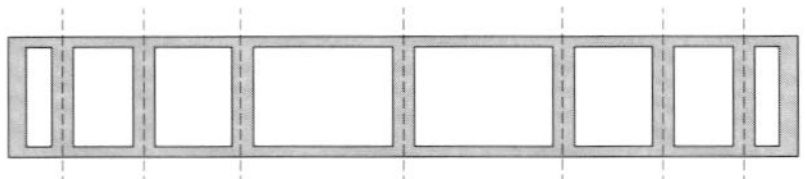

g

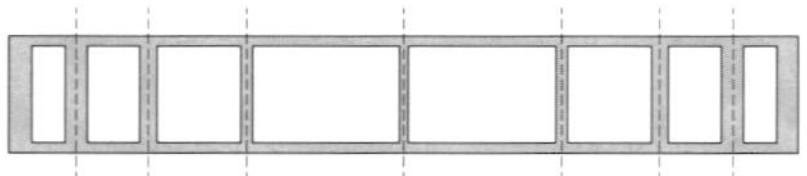

h

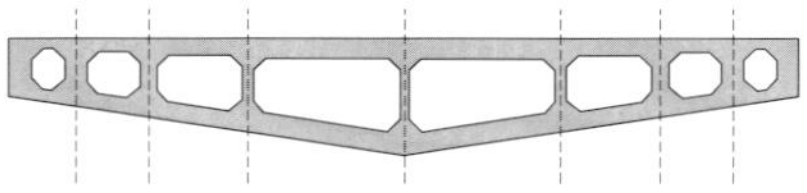

B

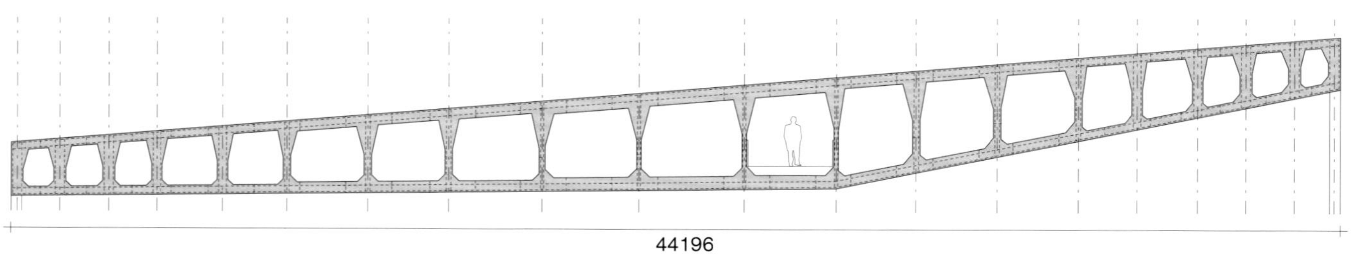

A
Entwicklung Trägerform (schematisch)

a Einfeldträger unter Gleichlast
b Querkraftverlauf
c Biegemomentenverlauf global

d Biegemomentenverlauf lokal
e–h beanspruchungskonforme Optimierung der Trägergeometrie

B
Ansicht Träger
Maßstab 1:250

NEUINTERPRETATION DES VIERENDEEL-PRINZIPS

Für die Entwicklung des begehbaren Dachraums über dem Showroom wurde auf ein Trägerkonzept zurückgegriffen, das der belgische Ingenieur Arthur Vierendeel (1852–1940) erstmals im Jahr 1897 auf dem Congrès International des Architectes in Brüssel vorgestellt hatte. Vierendeel entwickelte den „Brückenträger ohne Diagonalen" als eine wirtschaftliche Alternative zu dem zur damaligen Zeit statisch nur ungenau erfassbaren – und daher durch die notwendig hohen Sicherheitsaufschläge zur Berücksichtigung der Sekundärspannungen sehr aufwendigen – genieteten Stahlfachwerkträger. Die statische Beanspruchung des neuartigen Trägers konnte anhand der von Vierendeel entwickelten theoretischen Grundlagen sicherer erfasst und die Konstruktion damit wirtschaftlicher bemessen werden.

Im neuen Showroom des Weltmarktführers im Bereich Laserschnitttechnologie wird das 120 Jahre alte Konzept durch die expressive Konstruktion aus lasergeschnittenen Stahlblechen neu interpretiert. Die dabei verwendeten Stahlbleche sind auf Trumpf-Laserschneidanlagen in den USA gefertigt und bezeugen die Verflechtung des deutschen Laserspezialisten mit den Stahlbauern des traditionsreichen amerikanischen „Rust Belt". Das Dachtragsystem überspannt stützenfrei eine Fläche von 2425 m^2 und erlaubt so eine freie Gestaltung der Erdgeschossebene. Das dem Brückenbau entlehnte, geschosshohe Trägersystem ermöglicht eine flexible Nutzung des zwischen Ober- und Untergurt generierten Dachraums des Showrooms, der durch eingebaute Stege und Plattformen erschlossen werden kann. Die robusten Träger übertragen so, neben den vorrangig gleichförmigen Vertikallasten des Daches, auch vergleichsweise hohe lokale Lasten aus den eingesetzten begehbaren Stegen.

STATISCHES SYSTEM / QUERSCHNITTSAUSBILDUNG

Die elf Träger, parallel aufgereiht in einem Abstand von 16 Fuß (4,88 m), spannen über 145 Fuß (44,2 m) zwischen Nord- und Südfassade. Die Träger liegen auf den Fassaden vorgestellten Stützen auf. Die Obergurte sind über die Dachebene horizontal ausgesteift.

Der rechteckige Trägerquerschnitt ist aus Stahlblechen aus Stahl ASTM A50 (entspricht etwa S355) zusammengesetzt. Die in Ober- und Untergurt eingesetzten Blechstärken betragen in der Regel 20 mm (3/4"), bei den Vertikalen 10 mm (3/8"). Die Blechdicke der in der Ansicht sichtbaren vertikalen Deckbleche ist durchgängig 10 mm (3/8"). Durch den Überstand der vertikalen Bleche können alle Schweißverbindungen als Kehlnähte ausgeführt werden, sodass keine aufwendige Nachbearbeitung der Nähte notwendig ist.

EXIT
EXIT

ZUR ENTWICKLUNG DER TRÄGERFORM

Die Trägerform ist aus einer Beanspruchung unter gleichförmiger Vertikallast hergeleitet.

Entsprechend der Zunahme der Querkraft und der resultierenden höheren Rahmenmomente zu den Trägerenden hin verdichten sich die Abstände der Vertikalstreben und die Strebenbreiten nehmen kontinuierlich zu. Die Gurtquerschnitte sind entsprechend dem Normalkraftverlauf in der Trägermitte maximal hoch. Der in der Feldmitte entsprechend dem Hauptbiegemomentenverlauf aufgeweitete Gurtabstand wird zu den Auflagern hin verringert, die damit affin zur Biegelinie ausgeführte Trägergeometrie führt zur weiteren Homogenisierung der resultierenden Gurtkräfte (Abb. A). So wird eine über den Trägerverlauf homogene Spannungsauslastung bei gleichbleibenden Blechstärken von nur 10 bis 20 mm erreicht. Diese vergleichsweise geringen Blechstärken ermöglichen ein minimiertes Schweißnahtvolumen der aus Segmenten gefügten Stahlhohlkastenkonstruktion. Die Träger weisen ein Konstruktionseigengewicht von circa 75 kg je Quadratmeter überspannter Fläche auf – ein günstiger Wert für eine begehbare Dachkonstruktion dieser Spannweite.

VORFERTIGUNG UND MONTAGE

Die Träger wurden in drei Schüssen zu je circa 15 m Länge vorgefertigt und vor Ort in die Einbaulage auf die vorab montierten Pfosten aufgelegt. Die Schüsse sind über in den Gurten integrierte verschraubte Kopfplattenstöße verbunden. Die aufgelegten Dachträger koppeln die Obergurte mit der aussteifenden Dachscheibe (Abb. E).

FASSADE

Die Fassaden werden durch der Glasebene vorgestellte, bis zu 11,50 m hohe Vertikalträger aus wetterfestem Stahl geprägt. Die Standardwalzprofile im Abstand von 1,63 m übertragen die Horizontallasten der angekoppelten Aluminium-Glas-Fassade zur Fundament- bzw. Dachebene. Auf die Deckprofile aufgebrachte Laschen dienen zur Verbindung. Die Verglasung mit Elementhöhen bis 3,83 m wurde nach der Montage der Pfosten und Riegel von innen in die Dichtebene eingeschoben. Die Halteleisten wurden von innen eingesetzt und bilden optisch eine Einheit mit dem Tragprofil. Die 63 mm breiten Pfosten sind in einer Achse mit dem davor liegenden Vertikalträger angeordnet (Abb. F).

C
Isometrie Querschnittssegmentierung. Die trapezförmige Aufweitung der Vertikalstreben am Gurtanschluss ist an die lokalen Rahmenmomente angepasst und führt zu dem für Vierendeel-Träger typischen Erscheinungsbild.

D
Baustellenstoß Dachträger
Maßstab 1:20

E
Schnitt, Teilansicht
Maßstab 1:50

F
Horizontalschnitt, Vertikalschnitt Fassade
Maßstab 1:10

1 Fassadenpfosten Aluminium mit speziell gefertigter Deckleiste

2 Cortenstahl-Profil zur Aussteifung des Fassadensystems

3 Isolierverglasung in Aluminium-Profilsystem

C

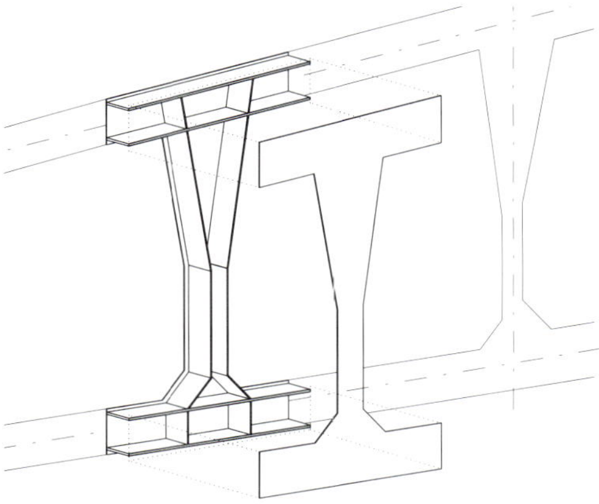

D

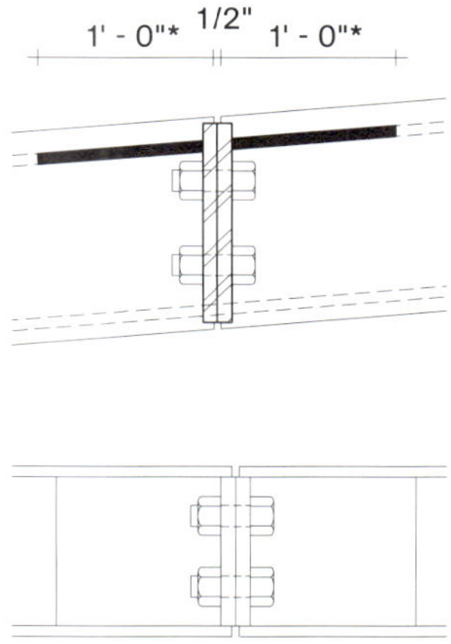
1' - 0"*
1/2"
1' - 0"*

E

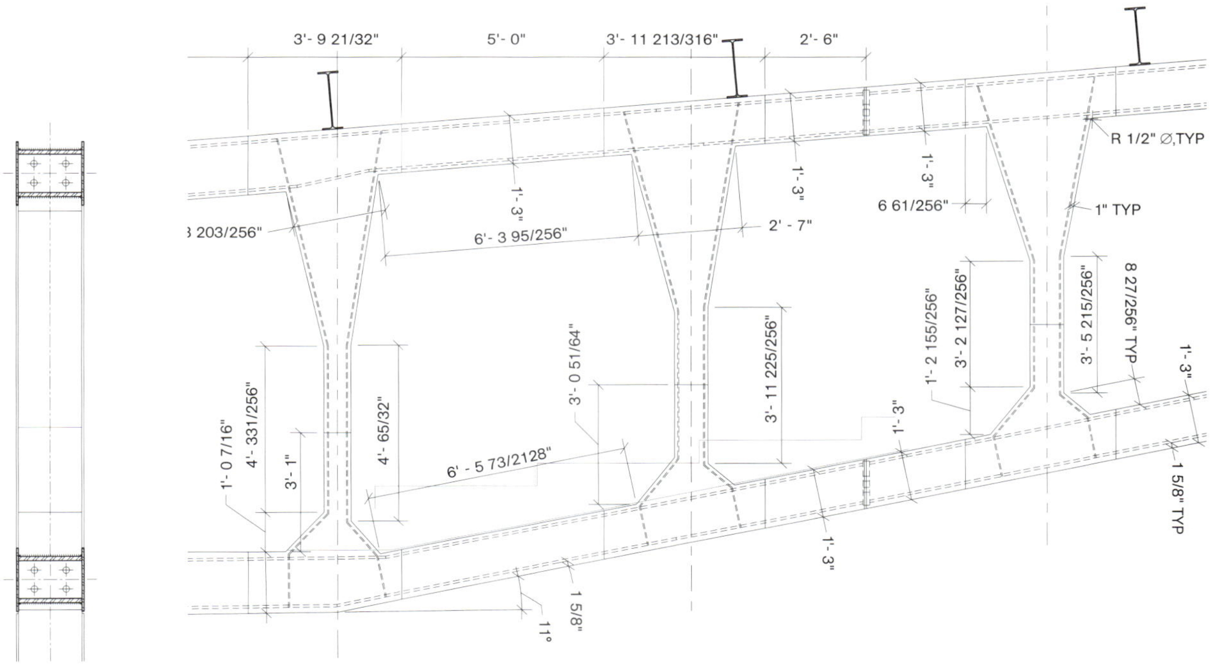
3'- 9 21/32"
5'- 0"
3'- 11 213/316"
2'- 6"
R 1/2" ∅,TYP
1'- 3"
1'- 3"
1'- 3"
6 61/256"
1" TYP
3 203/256"
6'- 3 95/256"
2'- 7"
8 27/256" TYP
3'- 5 215/256"
3'- 2 127/256"
1'- 2 155/256"
3'- 11 225/256"
3'- 0 51/64"
1'- 3"
1'- 3"
4'- 331/256"
1'- 0 7/16"
3'- 1"
4'- 65/32"
6' - 5 73/2128"
1 5/8" TYP
1'- 3"
1 5/8"
11°

F

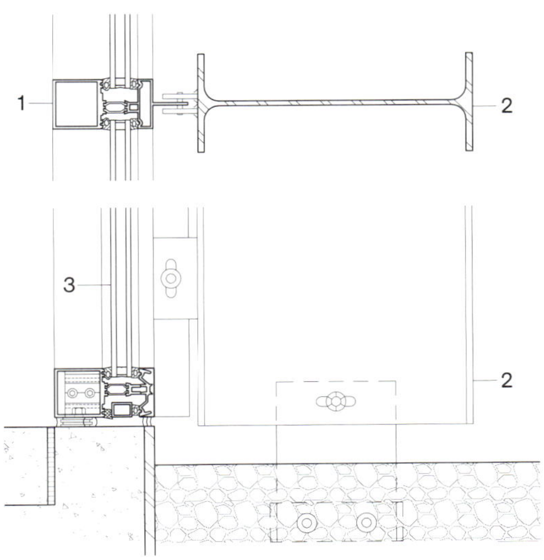
1
2
3
2

Architekten Bureau faceB, Lille (FR)

Tragwerksplaner Bollinger+Grohmann, Paris (FR)

Sporthalle Quai de la Moselle in Calais

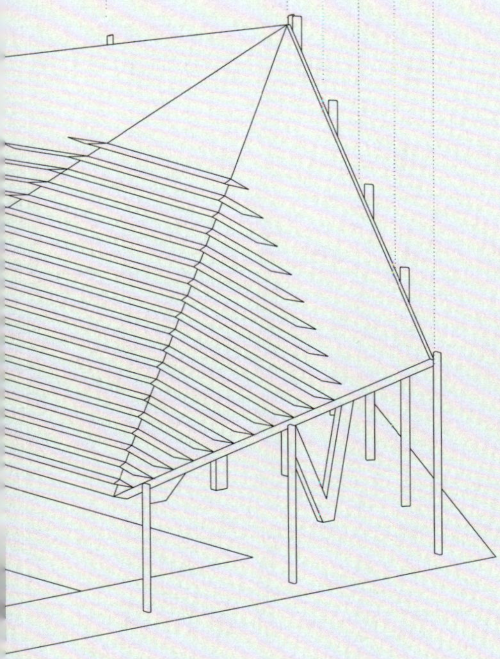

Am Quai de la Moselle im Zentrum der nordfranzösischen Stadt Calais ist eine neue Sporthalle mit insgesamt rund 1500 Sitzplätzen entstanden. Sie ist Teil eines Stadtentwicklungsprogramms zur Neubelebung des ehemaligen Hafengeländes und dient in erster Linie als Austragungsort für Profi-Basketballspiele und -turniere. Darüber hinaus wird sie von Vereinen sowie benachbarten Schulen und Hochschulen genutzt.

Die Halle ist als hexagonaler Baukörper konzipiert, der sich mit seinen großflächigen Glasfassaden nach allen Seiten einladend und offen präsentiert. Da das Gebäude auf einem zum Quai de la Moselle abfallenden Grundstück liegt, können Besucher den Innenraum von der höher, auf Straßenniveau gelegenen Haupteingangsebene gut überblicken. Der hierbei gewonnene Eindruck von Leichtigkeit ist vor allem dem Tragwerk in Form eines Stahl-Hängedaches zu verdanken, das zusammen mit den beiden gegenüberliegenden Zuschauertribünen eine konstruktive Einheit bildet. Unter den in Stahlbetonbauweise ausgeführten Tribünenanlagen befinden sich – neben weiteren

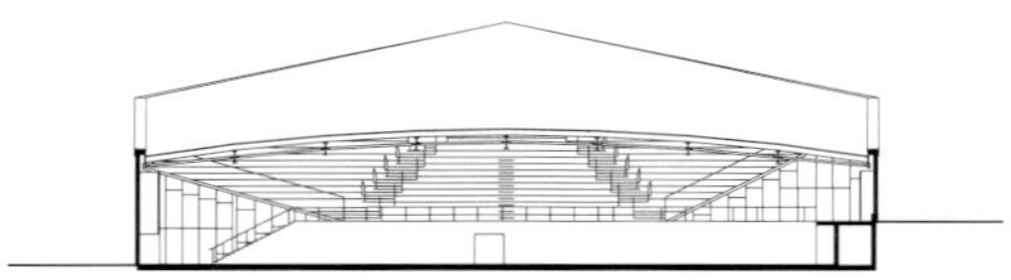

aa

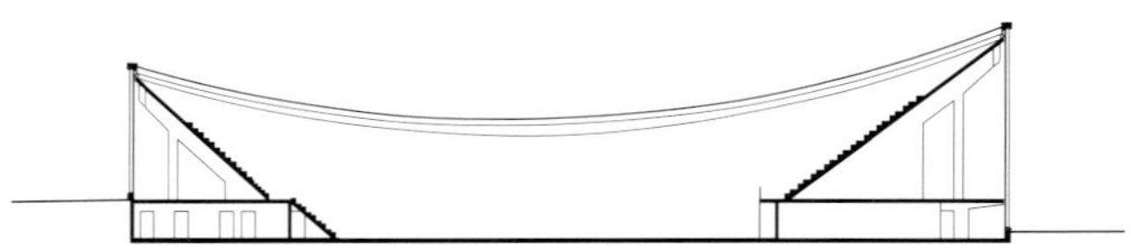

bb

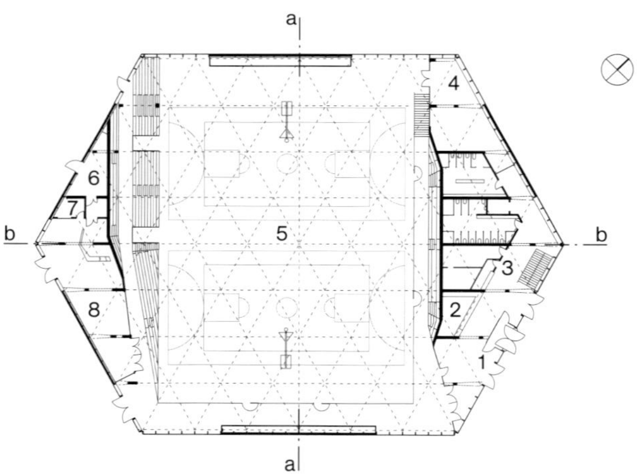

Straßenebene

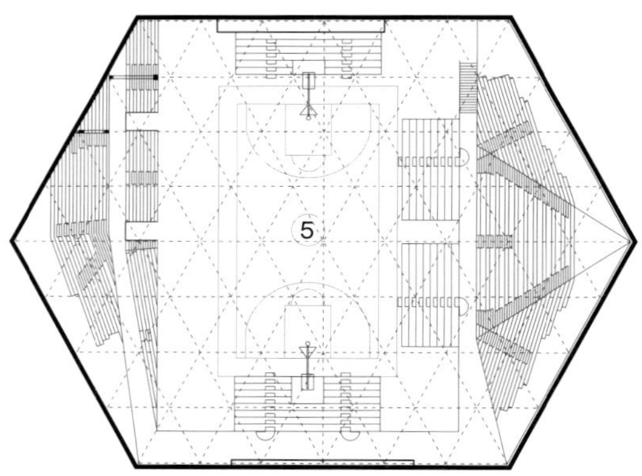

Aufsicht Innenraum

Schnitte, Grundrisse
Maßstab 1:1000

1 Eingangshalle
2 Bar
3 Ticketverkauf
4 Besprechungsraum
5 Spielfeld
6 Müllraum
7 Büro
8 Vereinsbereich

Eingangs- und Erschließungsbereichen – auch Umkleiden sowie Sanitär-, Technik- und Büroräume. Diese Bereiche dienen zusätzlich als akustischer und thermischer Puffer zwischen Sporthalle und Außenbereich.

Die Untersicht des weiß gestrichenen Stahl-Hängetragwerks blieb unbekleidet, sodass die gesamte Konstruktion einschließlich des aussteifenden diagonalen Trägernetzes für die Besucher sichtbar ist. Stahl-Anschlussdetails und auch der Übergang des Dachtragwerks zu den Tribünen sind ebenfalls sichtbar ausgeführt und machen die Kraftflüsse vom Dach bis zum Keller nachvollziehbar.

Die Stahlbetonoberflächen der Tribünenanlagen wurden nach dem Ausschalen nachbearbeitet, um die beigemischten Zuschlagstoffe, deren Farbe an den nahe gelegenen Strand erinnert, freizulegen.

Roland Pawlitschko

A

1

2

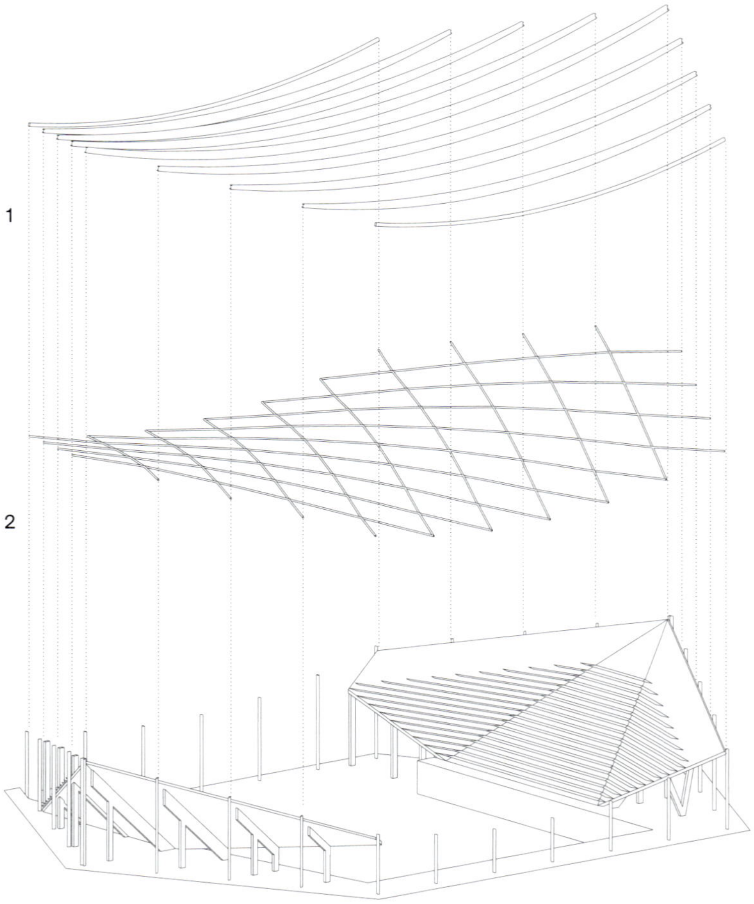

3

B

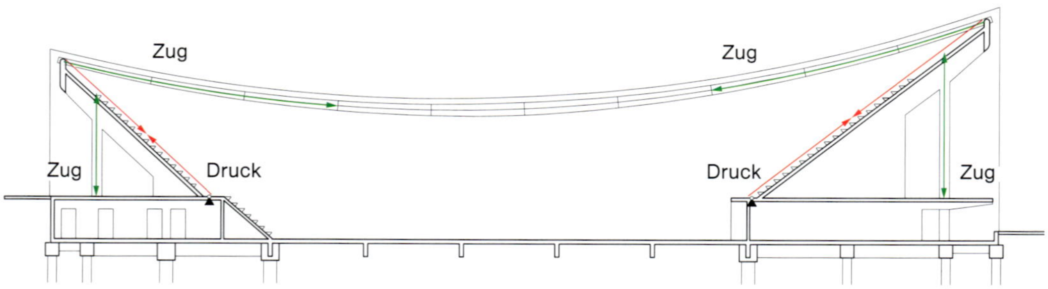

A
Tragwerkselemente:

1 Hauptträger in Hängeform

2 in Gegenrichtung gekrümmte Nebenträger

3 Stahlbeton-Tribünen als Druckauflager für Hauptträger

B
statisches System

HAUPTTRÄGER

Die insgesamt neun Stahl-Hauptträger mit Spannweiten zwischen 39 und 65 m sind parallel in einem Achsabstand von 6,06 m angeordnet. Hergestellt als geschweißte, entsprechend der Dachform vorgekrümmte Doppel-T-Profile variieren sie in ihrer Höhe von 500 mm am Rand bis zu 920 mm in Feldmitte und ermöglichen dadurch eine wirtschaftliche Ausnutzung der Querschnitte über den gesamten Dachbereich.

Die Verankerung der Träger erfolgt so an den Auflagern der Tribünen, dass die vertikalen Lasten sowie die horizontalen Lasten, die sich aus der Hängeform des Daches ergeben, über die Tribünenkonstruktionen abgetragen werden können (Abb. B). Jeweils in drei bis fünf Segmente unterteilt, wurden die neun Hauptträger zur Montage auf die Baustelle geliefert und auf einer temporär aufgebauten Unterkonstruktion in der Dachebene miteinander verbunden.

DIAGONALES TRÄGERNETZ

Die Stabilisierung der Dachstruktur in Querrichtung erfolgt mithilfe eines diagonalen Trägernetzes, das bei ungleichmäßigen Windlasten die Biegebeanspruchungen und Verformungen der Hauptträger auf ein verträgliches Maß reduziert.

Das Netz spannt von Osten nach Westen über die gesamte Dachfläche und ist seitlich an den beiden äußeren Randträgern befestigt (Abb. A). Letztere sind an den Anschlusspunkten des Netzes zusätzlich vertikal auf Stützen in der Fassadenachse aufgelagert. Zur Vermeidung hoher Querbiegemomente sind die Randträger nicht als kontinuierliche Stäbe ausgebildet, sondern durch Gelenke an den Anschlusspunkten unterbrochen.

Zur Eindeckung der Dachfläche kamen in Bezug auf das Gesamttragwerk statisch nicht wirksame Trapezbleche zum Einsatz.

DACHTRAGWERK

Das Erscheinungsbild der neuen Sporthalle in Calais beruht maßgeblich auf dem sechseckigen Grundriss und dem sanft geschwungenen Hängedach. In enger Zusammenarbeit mit den Architekten von faceB entwickelten Bollinger+Grohmann ein leicht wirkendes Dachtragwerk, das die Grundrissform aufnimmt und die einander gegenüberliegenden Zuschauertribünen zum integralen Bestandteil des Gesamtsystems macht.

Das Dach ist als Sattelfläche mit zweifacher Krümmung ausgebildet. Deren Geometrie in Form eines hyperbolischen Paraboloids wurde so entwickelt, dass die zwischen den Tribünen spannenden Hauptträger unter Last der Hängeform des Daches entsprechen. Aus diesem Grund erfahren die Träger kaum Biegebeanspruchungen. In Querrichtung weist das Dach eine entgegengesetzte Krümmung auf. Dies gewährleistet einerseits den Ablauf des Regenwassers zu den Außenseiten des Gebäudes, andererseits wird auf diese Weise die Hängedachform bei ungleichmäßig auftretenden Beanspruchungen stabilisiert.

TRAGSTRUKTUR DER TRIBÜNEN

Die Zuschauertribünen bestehen aus durchgehenden schrägen Stahlbetonplatten mit einer Neigung von bis zu 45° sowie aufgesetzten Sitzstufen. Vertikale und horizontale Kräfte werden im Achsraster von einem System aus Trägern und Stützen aufgenommen. Die schrägen Platten ermöglichen es, die horizontalen Lasten aus dem Dachtragwerk nach unten abzuleiten. Unter den Tribünen angeordnete Räume und Erschließungsbereiche sind durch diese Stahlbetonstruktur gegliedert. Zusätzliche Wandscheiben tragen hier zur Aussteifung des Gebäudes bei.

Ebenso wie sämtliche anderen Stahlbetonbauteile des Gebäudes sind auch die Zuschauertribünen in Ortbetonbauweise ausgeführt. Ihre Errichtung erfolgte in zwei Bauphasen: In einem ersten Schritt wurden – ohne Verwendung einer Gegenschalung – die schrägen Grundplatten hergestellt. Mit vertikal aufgesetzten Schalungen folgten im zweiten Betonierabschnitt dann die aufgesetzten Treppen und Sitzstufen.

An drei Auflagerpunkten der Dachträger spannt das Dach im Grundriss über die Zuschauertribünen hinaus. Aus diesem Grund sind hier zusätzliche Auflagerpunkte als Stahlböcke zur Aufnahme der Dachlasten angeordnet. Sie sind auf Höhe der Erschließungsebene horizontal in der Stahlbetonstruktur verankert.

FAZIT

Durch die geschickte Anordnung der Tribünen und die Ausrichtung des Dachtragwerks auf die Grundrissachsen konnte eine elegante und zugleich effiziente Tragstruktur entwickelt werden. Da auf eine Bekleidung der Deckenuntersicht bewusst vollständig verzichtet wurde, ist diese Konstruktion auch nach der Bauphase für die Besucher sichtbar. So prägt sie heute sowohl das innere als auch das äußere Erscheinungsbild der Sporthalle.

C

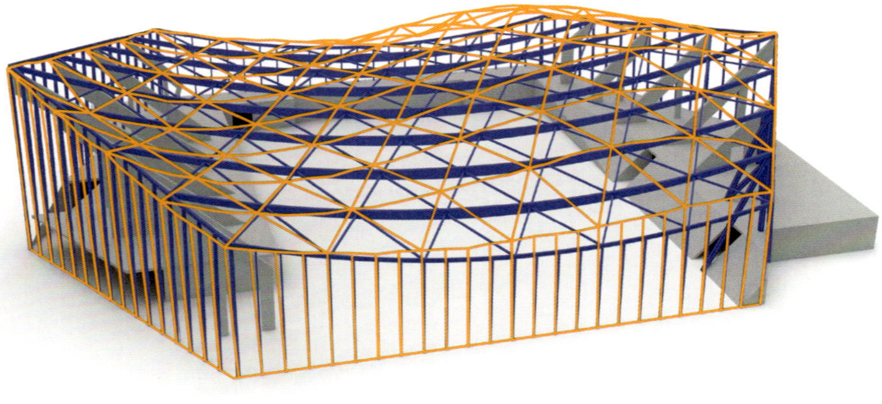

D

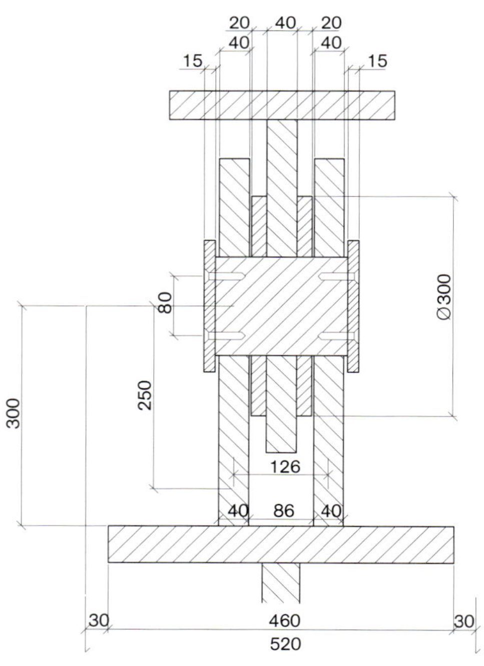

cc

C
überhöhte Verformungsfigur des Daches unter dem Lastfall halbseitiger Windsog

D
Detailschnitt
Stahlgelenk Dachträger
Maßstab 1:10

E
Detailschnitt
Auflagerpunkt Dachträger-Tribüne
Maßstab 1:20

E

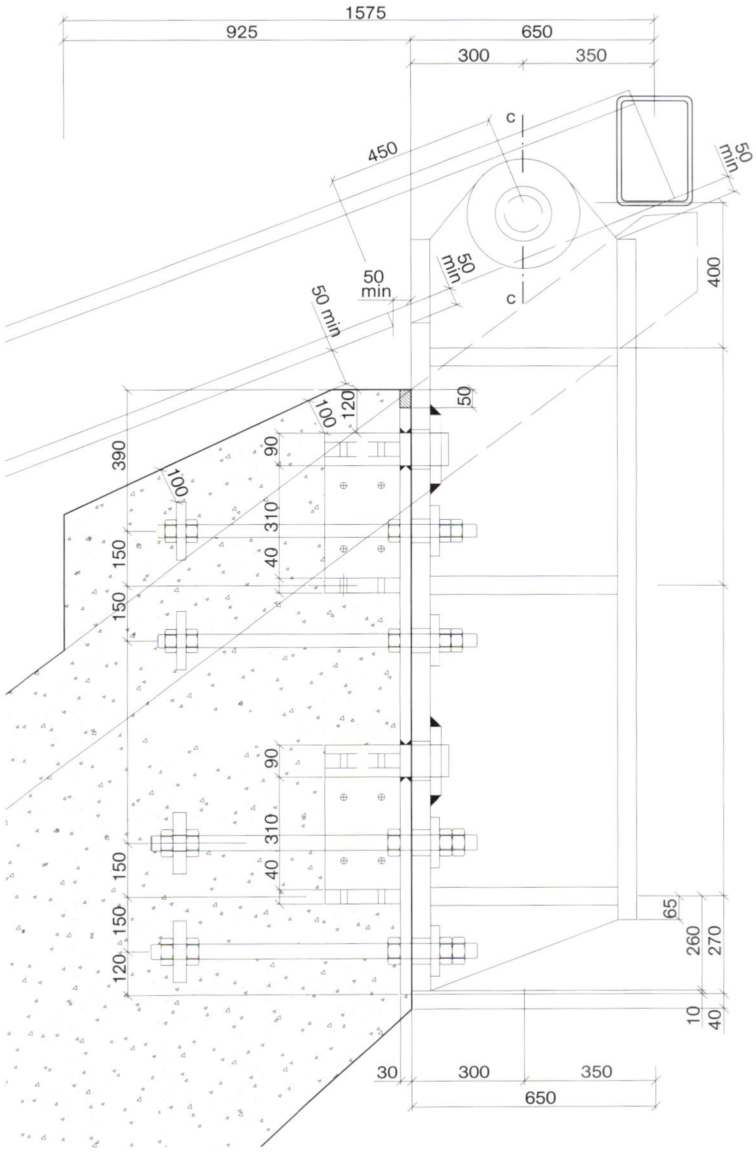
1575
925
650
300
350
450
c
50
min
50 min
400
390
100
120
90
310
40
150
65
260
270
10
30

Architekten Heatherwick Studio, London (GB) Tragwerksplaner Arup, London (GB)

Coal Drops Yard in London

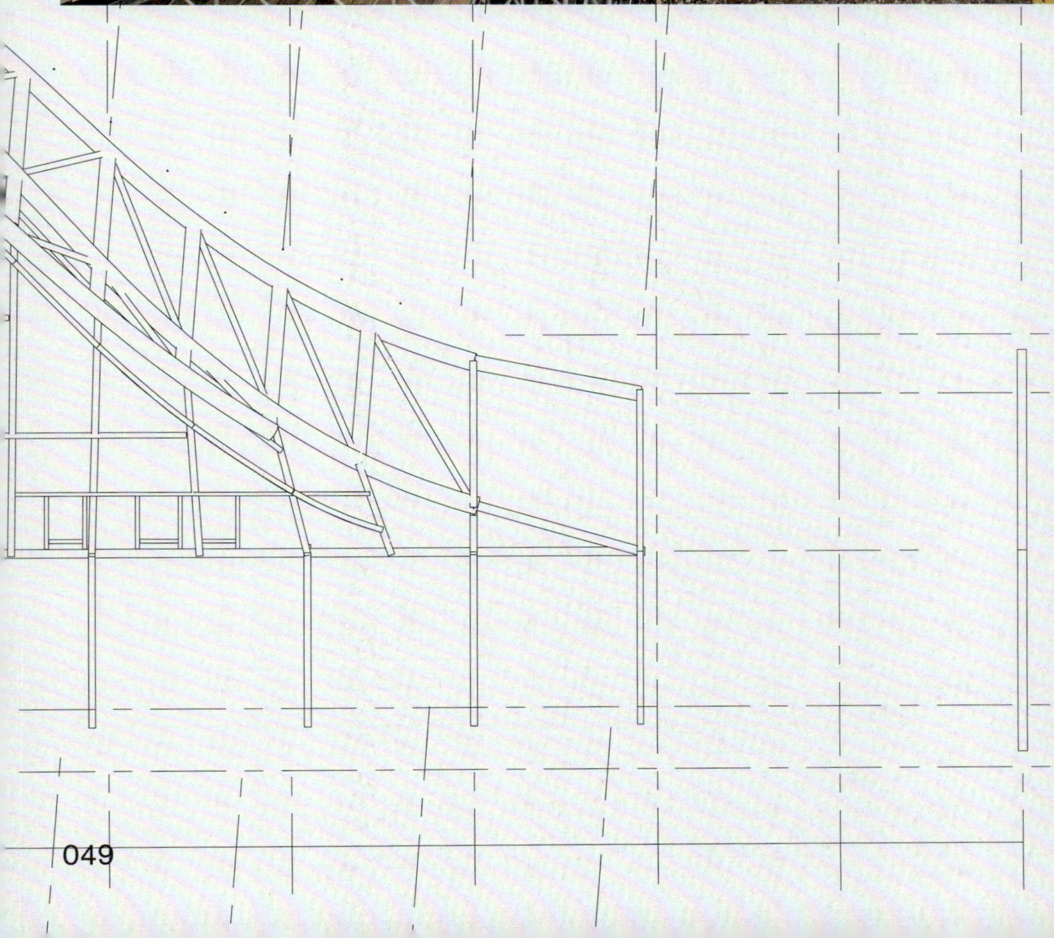

Mit einer zeichenhaften Dachskulptur lädt das neu eröffnete Einkaufszentrum Coal Drops Yard im Londoner Bezirk Kings Cross zum Einkaufen und Flanieren ein. Zwei lang gestreckte, in leichtem Winkel zueinander stehende Lagerhäuser aus dem 19. Jahrhundert durchliefen dafür umfassende Sanierungs- und Umbauarbeiten. Ursprünglich wurde hier die Kohle für London mit dem Zug angeliefert, gelagert und verteilt. In den vergangenen Jahrzehnten dienten die Gebäude als Werkstätten und Clubs oder blieben zunehmend sich selbst überlassen. Ziel des Umbaus war es, diese Brache wieder zu einem lebendigen Teil der Stadt zu machen, die beiden Gebäude zu verbinden und einen überdachten öffentlichen Platz zu schaffen, der für Konzerte und andere Veranstaltungen genutzt werden kann. Frühe Überlegungen, die beiden Riegel mit einem dritten Element zu überbrücken, kollidierten mit den Satteldächern des Bestandes. Heatherwick Studio entwickelte schließlich eine verblüffende Lösung, bei der sich die beiden inneren Satteldachflächen zu frei schwingenden Bändern aufwölben, die sich scheinbar vom Gebäude lösen und in der Mitte in einem Punkt berühren. Diese durchaus irritierende Figur widerspricht jeder

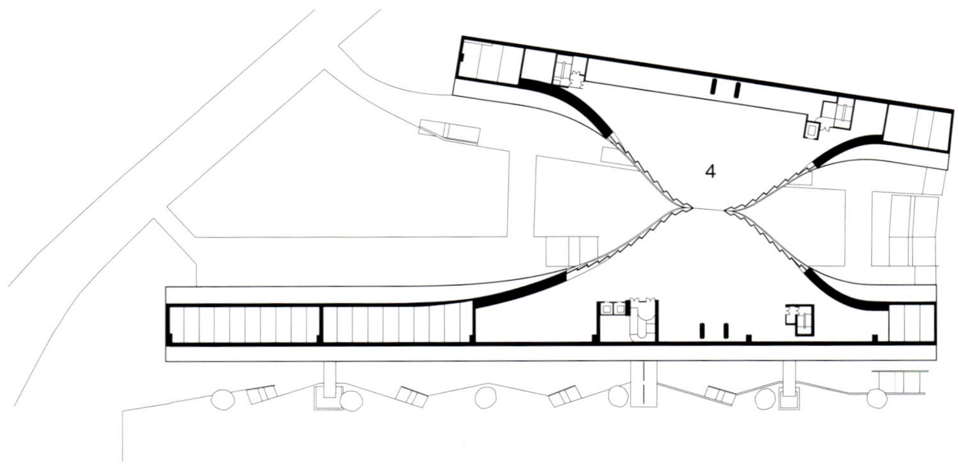

2. Obergeschoss

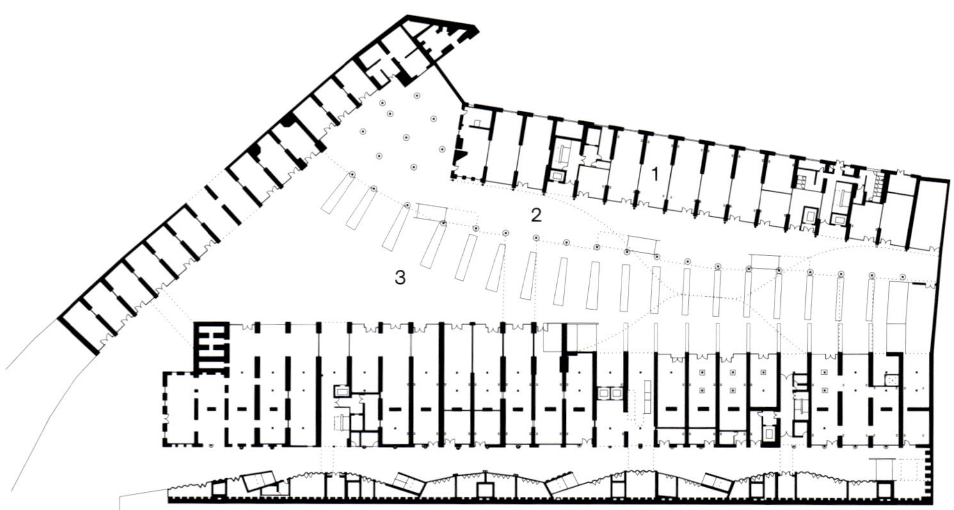

Erdgeschoss

Lageplan
Maßstab 1:5000

Grundrisse
Maßstab 1:1500

1 ehemaliges Lagerhaus mit Einzelhandelsflächen
2 Viadukt
3 öffentlicher Platz
4 Anchor Store

tektonischen Regel oder baugeschichtlichen Vorgabe und entwickelt sich dennoch ohne Bruch aus dem historischen Bestand. Selbst die neue Dachdeckung aus bläulich-grauen Schindeln stammt aus dem gleichen Steinbruch wie die ursprüngliche und bindet so den Bau in die Geschichte des Ortes ein.

In funktionaler Hinsicht entsteht ein Brückengeschoss zwischen den beiden Gebäuden, das zum zentralen Fokus der gesamten Anlage wird. Dieser Raum hat einen schmetterlingsartigen Grundriss, dessen zwei Flügel nur durch die kurze Berührungslinie verbunden sind. Von hier bieten sich durch eine geschuppte Verglasung spannende Ausblicke auf die umgebenden Stadtbezirke.

Burkhard Franke

Text Ed Clark, Arup, London (GB)

A

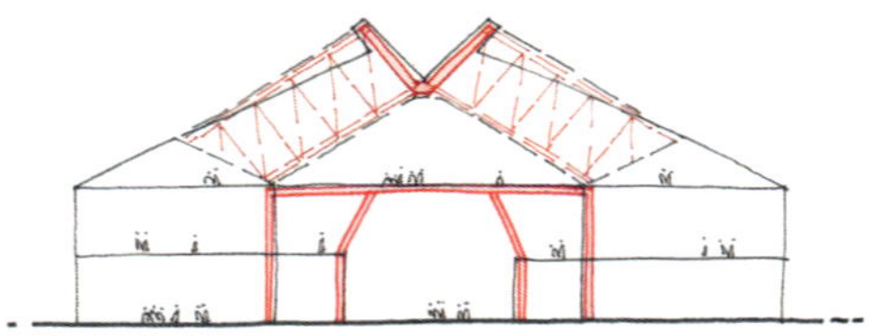

B

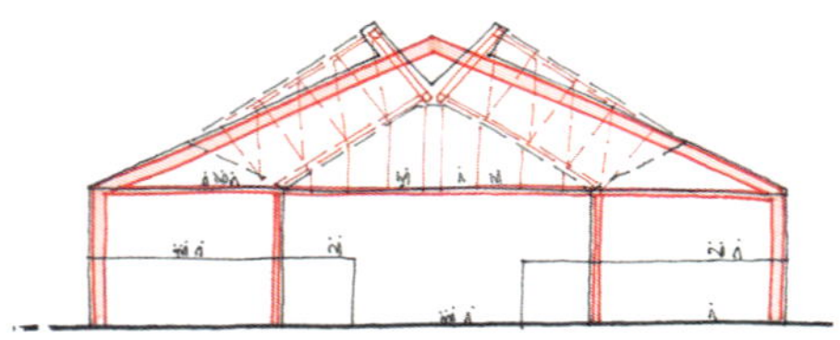

C

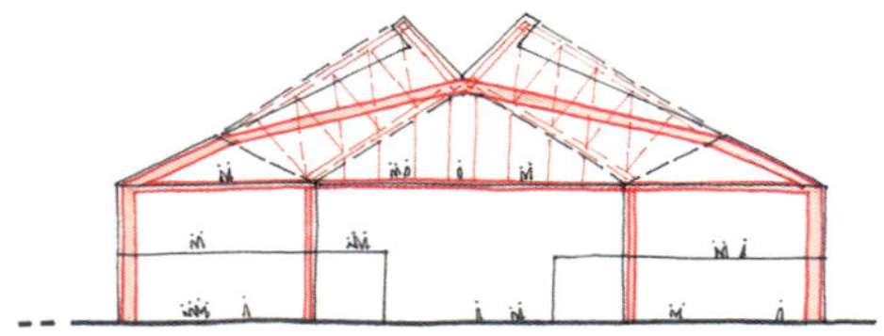

D

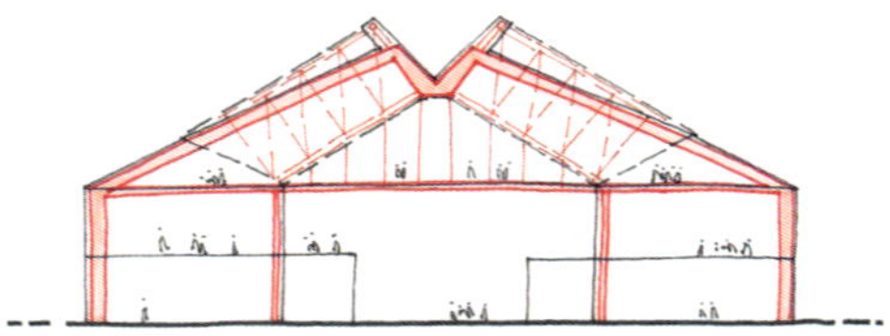

E

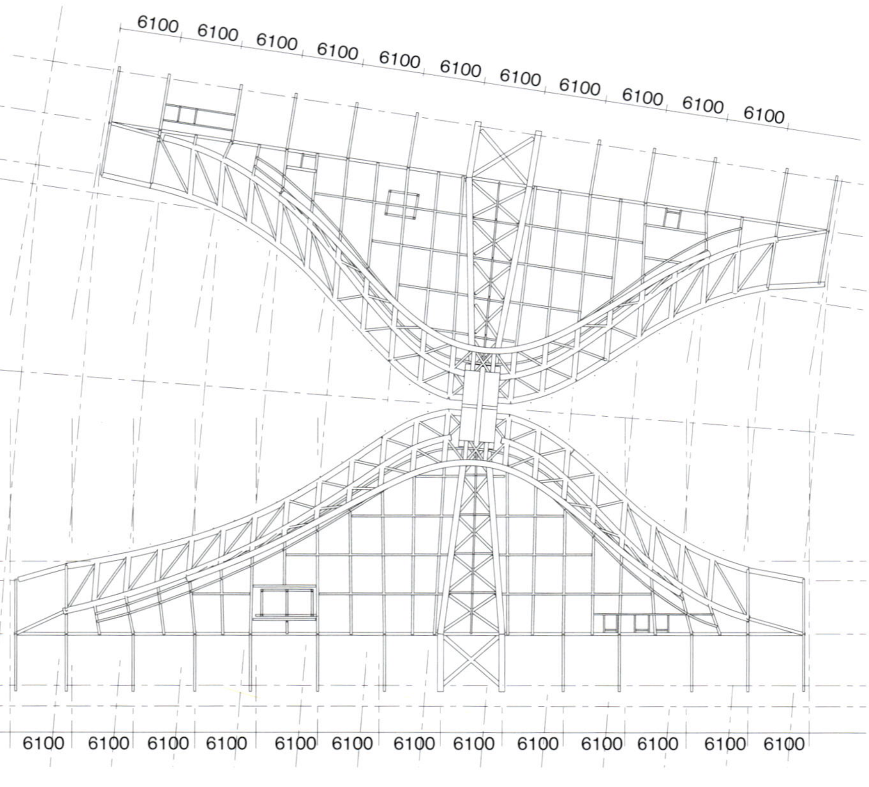

F

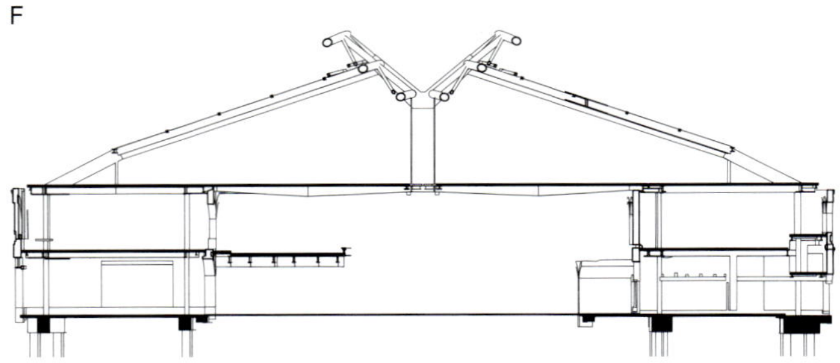

Skizzen A–D
Entwicklung Tragwerk und Dachform

A
Dach und Decke 2. OG separat, keine „schwebende Decke“ über dem Hof

B
abgehängte Ebene, aber Träger außerhalb Dachform

C
Träger unten sichtbar und zu flach

D
Lösung: Träger nicht sichtbar, nur punktuelle Sonderbelastung

E
Grundriss Dachtragwerk
Maßstab 1:1000

F
Schnitt Tragwerk
Maßstab 1:1000

ERGÄNZENDE LASTABTRAGUNG

Zu Beginn der Planung wurden die beiden 150 m und 120 m langen Coal-Drops-Gebäude auf die Tragfähigkeit der einzelnen Bauteile untersucht. Dabei waren unterschiedlichste, teils historische Materialien zu berücksichtigen, wie 150 Jahre alte Mauerwerksbögen und Holzdachstühle, genietete Stahlträger oder Stützen aus Gusseisen.

Große Teile dieser vorgefundenen Strukturen konnte man erhalten oder so reparieren, dass die räumlichen Qualitäten der Bausubstanz nicht beeinträchtigt wurden.

Das architektonische Konzept sah vor, eine aufwendige Dachkonstruktion auf die alten Gebäude zu setzen. Gleichzeitig wurde klar, dass keine zusätzlichen Kräfte in den Bestand eingeleitet werden durften. Aus diesem Grund erhielt das neue Dach eine eigenständige Lastabtragung aus Stahlstützen, die den Bestand durchdringen, ohne die Nutzbarkeit der Räume zu beeinträchtigen.

BALANCIERTES GESAMTSYSTEM

Als tragwerksplanerisch besonders anspruchsvoll erwies sich die Aufgabe, eine Konstruktion in die skulpturale Dachform zu integrieren, die optisch nicht als eigenständiges Element in Erscheinung tritt.

Die beiden aus der Dachfläche schwingenden Bänder werden am Hochpunkt, wo sie sich in der Mitte berühren, von einem A-förmigen Primärtragwerk unterstützt (Abb. H). Es besteht aus zwei liegenden, ausgekreuzten Holmen, deren Fußpunkte über ein Y-förmiges Verbindungsstück mit einem Zugseil verspannt sind. Die beiden Dachbänder selbst sind als dreigurtige Fachwerkträger ausgebildet und können als zwei gegeneinander gelehnte Bögen betrachtet werden. Auch ihre Enden sind über Zugseile verbunden, sodass sich insgesamt ein in beiden Richtungen geschlossenes System ergibt, das keine Horizontalkräfte auf den Bestand überträgt (Abb. G).

Da der geometrisch logische Schnittpunkt der beiden Holme des A-Trägers außerhalb der Dachflächen liegen würde (Abb. B), wurden an dieser Stelle – dem „Kusspunkt" – zwei V-förmige Verbindungsstücke eingeführt. Es handelt sich um schwere, leistungsfähige Stahlbauteile, die beträchtliche Druckkräfte auf der Unterseite um den eigentlichen Schnittpunkt der Träger herum leiten. Erst diese Geometrie ermöglicht das störungsfreie Durchlaufen der Dachflächen am sensiblen Berührungspunkt (Abb. D).

Das Dach hat eine echte Brückenfunktion, da es nicht nur sich selbst trägt, sondern auch das über dem Hofbereich durchlaufende Geschoss. Diese Deckenplatte spannt zwischen den inneren Wänden der Bestandsgebäude und ist an Stahlseilen an die beiden geschwungenen Bänder gehängt. Diese tendieren durch ihre gekurvte und geneigte Geometrie dazu, sich unter Vertikallast zu verdrehen. Die Aufhängung des Geschosses an den Untergurten dieser Fachwerkträger bewirkt dort eine exzentrische Krafteinleitung, die der Rotation des Trägers entgegenwirkt. Es entsteht ein sorgfältig ausbalanciertes Gesamtsystem.

G

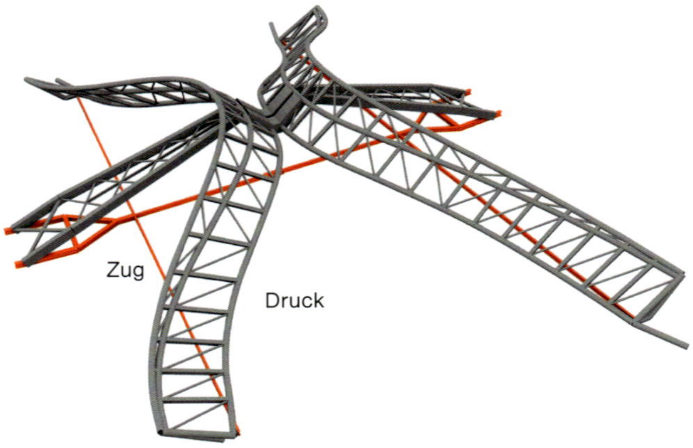

H

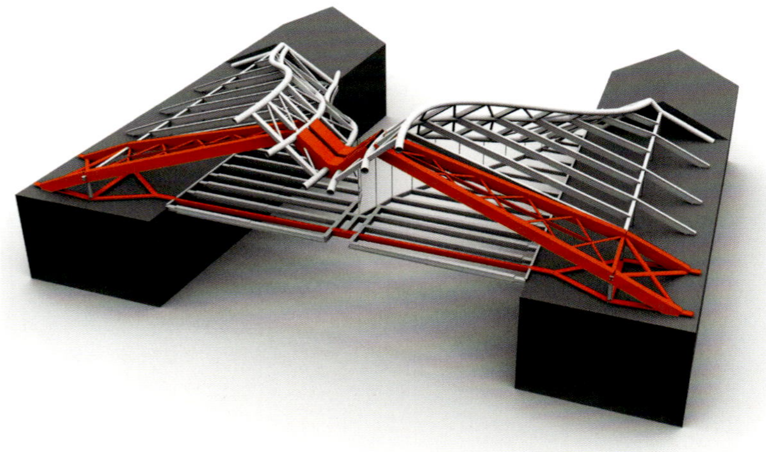

I

J

K

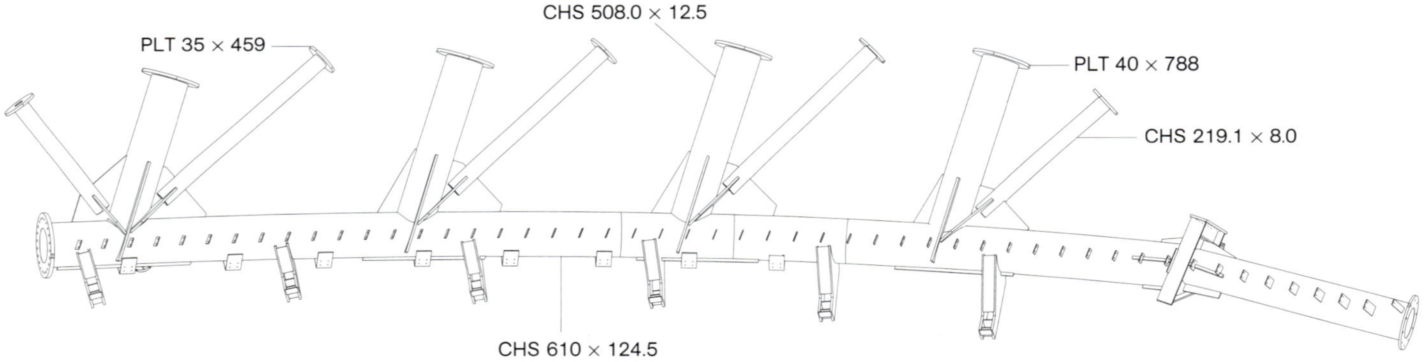

G
Diagramm geschlossenes System aus Zug- und Druckkräften

H
Axonometrie Primärtragwerk A-Träger

I, J, K
Fachwerkträger der Dachbänder

I
Schweißarbeiten während der Fertigung

J
Abstützung der Träger durch temporäre Stahlböcke während der Montage

K
Ansicht eines Segments Maßstab 1:100

STAHLKONSTRUKTION

Die Fachwerkträger der beiden Bänder nutzen den Raum innerhalb des Daches voll aus: Ihre Höhe vergrößert sich von circa 5 m an den Enden auf 7 m in der Mitte. Um bei der komplizierten Geometrie Standardprofile einsetzen zu können, entschied man sich für Rundrohre. Sie besitzen einen Durchmesser von 610 mm bei den Gurten, 508 mm bei den Vertikalen und 219 mm bei den Diagonalen. Um die Fertigung zu vereinfachen, sind die Gurte nur einsinnig gekrümmt. Jeder Träger besteht aus vier vorgefertigten Segmenten, die über runde Kopfplatten auf der Baustelle verschraubt und mit einem Schwerlastkran in Position gehoben wurden. Während der Montage wurden sie von temporären Stahlböcken unterstützt.

Der „Kusspunkt", der die beiden A-Träger verbindet und erhebliche Momente aufnimmt, ist ein fast 100 t schwerer Stahlknoten. Er verjüngt sich von 1300 mm Höhe in der Mitte auf 900 mm am Anschluss zu den Trägern und ist aus bis zu 80 mm dicken Blechen geschweißt.

L

M

N

O

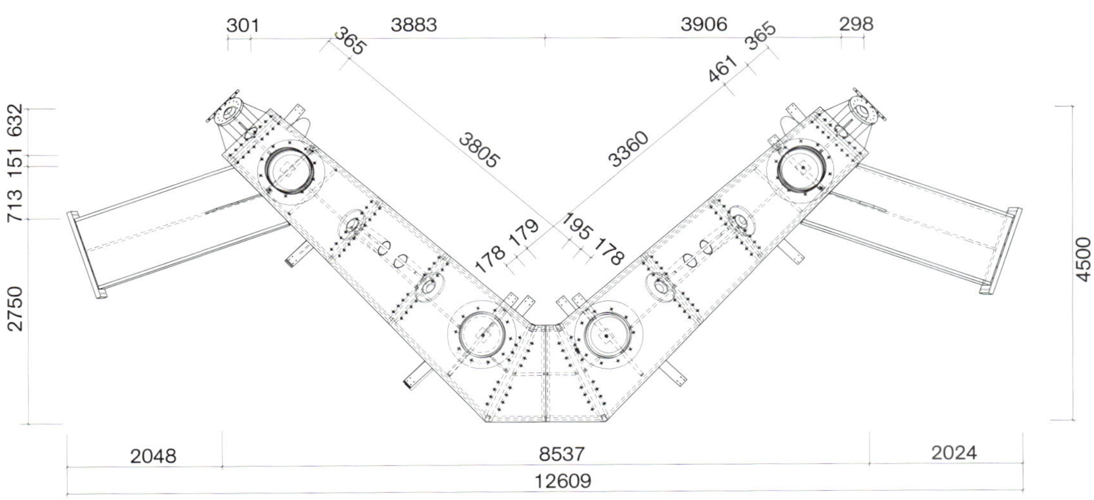

L, M, N
Der „Kissing Point":
Fertigung und Montage
des Stahlknotens auf
der Baustelle

O
Ansicht des Stahlknotens
Maßstab 1:100

DURCHBIEGUNG ALS KRITISCHER FAKTOR

Das von der Dachkonstruktion abgehängte Geschoss spannt im Mittel frei über etwa 40 m und biegt sich unter Eigenlast merklich durch. Da für den hier vorgesehenen Anchor Store ein perfekt ebener Fußboden gefordert war, musste die Geschossdecke mit einer anfänglichen Überhöhung von circa 80 mm geplant werden. Dafür war nicht nur bei der Berechnung ein hohes Maß an Präzision erforderlich, sondern auch bei der Herstellung und Montage sämtlicher Tragwerkskomponenten. Auf der Baustelle wurde der tatsächliche Bauzustand laufend mit den Soll-Werten abgeglichen und wo notwendig korrigiert.

GLASFASSADE

Eine Glasfassade folgt dem geschwungenen sägezahnartigen Rand des abgehängten Geschosses. Die Scheiben sind bis zu 8 m hoch und 2 m breit und stehen auf der Deckenplatte. Durch ihre geschuppte Geometrie steift sich die Glasfläche selbst aus und benötigt keine Pfosten. Die Biegung aus der Deckenplatte wird durch kleine Gelenklager unter jeder Scheibe in vertikale Bewegung umgewandelt, Silikonverbindungen gewährleisten die notwendige Flexibilität und einen weitgehend ungehinderten Ausblick.

P
Abhängung des 2. Obergeschosses vom Untergurt des Fachwerkträgers

Q
Durchbiegung der Träger und der Deckenplatte des 2. Obergeschosses (rot = hohe Werte)

P

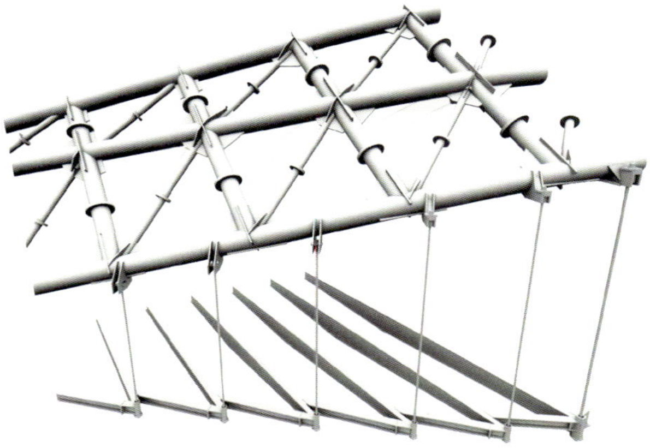

Q

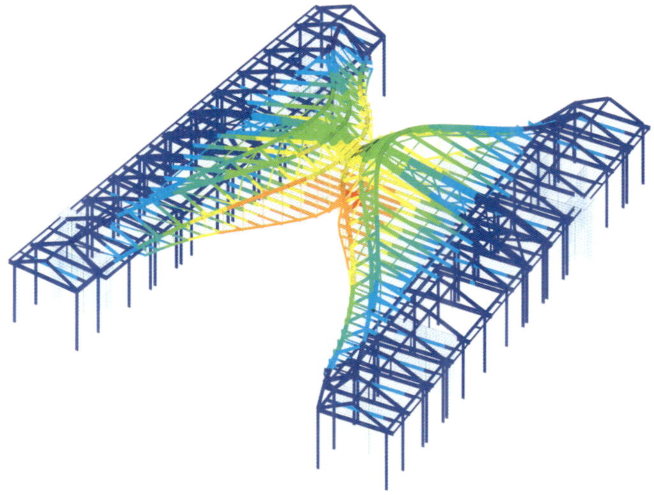

Architekten Safdie Architects, Singapur (SG)

Tragwerksplaner Buro Happold Engineering, New York (US)
RSP Architects Planners & Engineers, Singapur (SG)

Jewel am Flughafen Singapur-Changi

ZOOMLION

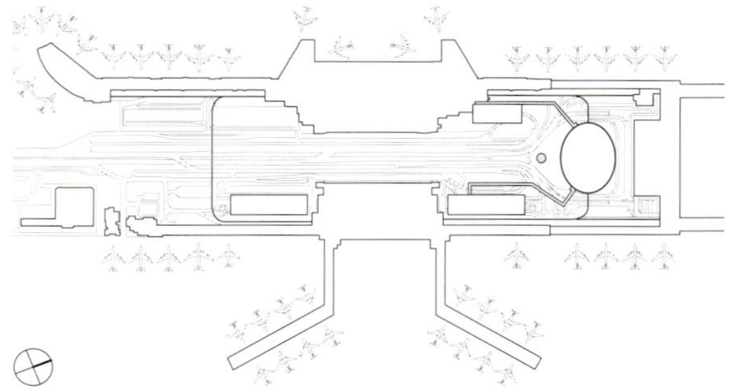

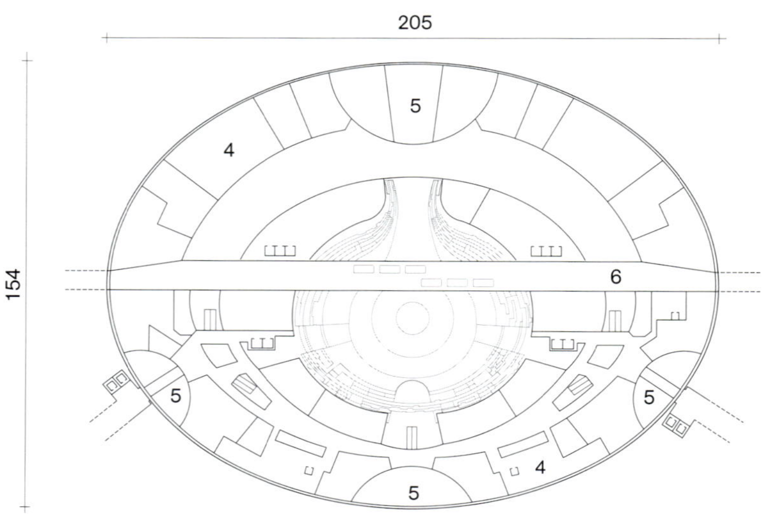

Ebene 3

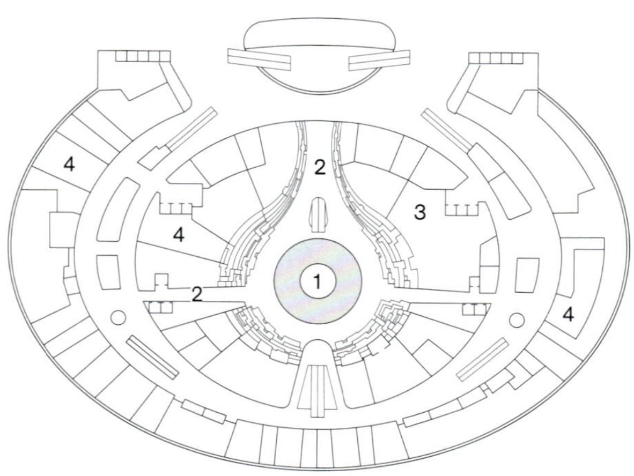

Ebene 1

Lageplan
Maßstab 1:25000
Grundrissschemata
Maßstab 1:2500

1 Brunnen
2 Zugang Garten
3 Lounge
4 Einkaufszentrum
5 Zugangsatrium
6 Hochbahn

Ein elliptischer Baukörper in Gestalt eines flachen, gläsernen Torus bildet das neue Zentrum des Flughafens von Singapur. „Jewel Changi Airport" ist das Verbindungselement zwischen den bestehenden Abfertigungsgebäuden. Der Neubau liegt vor dem Terminal 1, mit dem er unterirdisch direkt verbunden ist, und zwischen den Terminals 2 und 3, die über aufgeständerte, verglaste Brücken erreicht werden.

In den fünf oberirdischen Geschossen sind Flughafeneinrichtungen, Gastronomie, Erholungsbereiche, ein Hotel und vor allem Einkaufsflächen um eine gemeinsame Mitte angeordnet. Diese stellt die eigentliche Attraktion des Neubaus dar: Wie in einem fünfgeschossigen Amphitheater liegt hier ein terrassierter tropischer Garten, über dem sich scheinbar schwerelos eine triangulierte Glaskuppel aus schlanken Stahlprofilen wölbt. Zur Mitte hin stülpt sich die Dachfläche nach unten zu einer kreisrunden Öffnung von 12 m Durchmesser, die mit einem durchgehenden ETFE-Kissen geschlossen ist. Vom Kreisring zwischen Tragwerk und Kissen stürzen pro Minute 40000 l Wasser hinab in eine Art Brunnen auf der untersten Ebene. Die kontinuierliche Wassersäule wird teilweise aus Monsunregenwasser gespeist und trägt zur Kühlung des ringsum verglasten Innenraumes bei. Das spektakuläre Ambiente soll den Jewel neben seiner erschließungstechnischen und kommerziellen Bedeutung für den Flughafen zu einem eigenständigen Reiseziel machen.

Burkhard Franke

A

B

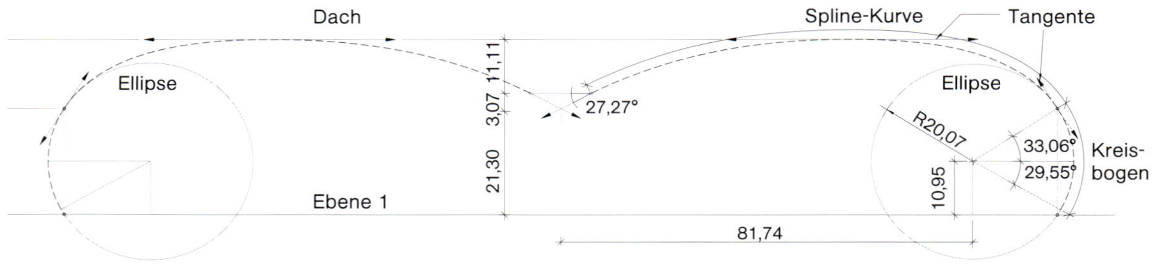

C

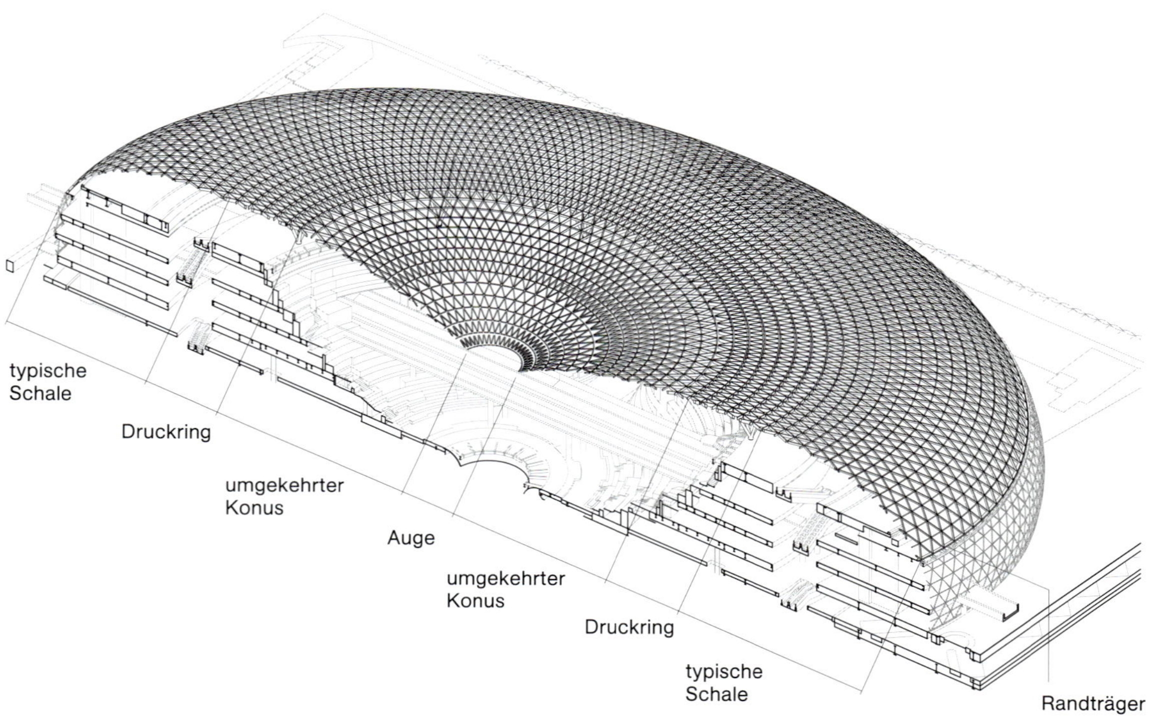

A
Schnitt

B
Diagramm
Schnittgeometrie
Maßstab 1:1500

C
Schnittaxonometrie mit unterschiedlichen Zonen der Gitterschale. Der Systemwechsel auf eine vorgehängte Fassade ist von außen nicht ablesbar.

D
statisches System

FORM DES BAUKÖRPERS

Das gestaltgebende Element des im April 2019 eröffneten Neubaus „Jewel" am Flughafen von Singapur ist die filigrane Gitterschale mit einem zentralen Auge für den Wasserfall. Hülle und Tragwerk bilden damit eine Einheit.

Die Gesamtform stellt einen liegenden, elliptischen Torus von 200 m Länge und 150 m Breite dar; sein Querschnitt basiert auf Kreisgeometrien (Abb. B). Für den Besucher kaum wahrnehmbar ist die geometrische Mitte exzentrisch angeordnet, um auf die bereits existierende Hochbahn zu reagieren, die das Gebäude in Längsrichtung durchdringt und die während der Bauzeit eingehaust wurde. An den vier um das Gebäude verteilten Zugängen sind ellipsoidische Atrien aus den fünf oberirdischen Geschossdecken ausgeschnitten, ohne die äußere Hülle zu unterbrechen (Abb. E).

GEOMETRIE DER HÜLLE

Die Torusfläche ist in Dreiecke gegliedert, um kosteneffizient zu produzierende ebene Glaselemente zu erhalten. Die Balance zwischen der Scheibengröße und der statischen Höhe der Hülle erzeugt eine leichte, durchlässige Struktur. Das Dreiecksraster entsteht durch horizontale Ringe im Abstand von ungefähr 2,60 m und zwei Scharen schräg dazu verlaufender Träger. Diese Geometrie wird von außen nach innen dichter und würde im Bereich des Auges undurchlässig und statisch ineffizient. Um eine weitgehend gleichbleibende Größe der Dreiecke zu erreichen, haben die Ingenieure die Gitterschale von außen nach innen in zwei Stufen ausgedünnt. An zwei elliptischen Ringen tritt somit ein erkennbarer Richtungswechsel im sonst geradlinigen Verlauf der Gitterstäbe auf (Abb. E).

D

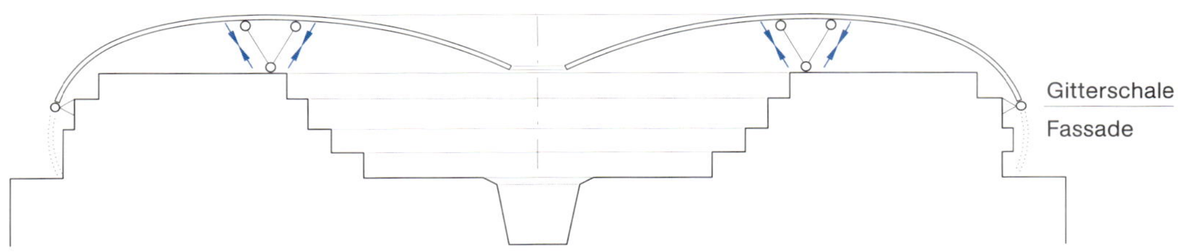

T.M. GROUP

E

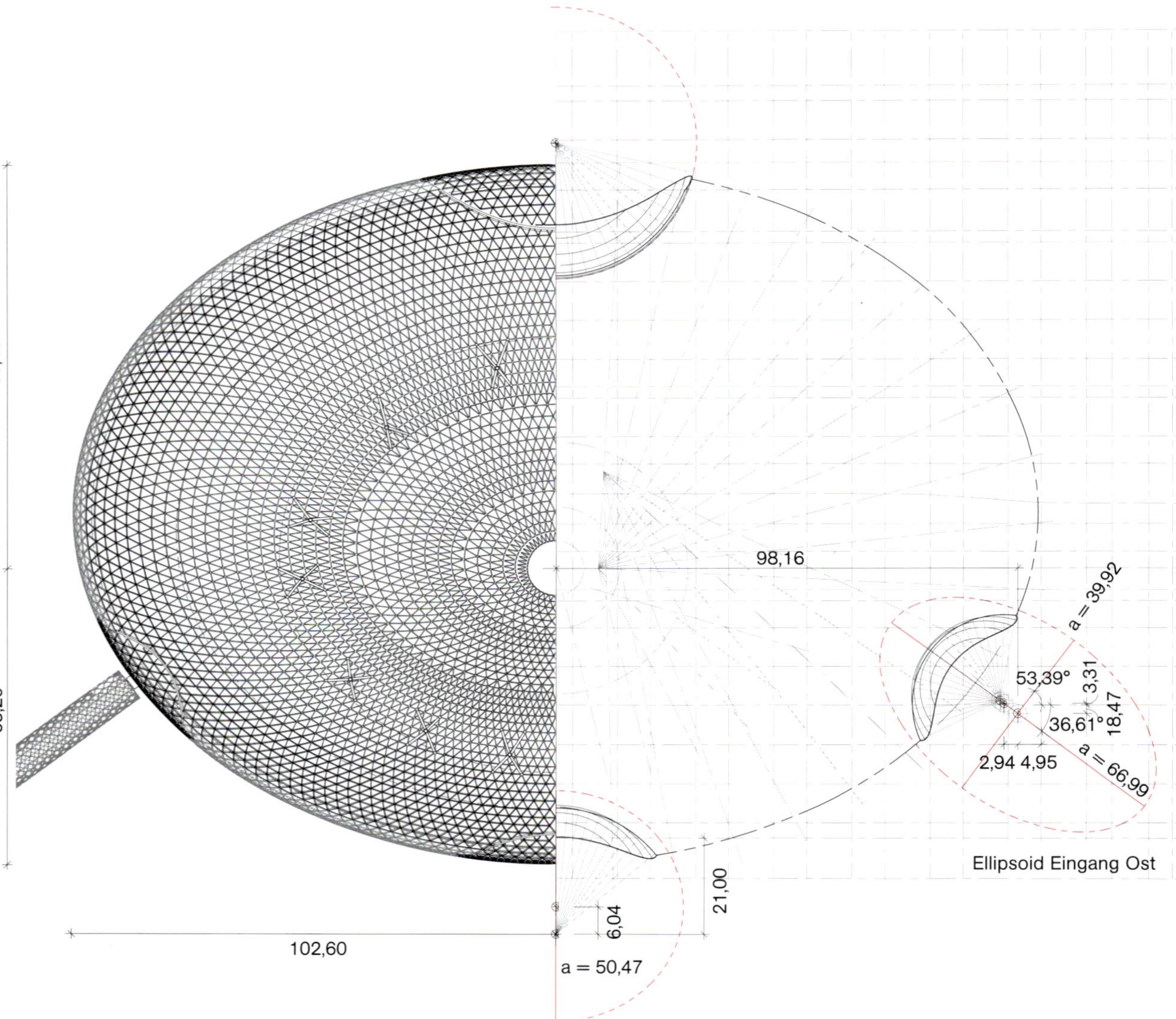

E
Dachuntersicht Gitterschale (links) und Geometrie der Zugangsatrien (rechts)
Maßstab 1:1500

F
Axonometrieschema eines Feldes der Gitterschale mit Knoten

G
Axonometrieschema einer Knotenverbindung

HYBRIDE SCHALE

Die Profile der Gitterschale habe eine einheitliche Breite von 120 mm, ihre Höhe jedoch variiert je nach ihrer Lage im Tragwerk. Die flache Form des Torus erlaubt keine klassische Schale, die ausschließlich Längskräfte aufnimmt. Daher wird die Mittelzone des Daches von einem Ring aus 14 Stützengruppen von 12 m Höhe getragen, die am inneren Rand der obersten Geschossebene angeordnet sind. Jede von ihnen besteht aus vier nach außen geneigten Stützen auf einem gemeinsamen Fußpunkt. Dabei sind alle Stützengruppen unterschiedlich ausgebildet, um auf die jeweilige Geometrie des Gitters darüber zu reagieren (Abb. E).

Außerhalb des Stützenrings funktioniert das Dach als typische Gitterschale. Die Krümmung erzeugt hier im Wesentlichen Druckkräfte, die Höhe der Tragprofile liegt bei etwa 350 mm. Der Bereich innerhalb der Stützen hat lediglich eine Profilhöhe von 250 mm. Er kann als umgekehrter Konus verstanden werden, der selbst vorwiegend Zugkräfte aufweist, aber im Gegenzug einen Druckring direkt über den Stützen erzeugt. Dieser Bereich ist der komplexeste des Dachtragwerks: Hier überlagern sich die oben beschriebenen Druckkräfte mit den senkrecht auf die Schale wirkenden Auflagerkräften. Um die entstehenden Momente aufnehmen zu können, haben die Profile hier eine Höhe von bis zu 750 mm. Diese in drei Zonen gestaffelte Schale ist am äußeren Rand auf einem Ringträger unterhalb der obersten Ebene gelagert. Unterhalb davon ist die Hülle als vorgehängte Fassade ausgeführt.

KNOTEN

Um ein ruhiges Erscheinungsbild der Gitterschale zu erreichen, sollten die im Regelfall sechsarmigen Knoten nicht als eigene Elemente in Erscheinung treten. Aufgrund der doppelten Krümmung der Schale trifft jeder Arm in allen drei Raumrichtungen mit unterschiedlichen Winkeln auf die prismatisch geformten Knoten. Diese wurden mit Fünfachsfräsen hergestellt und mit den Tragprofilen verschraubt, in stark beanspruchten Bereichen geschweißt.

F

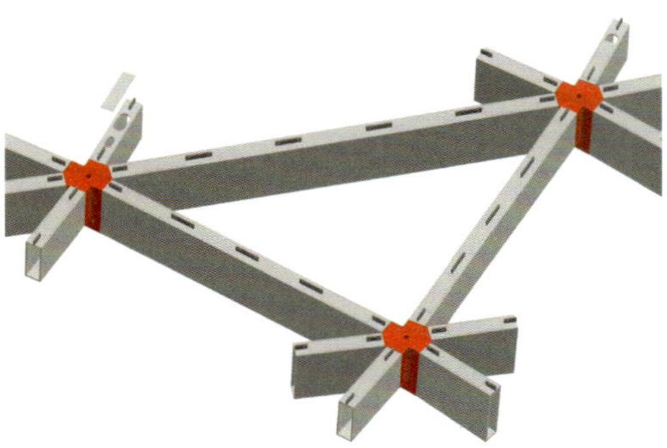

G

Brücken

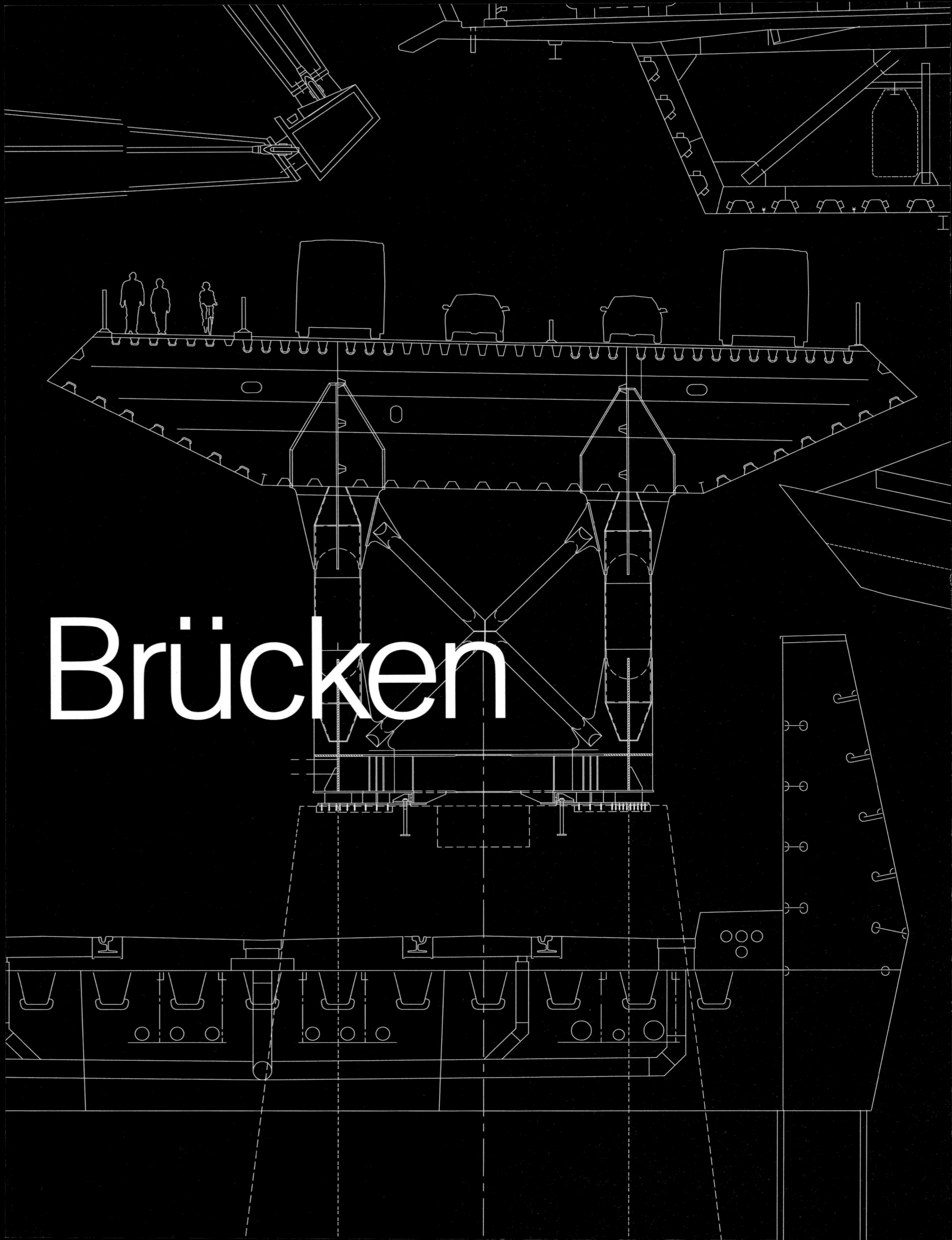

AUTOBAHNBRÜCKE BEI SUNDSVALL 070

ISARSTEG NORD IN FREISING 082

QUEENSFERRY CROSSING BEI EDINBURGH 088

FUSSGÄNGERBRÜCKE IN BE’ER SHEVA 098

KIENLESBERGBRÜCKE IN ULM 106

Architekten KRAM Group / Rundquist Arkitekter, Stockholm (SE)

Tragwerksplaner ISC Consulting Engineers, Kopenhagen (DK)
Centerlöf & Holmberg, Malmö (SE)

Autobahnbrücke bei Sundsvall

sarens
sarens
VEKA3303

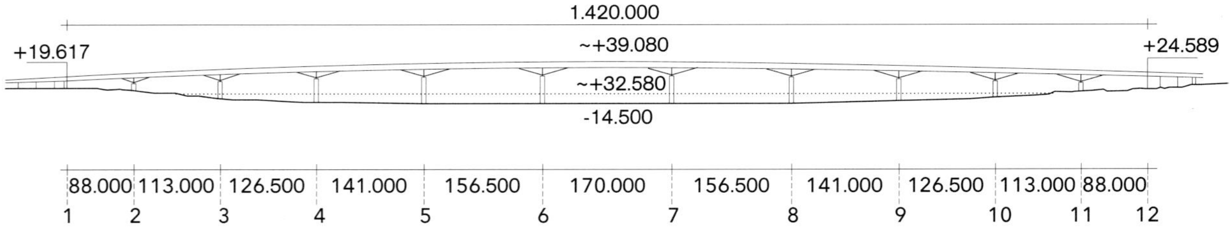

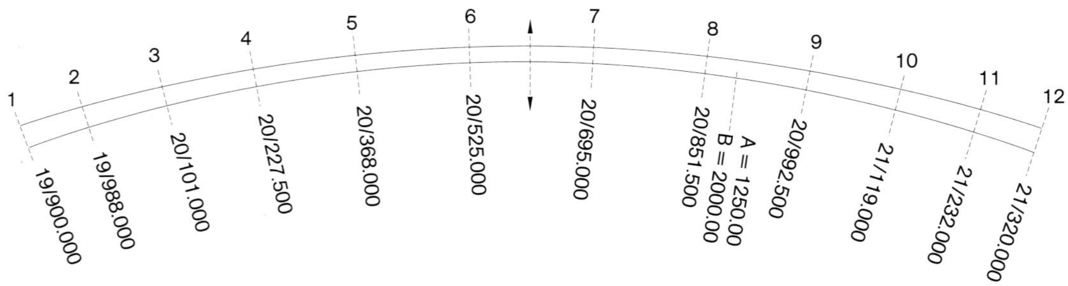

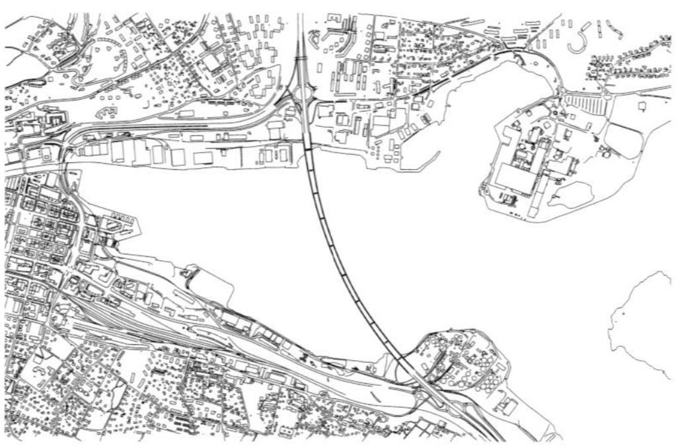

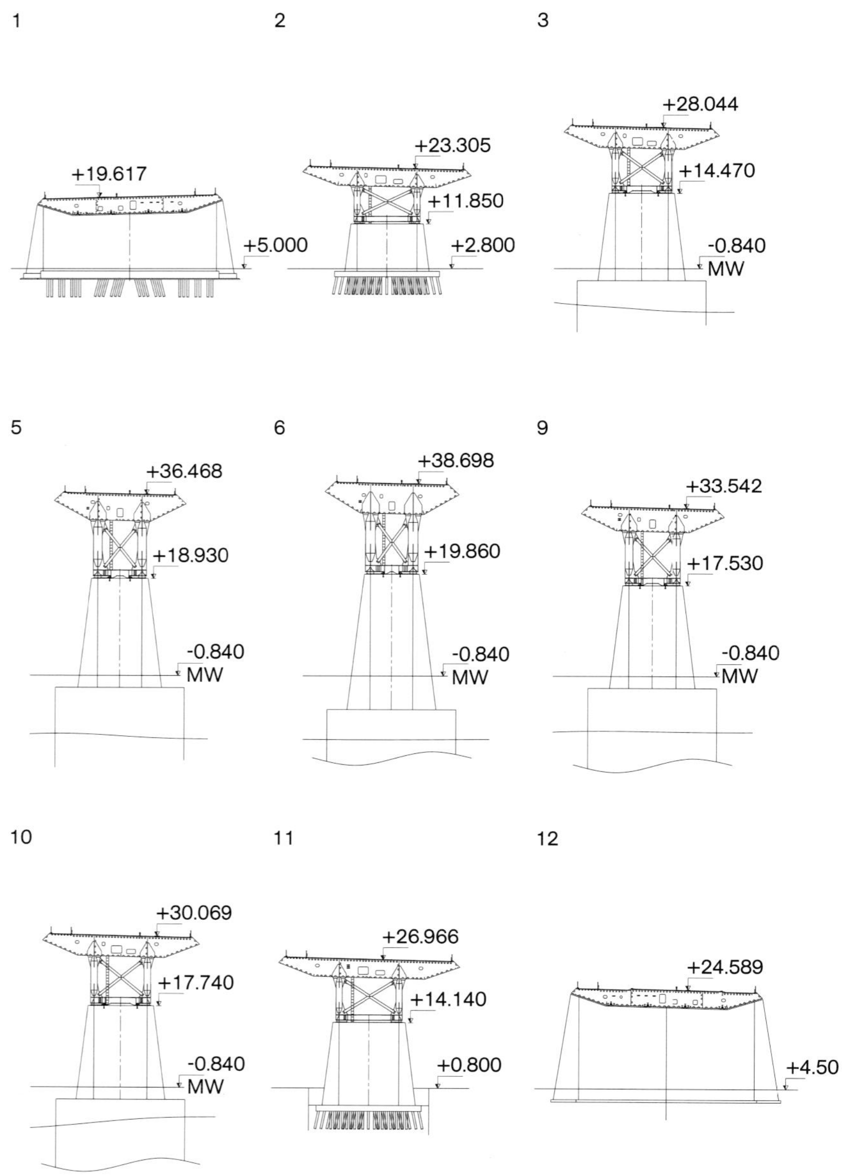

Ansicht, Aufsicht System
Maßstab 1:10000

Lageplan
Maßstab 1:40000

Schnitte
Maßstab 1:1500
MW = Mittelwasserstand

In sanftem Schwung überquert die neue Autobahnbrücke die Meeresbucht an der schwedischen Ostküste, etwa 400 km nördlich von Stockholm. Als Teil der Europastraße E4 schließt sie eine Lücke in der Strecke von Stockholm bis zur finnischen Grenze. Seit Jahrzehnten bestand der Wunsch, die Kapazität, Sicherheit und Umweltverträglichkeit des Streckenabschnitts zu verbessern, und die Innenstadt von Sundsvall zu entlasten. Ein wichtiger Schritt war 1995 die Auslobung eines offenen Wettbewerbs, den die Projektgruppe KRAM mit ihrem Vorschlag „Dubbelkrum“ gewann. 2009 dann beauftragte der Bauherr nach einem EU-weiten Bewerbungsverfahren eine Gruppe von Bauunternehmen und Ingenieuren mit der Ausführung und fertigen Übergabe des gesamten Brückenprojekts. Der Entwurf bezieht die Stadt und die umgebende Hügellandschaft ein.

Trotz der mit 1420 m Länge gewaltigen Dimensionen dominiert die Brücke ihr Umfeld nicht, sondern definiert – im Dialog mit diesem – einen Teil der Bucht als neuen urbanen Raum. In feiner Linie verbindet sie die Ufer und beschreibt in Aufsicht und Profil jeweils eine Kurve. Drei Elemente prägen die Komposition: Massive facettierte Betonpfeiler ragen bis auf zwei Drittel der Höhe aus dem Wasser. Darüber entfaltet sich eine aufgelöste Struktur aus Stahlrohren, die den flügelförmigen Brückenträger mit Leichtigkeit zu tragen scheint. Pfeilerform, Stahlrohrstruktur und auch die Spannweite verändern sich schrittweise. Diese nimmt von 170 m im mittleren Feld auf 88 m in den Randfeldern ab, während das Brückendeck zu den Enden hin flacher wird und die Pfeilerdimensionen proportional dazu abnehmen. Alle Stahlbauteile wurden in Süddeutschland gefertigt, in Stettin in Polen vormontiert und dann zum Einbau nach Schweden transportiert. Mithilfe ausgeklügelter Logistik entstand so ein europäisches Stahlprojekt in beeindruckendem Maßstab.

Andreas Gabriel

A

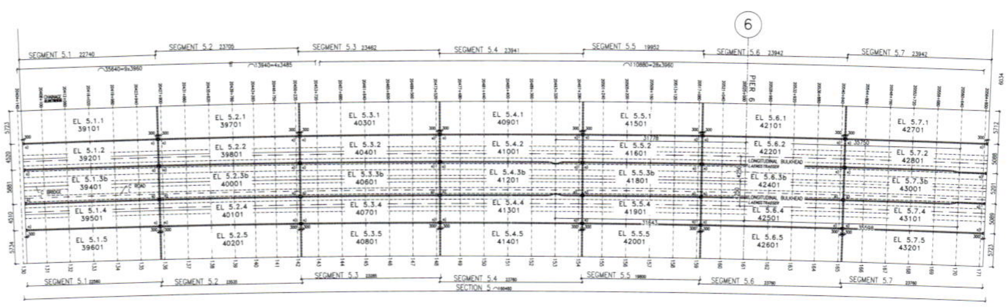

B

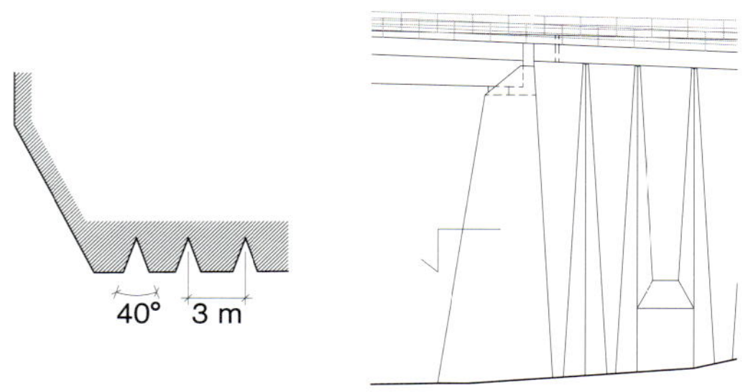

40°
3 m

C

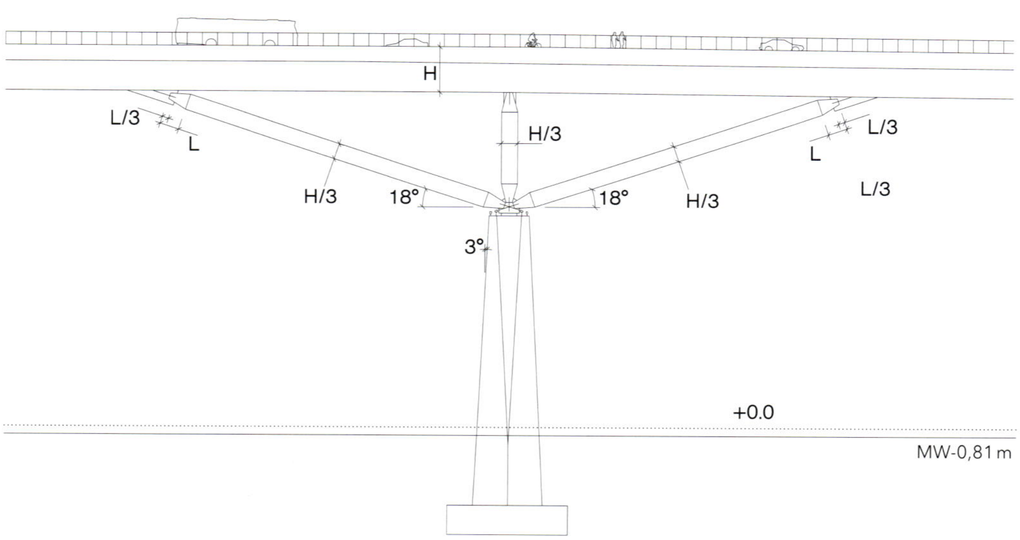

H
L/3
L
H/3
H/3
18°
18°
H/3
L/3
L
L/3
3°
+0.0
MW-0,81 m

D

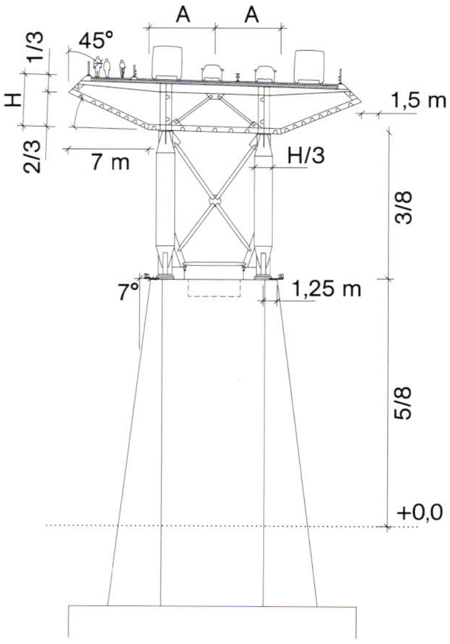

A
A
1/3
45°
H
1,5 m
2/3
7 m
H/3
3/8
7°
1,25 m
5/8
+0,0

E

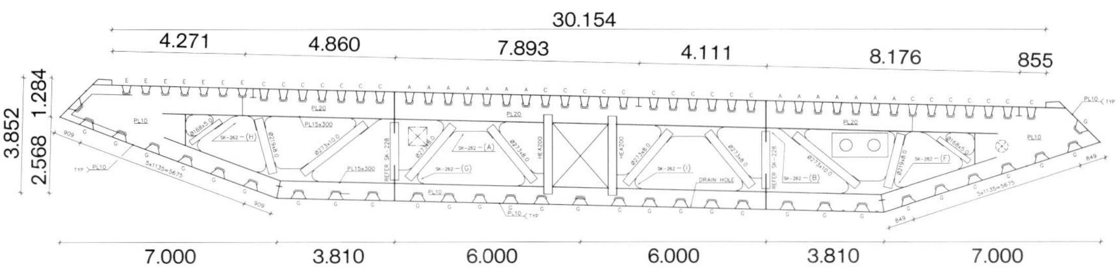

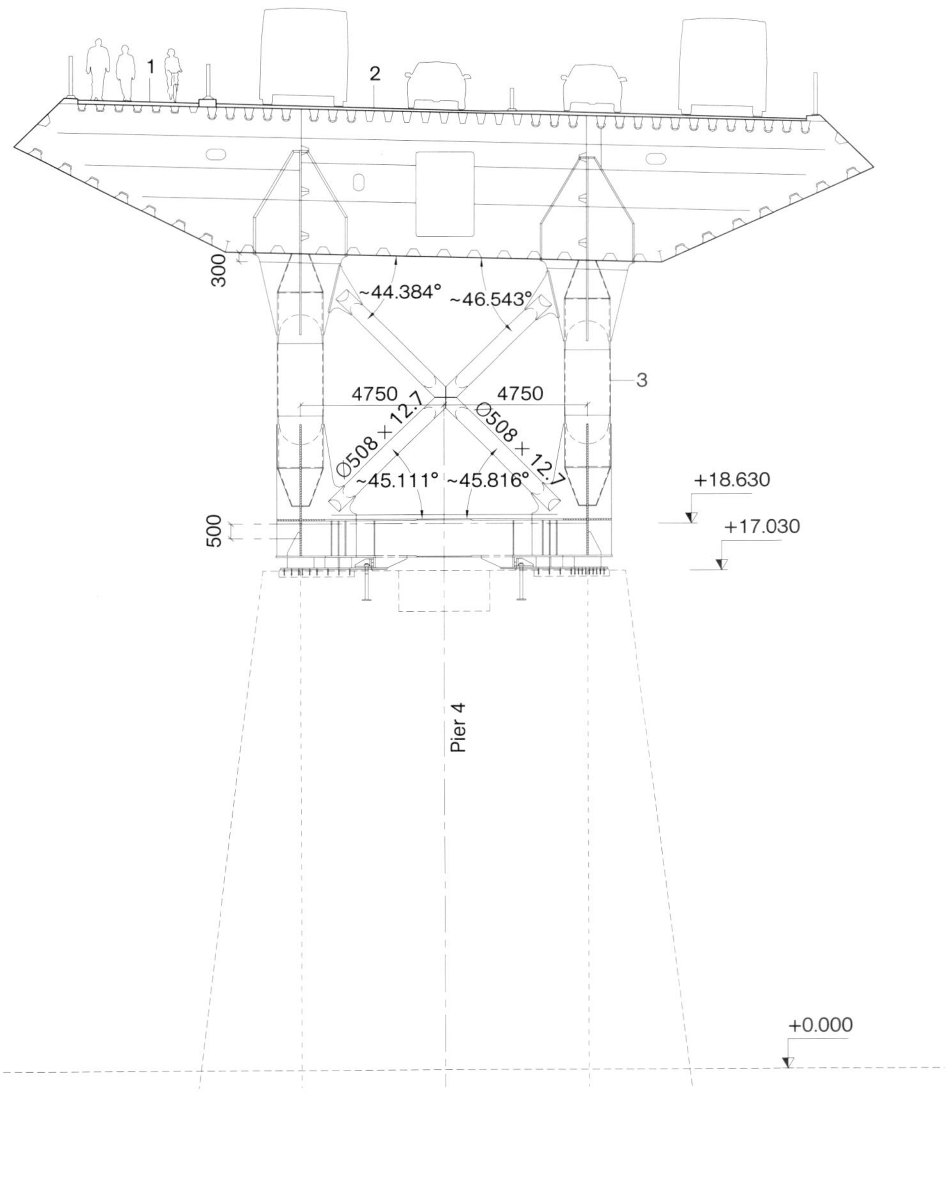

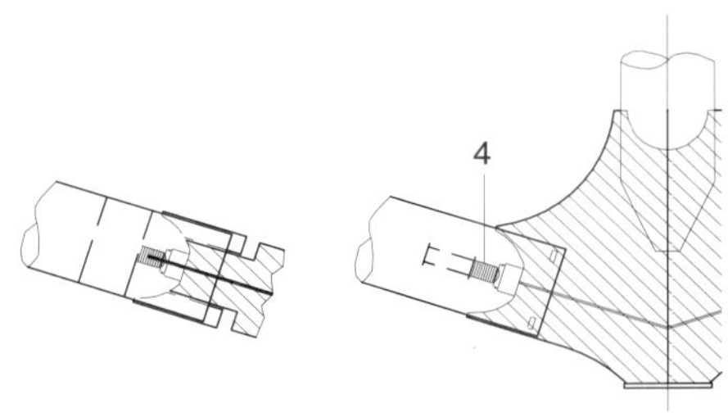

F

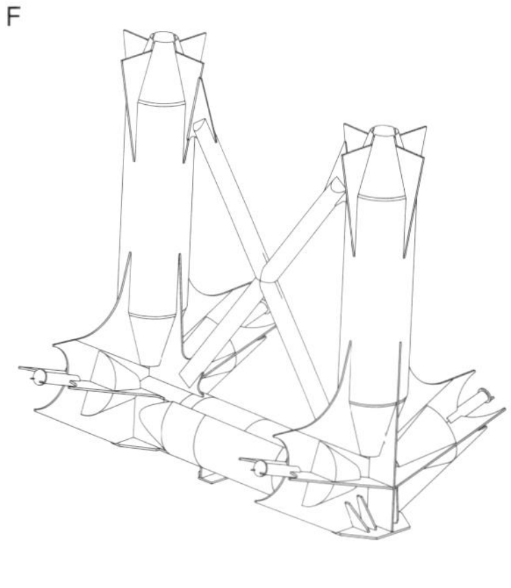

A
Aufsicht Unterplatte
Sektion 5
Maßstab 1:1500

Für die Werksfertigung mit Schweißrobotern wurden die Sektionen des Hohlkastenträgers in jeweils bis zu sieben Segmente mit Längen von 16 bis 24 m unterteilt.

B
Horizontalschnitt, Ansicht Profilierung Uferauflager
Maßstab 1:750

C, D
Ansicht, Schnitt (Architektenzeichnung)
Maßstab 1:750

E
Schnitte
Maßstab 1:250

1 Stahlblech 10 mm
2 Stahlblech 14 mm
3 Stahlrohr Ø 1727/25,4 mm
4 hydraulische Presse zur Vorspannung der Strebe

F
Fußpunkt Aufständerung
Schnitt, Isometrie
Maßstab 1:250

Text Kjeld Thomsen, ISC Consulting Engineers, Kopenhagen (DK)

G

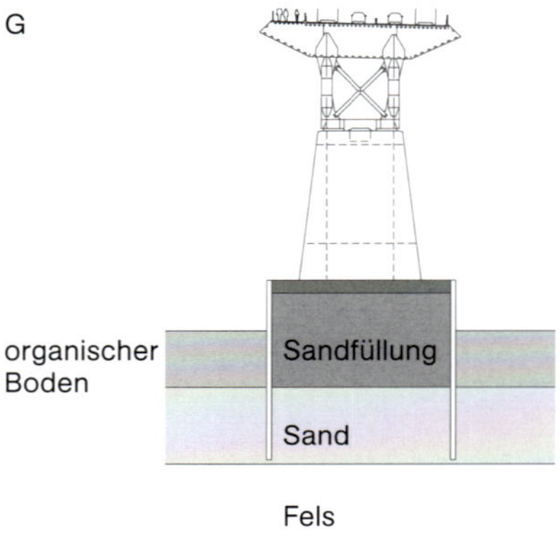

H

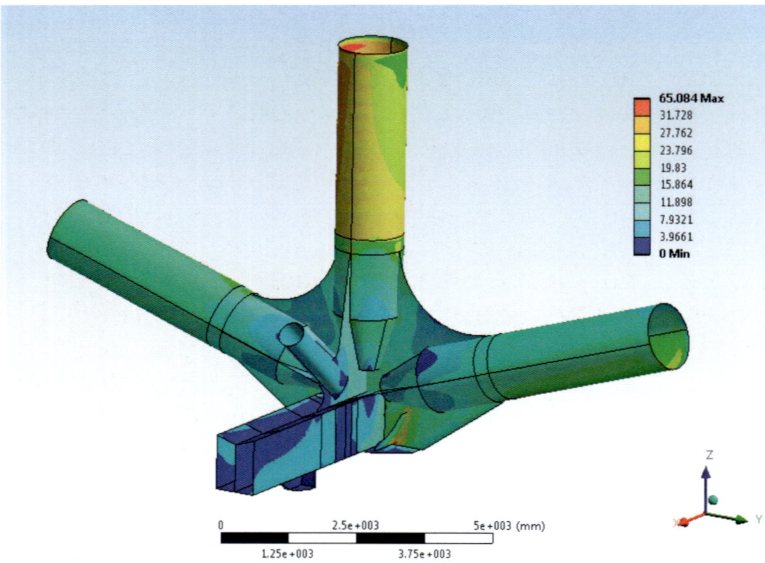

I

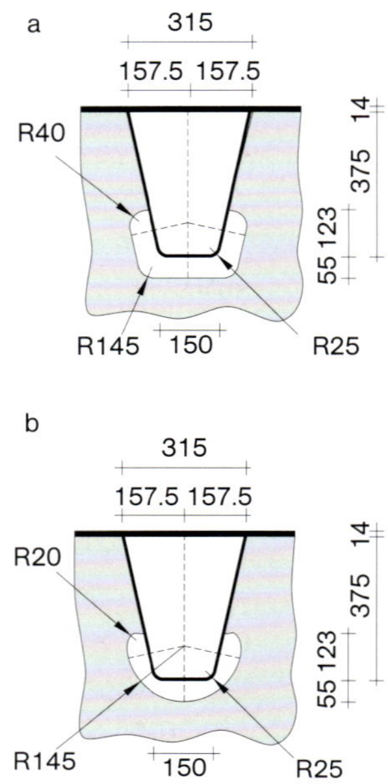

J

G
Fundamentierung
im Sund
Maßstab 1:1500

H
FEM-Analyse
Stahlrohrverbindungen

I
Aussteifungsausschnitte
a ursprüngliche Rippenform
b optimierte Form

J
fertiggestelltes Element
in der Werkhalle in
Sengenthal

TRAGWERK

Der Meeresboden im Sund besteht aus einer 6 bis 8 m dicken Schicht organischen Bodens über einer 10 bis 12 m dicken Sandschicht, die bis zum massiven Felsen reicht. Als Fundamente dienen stählerne Spundkästen, in denen die oberste Bodenschicht durch Sand ersetzt ist. Den oberen Abschluss bildet eine Betonplatte, auf der die Brückenpfeiler betoniert sind. Der darüber aufgeständerte, durchgehend verschweißte Stahlhohlkastenträger besitzt spitz zulaufende Flanken, die die anfallenden Windlasten reduzieren und so die aerodynamische Stabilität der Struktur erhöhen.

Durch die variierende Breite und Höhe des Brückenträgers und den gekurvten, geneigten Verlauf besitzt die Brücke eine sehr komplexe Geometrie. Keines der 364 im Abstand von 4 m angeordneten inneren Querschotts gleicht einem anderen. In der Regel sind diese als Fachwerkträger mit Rundrohrstäben ausgebildet, lediglich bei Stützen- und Strebenanschlüssen sind jeweils drei durchgehende Schotten angeordnet. Zwei innere längs verlaufende Blechstege im Abstand von 8,5 bis 13,4 m dienen der Verteilung von Lastkonzentrationen und der Lastübertragung an die Auflager. Die orthotrope Fahrbahnplatte besteht aus 14 mm, die des Fußwegs aus 10 mm dicken Blechen. Sie sind durch 6 bis 8 mm dicke trapezförmige Blechrippen ausgesteift, die durch Aussparungen der Querschotten geführt sind. Um ein Beulen zu verhindern, sind auch Flanken- und Bodenbleche derart ausgesteift. Alle Schotten besitzen Durchstiegsöffnungen zur Inspektion. Durch den Brückenträger sind zudem zwei Fernwärmeleitungen und fünf Kabelpritschen geführt.

Die Aufständerungen bestehen aus verschweißten Stahlrohren mit 1219 bis 1930 mm Durchmesser. Auskreuzungen zwischen den Vertikalen übertragen Horizontalkräfte in die Pfeiler. Die schrägen Stahlrohrstreben sind vorgespannt, um sicherzustellen, dass die Eigenlasten auf das Tragsystem übertragen werden. Die Eigenlast des Hauptträgers reduziert dadurch die im Hauptträger auftretenden Biegemomente. Im Grenzfall können die Auflager Kräfte bis zu 38 MN (an Pfeiler 6 und 7) aufnehmen. Sämtliche Stahlteile bestehen aus Stahl der Sorte S355 in normalisierter, vollberuhigter Güte. Wegen der klimatischen Verhältnisse musste dieser V-Kerbschlagwerte von mindestens 40 J bei -20°C und 27 J bei -50°C aufweisen, bei maximalen Blechdicken von 55 mm. Alle Verbindungen wurden mittels Finite-Element-Methode analysiert, um Spitzenbelastungen für die Dauerfestigkeitsnachweise zu ermitteln. Durch Optimierung der Ausschnitte für die Aussteiffungsrippen konnten dort Lastspitzen deutlich reduziert werden (Abb. I). Sphärische Gleitlager auf den Pfeilern tragen den Brückenüberbau. Lediglich Pfeiler 6 trägt ein festes Auflager, von dem aus sich die Brücke nach beiden Seiten ausdehnen und zusammenziehen kann. Dehnfugenelemente an beiden Brückenenden nehmen Längenänderungen bis zu ±480 bzw. 580 mm auf.

Text Stephan Lüttger, Firmengruppe Max Bögl, Sengenthal (DE)

K

L

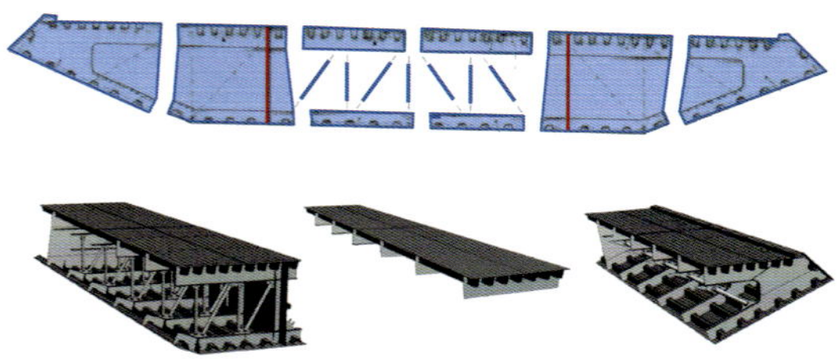

M

N

O

P

Q

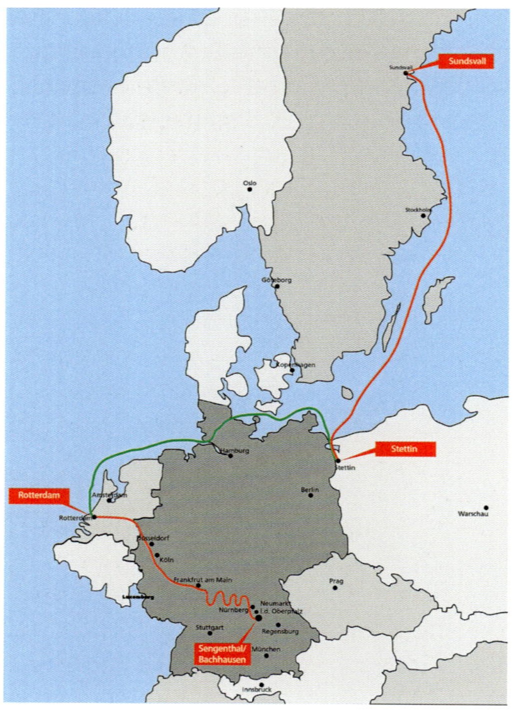

R

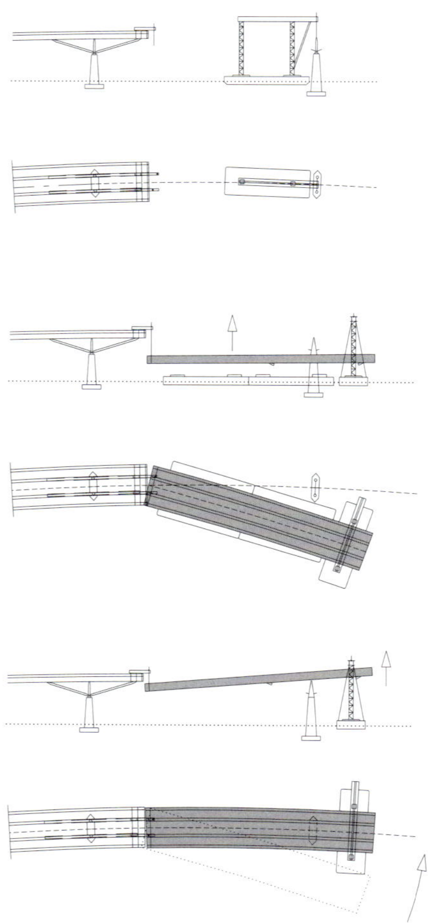

K
Isometrie einer Sektion

L
Gliederung der Segmente in transportable Elemente (max. 6 × 6 × 24 m)

M
halbautomatisierte Werkstattfertigung am Hauptsitz der Firmengruppe Max Bögl

N–P
Transport und Montage mit eigens entwickeltem Equipment

Q
Transportroute

R
Montagephasen

PRODUKTION

Aufgrund eines straffen Gesamtterminplans und der strengen Winter Mittelschwedens, in denen das Meer im Sund unpassierbar zufriert, musste der Stahlüberbau innerhalb der Sommerperiode 2013 errichtet werden. Dies war nur durch ein ausgeklügeltes Logistikkonzept und die Serienvorfertigung von Bauteilen mit bis zu 38 m Breite, 160 m Länge und Gewichten von bis zu 2500 t möglich. Hierfür wurde eine weitestgehend automatisierte Produktionsstraße mit neu entwickelten Fertigungsmaschinen aufgebaut. Der über die zehn Betonpfeiler aufgeständerte durchlaufende dreizellige Stahlhohlkasten des Brückenträgers wurde in elf große Sektionen unterteilt (Abb. K), deren Breiten zwischen 27 und 38 m und deren Höhen zwischen 3,3 und 6,5 m variieren. Für die Werksfertigung wurden diese weiter in bis zu sieben Segmente mit Längen von 16 bis 24 m unterteilt, die sich jeweils aus zwei Randelementen, zwei inneren Volumenelementen und zwei bis sechs Plattenelementen zusammensetzen (Abb. L). Im Wochentakt mussten jeweils alle Elemente für eines der 64 Segmente gefertigt und dafür durchschnittlich 16 orthotrope Platten hergestellt werden.

TRANSPORT UND MONTAGE

Firmeneigene Schwertransporter brachten die Elemente mit Gewichten von bis zu 100 t zum Main-Donau-Kanal, wo sie auf insgesamt 45 Binnenschiffe umgeladen, bis Rotterdam überführt und dort auf ebenfalls 45 Küstenschiffe umgeschlagen wurden. Neun Schiffe mit den Elementen der beiden Endsektionen und den Bauteilen für die Aufständerung (Pfeilerscheiben und Streben) fuhren direkt nach Sundsvall. Die Elemente der übrigen Sektionen wurden zunächst zum werkseigenen Vormontageplatz nach Stettin gebracht. Nach der Vormontage wurde jede Sektion auf zwei 210 m lange Verschubbahnen umgesetzt. Während der Verschiebung zur Pontonanlegestelle konnten der Korrosionsschutz, der innere Wartungssteg sowie die Fernwärmeleitungen fertiggestellt und auch bereits die Brückengeländer montiert werden. Im 2,5-Wochen-Rhythmus transportierte ein Pontonschlepper die Sektionen zum Einbauort. Die 1150 km lange Reise dauerte unter guten Seebedingungen jeweils fünf Tage. Das Equipment für das Einheben der bis zu 2500 t schweren Sektionen in bis zu 40 m Höhe war projektbegleitend entwickelt und errichtet worden: An den bereits fertiggestellten Sektionen waren sogenannte Derrickkräne mit je zwei 650 t Litzenhebern angebracht. Zudem stand ein auf einem Ponton schwimmendes Einhubportal mit zwei 850-t-Litzenhebern bereit. Über einen zusätzlichen Ausleger des Portals konnten auch die bis zu 160 t schweren Pfeilerscheiben auf den jeweils nächsten freien Betonpfeiler aufgesetzt und dort zunächst als Kragstütze montiert werden. Dann wurde die einzuhebende Sektion mittels Derrickkran und Kranportal vom Ponton abgehoben und unter ständiger Kontrolle aller Litzenheberkräfte zunächst seitlich verschwenkt und schräg in die Höhe gezogen, um Kollisionen zu vermeiden. Nach dem seitlichen Eindrehen erhielt sie ihre endgültige Höhenlage und konnte mit temporären Montageverbindungen fixiert werden. Zusätzlich wurde die Pfeilerscheibe am oberen Ende eingespannt. Um Zwängungen zu vermeiden, musste zugleich die Einspannung am Pfeiler gelöst werden. Während der Pontonschlepper die Rückfahrt nach Stettin antrat, begannen die Schlosser- und Schweißarbeiten am Sektionsstoß und am Anschluss zur Pfeilerscheibe, gefolgt vom Einheben der vier Streben mit Längen bis zu 35 m, Rohrdurchmessern bis zu 2 m und Einzelgewichten bis zu 54 t. Vor dem Verschweißen der Fußpunkte wurden diese über innen liegende hydraulische Pressen vorgespannt. So konnten die meisten Sektionen bis zum Spätsommer montiert werden. Aufgrund extremen Wellengangs entlang der Fahrtroute hatte sich die Montage der letzten Sektionen jedoch verschoben und der Lückenschluss konnte erst Anfang 2014 erfolgen, als der Sund bereits zugefroren war. Nachdem ein Eisbrecher die Brückenmitte frei gemacht hatte, wurde schließlich die letzte Sektion eingehoben.

Architekten J2M Architekten, München (DE)

Tragwerksplaner Bergmeister Ingenieure, München (DE)
Oliver Englhardt, &structures, München (DE)
B&C Associati, Como (IT)

Isarsteg Nord in Freising

kramer ALLRAD

A

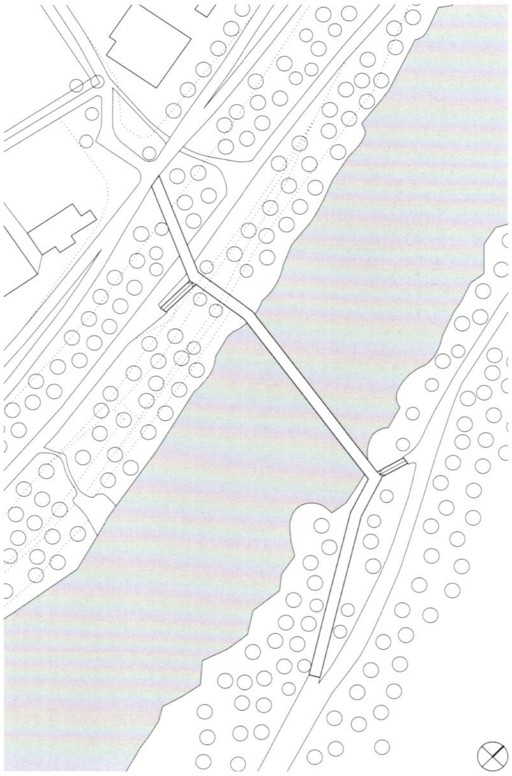

B

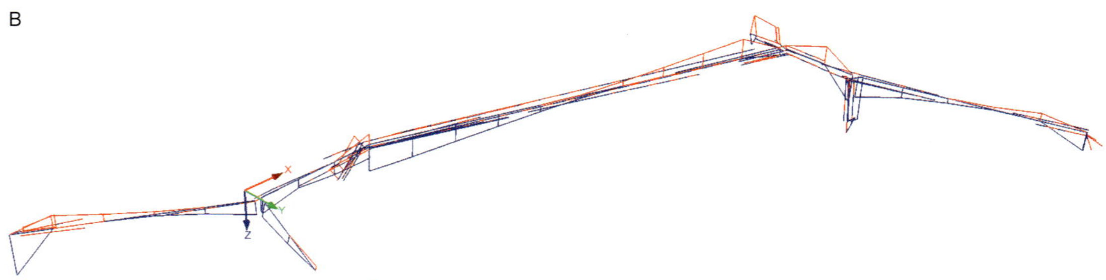

C

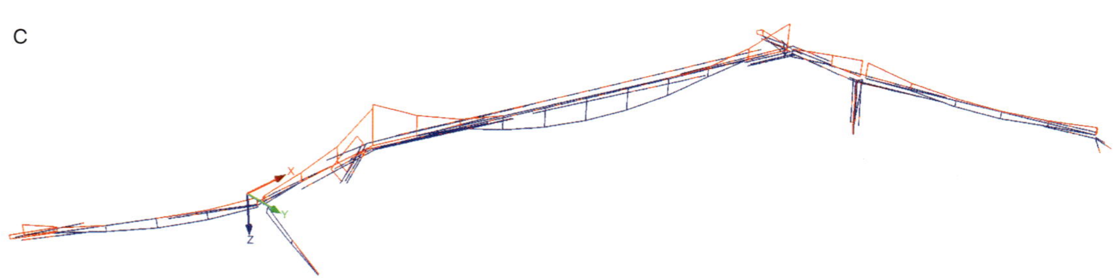

A
Lageplan
Maßstab 1:2000

B
Querkräfteverlauf V_z
max. $V_z = 2072$ kN;
min. $V_z = -1063$ kN

C
Momentenverlauf M_y
max. $M_y = 8120$ kNm;
min. $M_y = -13564$ kNm

Die Stadt Freising ist in den vergangenen Jahren stark gewachsen; vor allem auf der rechten, der Innenstadt gegenüberliegenden Seite der Isar. Der „Isarsteg Nord“ soll die dort gelegenen Stadtteile künftig deutlich besser an das Zentrum anbinden. 2013 hatte die Stadt ein europaweites VOF-Verfahren für die Fußgänger- und Radfahrerbrücke ausgelobt. Der Siegerentwurf von Christoph Mayr, Oliver Englhardt und Josef Taferner überzeugte die Stadträte vor allem, weil er mit einem Minimum an Eingriffen in den Naturraum an der Isar auskommt und sich auch gestalterisch subtil in die Auenlandschaft einfügt. Das fast 160 m lange Brückenbauwerk verbindet insgesamt drei Fuß- und Radwege miteinander und wird über zwei Treppen und zwei flach geneigte Rampen erschlossen. Die Spannweite über den Fluss beträgt 58 m.

Die Planer vergleichen die verzweigte Brückenform mit der Struktur eines Astes. Der Vergleich rührt nicht nur von der rostbraunen Farbe des wetterfesten Baustahls her, sondern ist auch aus statischer Sicht gerechtfertigt. Tragwerk und Wegeführung fallen bei dem Neubau in eins; Stege, Rampen und Treppen sind immer zugleich Trag- und Stützelemente. Der „Ast“ und seine „Zweige“ bestehen aus den gleichen Materialien, unterliegen dem gleichen konstruktiven Prinzip und sind an den Gabelungen biegesteif miteinander verbunden. Dort knickt der Hauptweg jeweils leicht ab, sodass sich die Bewegung der Passanten auf natürliche Weise verlangsamt.

Jakob Schoof

Text Oliver Englhardt, &structures, München (DE)
Christoph Mayr, J2M Architekten, München (DE)
Matthias Gander, Bergmeister Ingenieure, München (DE)

D

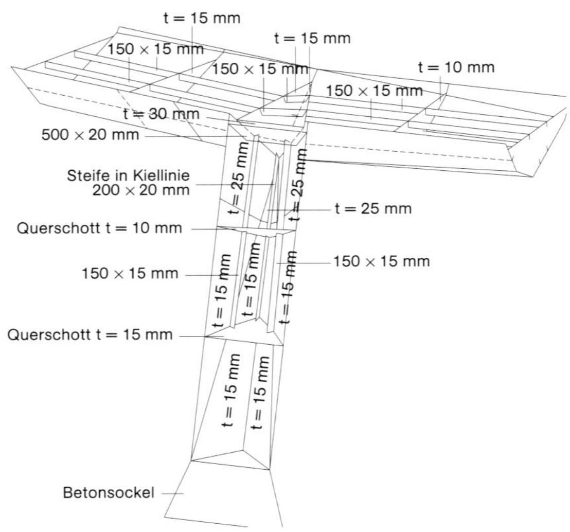

E

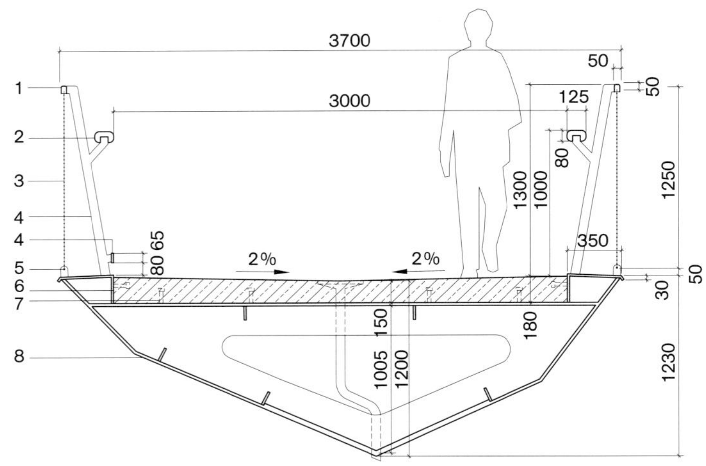

F

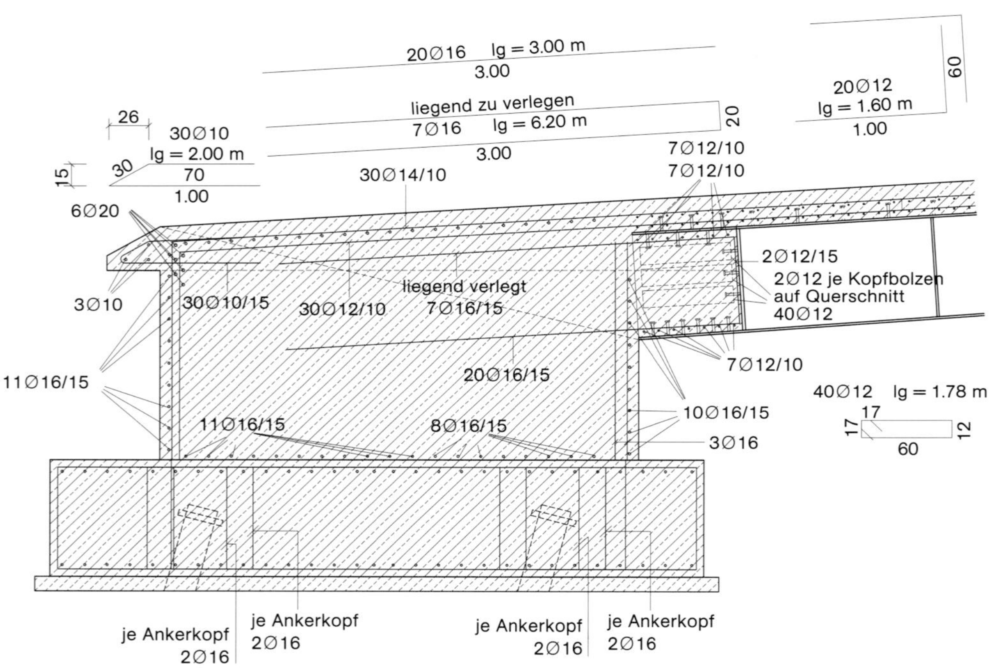

G

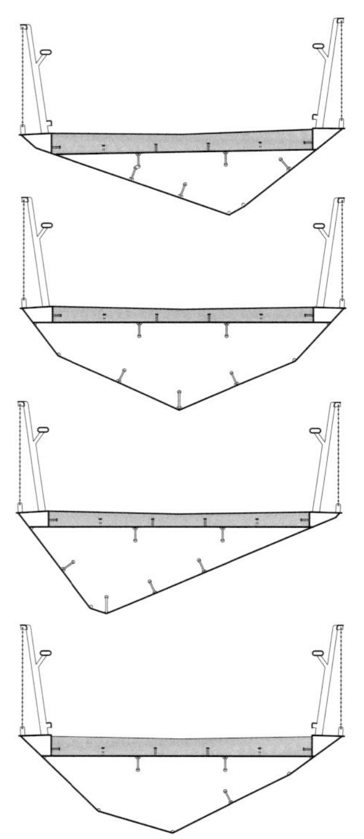

D
Schnittperspektive Stütze (ohne Deckbleche)

E
Detailschnitt Brückenträger / Fahrbahn
Maßstab 1:50

1 Stahlprofil voroxidiert ∅ 50/50/4 mm
2 Handlauf Buche 125/80 mm, auf Stahlprofil verschraubt
3 Drahtgeflecht 4 mm gesintert anthrazit, Maschenweite 40 mm
4 Flachstahl voroxidiert 65/15 mm
5 Edelstahlseil 5 mm
6 Fahrbahnplatte Stahlbeton 150–180 mm Oberfläche Besenstrich
7 Kopfbolzendübel Ø 20 mm
8 Stahlblech voroxidiert 15–30 mm

F
Bewehrungsplan Auflager Nordwest
Maßstab 1:50

G
Querschnitte Hohlkastenträger (Auswahl)
Maßstab 1:100

EIN FUGENLOSES GANZES

Der Entwurf für den Isarsteg Nord folgt der Prämisse der Integration in räumlicher ebenso wie in konstruktiver Hinsicht. Daher ist die Brücke als biegesteifes Rahmentragwerk konstruiert, dessen Bauteile – Überbau, Stützen, Gründungsbauteile und Widerlager – ohne Gleitlager und Bauteilfugen miteinander verbunden sind. Das Konstruktionsprinzip für den Überbau, die Treppenabgänge und die Stützen ist dabei immer dasselbe: ein in seinem Querschnitt variierender, kielförmiger torsionssteifer Stahlhohlkasten. Der Überbau besitzt über die gesamte Brückenlänge eine konstante Höhe von 1,20 m. In den Hohlkasten sind im Abstand von etwa 3 m Querschotten eingeschweißt, die gleichzeitig als Querträger für das Brückendeck dienen. Die beiden Stützen und die beiden Treppenabgänge leiten mit sich gegenseitig ergänzenden Stützmechanismen die Lasten in die Gründung ein. Die gesamte Stahlkonstruktion ist luft- und wasserdicht verschweißt, wobei die Blechdicken entsprechend der jeweiligen statischen Beanspruchungen variieren.

Das 3 m breite Brückendeck besteht aus einer 15 cm dicken, bewehrten Betonplatte (Betongüte C35/45). Sie ist kraftschlüssig mit dem Deckblech (t_{max} = 25 mm) des Stahlhohlkastens verbunden und bildet damit ein Bestandteil des Primärtragwerks. Darüber hinaus dient sie der Verteilung von Einzellasten sowie als Belag für den Rad- und Fußgängerweg. Ihre hierzu erforderliche Rauigkeit wird durch Besenstrich erzeugt.

Aufgrund der integralen Bauweise konnten die Gründungsbauteile und Widerlager in ihren Abmessungen stark reduziert werden. Der Isarsteg erhielt eine Tiefengründung über Kleinbohrpfähle (verpresster Durchmesser 250 mm), die – entsprechend der resultierenden Auflagerkräfte aus den Hauptlasten geneigt – als Druck- oder Zugpfähle mit innen liegendem Gewindestab ausgebildet werden. Nur die Ostrampe ist wegen ihres schleifenden Übergangs in das Gelände mit einer Flachgründung versehen.

Die klare Linienführung des Entwurfs verlangt eine Überhöhung der Konstruktion um die Verformungsanteile aus dem Eigengewicht. Unter maximaler Nutzlast (Verkehr) verformt sich die Brücke um etwa 72 mm (entspricht ungefähr l/780). Dynamische Untersuchungen ergeben als erste Eigenform eine vertikale, sinusförmige Schwingung mit einer Eigenfrequenz von 1,33 Hz und einer modalen Masse von 65 t. Der Nutzerkomfort wurde über einen Schwingungsdämpfer sichergestellt.

Die Materialpalette wurde bewusst reduziert und nach ökologischen Prinzipien ausgewählt. Da die Brücke über ihre gesamte Länge weder Dehnungsfugen noch Gleitlager besitzt, kommt die Konstruktion ohne Kunststoffe und mit einem Minimum an Anschlusspunkten aus. Die Stahlkonstruktion ist aus schweißgeeignetem wetterfesten Baustahl S355 J2G2W (Stahl nach EN 10155 bzw. EN 10025-5) erstellt. Der Stahl entwickelt eine feste und dichte oxidische Deckschicht und benötigt deshalb keinen weiteren Korrosionsschutz. Eine Beschichtung der gesamten Stahlkonstruktion hätte im Abstand von etwa 30 bis 40 Jahren eine Erneuerung des Korrosionsschutzes bedingt, die vor Ort in der Natur durchgeführt und daher mit aufwendigen Schutzmaßnahmen verbunden gewesen wäre.

Unter der Auflage des Gewässerschutzes wurden für die Betonbauteile der Gründung ausschließlich chromatreduzierte Zemente und keine grundwasserschädlichen Zusatzstoffe verwendet. Zum Schutz vor Erosion an den Gründungsbauteilen binden die Widerlager und Pfahlkopfplatten tief in den Baugrund ein. Auf Erdaufschüttungen konnte verzichtet werden, da alle vier Enden der Brücke am vorhandenen Niveau der Uferwege bzw. des Dammwegs ansetzen.

Entwurfsplanung Jacobs Arup Joint Venture, Edinburgh (GB)

Tragwerksplaner Forth Crossing Design Joint Venture:
Leonhardt, Andrä und Partner, Beratende Ingenieure VBI AG, Stuttgart (DE)
Ramboll Group A/S, Kopenhagen (DK)
Ramboll UK Limited, Southampton (GB)
Sweco UK, Leeds (GB)

Queensferry Crossing bei Edinburgh

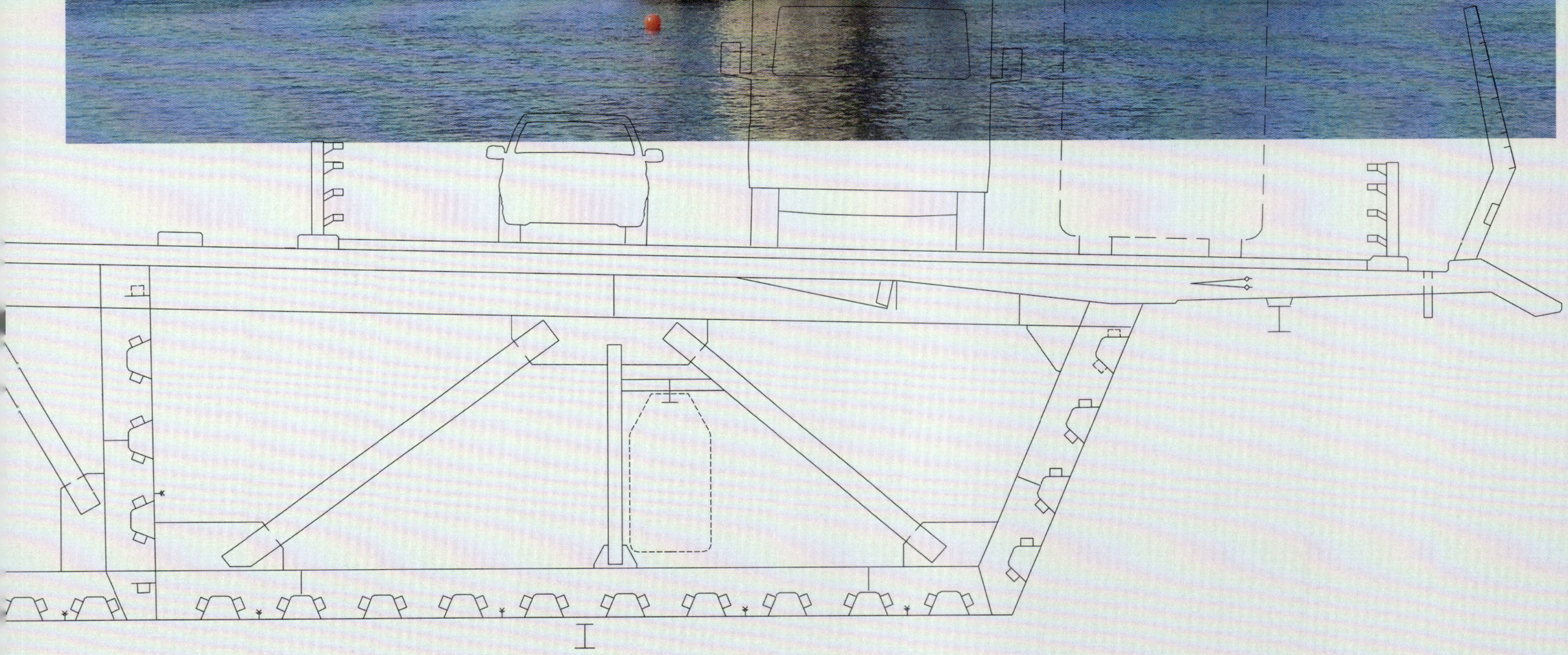

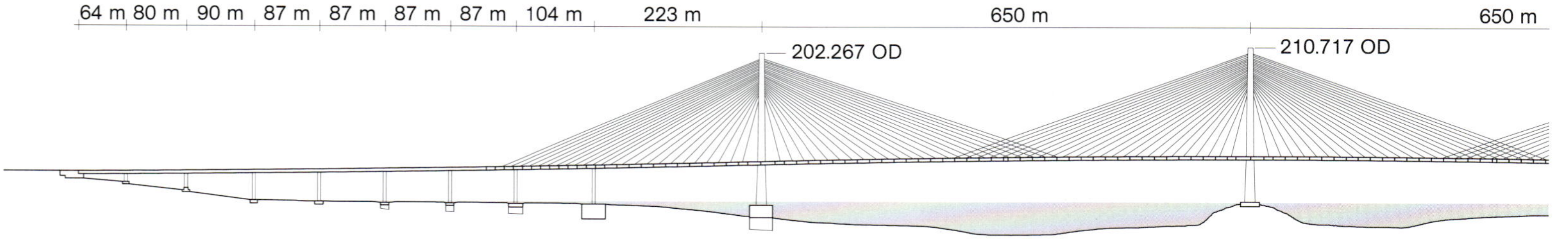

A
Ansicht
Maßstab 1:10000

Die im September 2017 eröffnete Straßenbrücke Queensferry Crossing spannt über den Firth of Forth und verbindet Edinburgh mit dem nördlichen Schottland. Sie ergänzt eine überlastete Hängebrücke aus dem Jahr 1964, die zukünftig nur noch dem Bus-, Fahrrad- und Fußgängerverkehr dienen wird. Zusammen mit der weltbekannten roten Auslegerbrücke aus dem Jahre 1890, die den Bahnverkehr aufnimmt, entstand so ein einzigartiges Ensemble dreier verschiedener Brückenkonstruktionen aus drei Jahrhunderten.

Die Entscheidung für eine Schrägseilbrücke gründet sich neben ökonomischen Vorteilen auf funktionelle Anforderungen und topografische Gegebenheiten: Ein aus dem Wasser ragender Felsen bot die Möglichkeit der Lastabtragung in der Mitte des Firth. Da die Ingenieure – nicht zuletzt aus ästhetischen Erwägungen – ein symmetrisches Gesamtsystem anstrebten, wurde im Hinblick auf die zu beiden Seiten erforderlichen Schifffahrtsöffnungen eine Spannweite von 2× 650 m festgelegt. Daraus ergab sich die Lage der beiden äußeren Pylone und des aufgeständerten Vorlandbereichs auf der Südseite. Mit einer Gesamtlänge von 2,64 km ist die Schrägseilbrücke die längste der Welt mit drei Pylonen.

Burkhard Franke

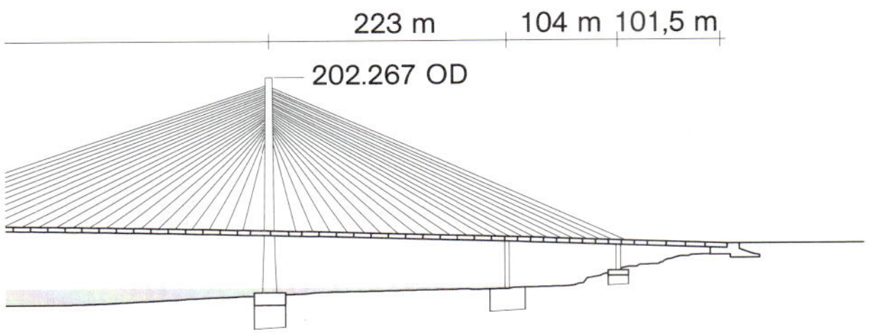

Text Martin Romberg, Leonhardt, Andrä und Partner, Stuttgart (DE)

B

C

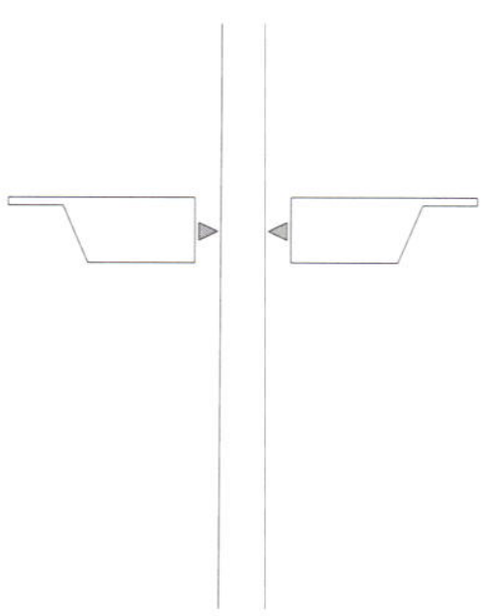

D

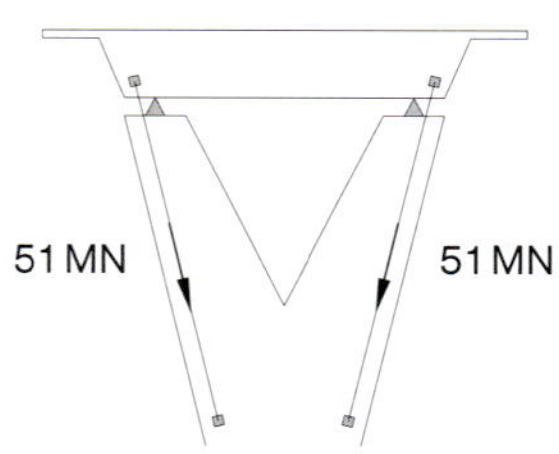

E

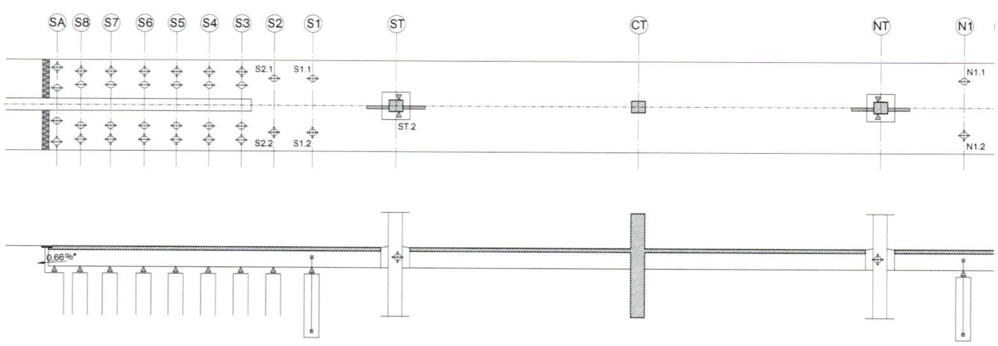

B
System mittlerer
Pylon

C
System äußerer
Pylon

D
System
Verankerungspfeiler

E
statisches System
Grundriss und Ansicht

GESAMTKONZEPT TRAGWERK

Eine charakteristische Besonderheit der Konstruktion sind die beiden dreieckigen Felder sich rautenförmig überlagernder Seile. Dieses Detail beantwortet ein prinzipielles Problem mehrfeldriger Schrägseilbrücken: Bei einem oder zwei Pylonen können diese durch Rückhalteseile an die – meist landseitigen – steifen Seitenfelder rückverankert werden; bei drei Pylonen ist diese Möglichkeit der Stabilisierung für den mittleren Pylon nicht gegeben. Mögliche Lösungen sind ein sehr steifes Deck, sehr steife Pylone oder verschiedene Arten der Abspannung. Hier gelingt die erhöhte Steifigkeit des Gesamtsystems durch die Überlagerung der Schrägseile in der Mitte der Hauptfelder.

LAGERUNGSKONZEPT

Der mittlere Pylon ist mit dem Überbau monolithisch verbunden und nimmt an dieser Stelle die gesamten Lasten aus der Fahrbahn auf (Abb. B). Die äußeren Pylone hingegen sind durch eine 70 cm breite Fuge vom Überbau getrennt, um Zwangsbeanspruchungen aus Temperaturänderungen zu vermeiden. Der Überbau wird hier ausschließlich von den Seilen getragen, während Horizontalkräfte durch Wind von vertikal ausgerichteten Lagern in die Pylone geleitet werden (Abb. C). Aufgrund dieser schwimmenden Lagerung muss Torsion des Überbaus aus exzentrischen Verkehrslasten oder Wind von den inneren Brückenpfeilern S1 und N1 aufgenommen werden. Um abhebenden Kräften zu begegnen, ist der Brückenkörper hier mit einer Vorspannung von 2× 51 MN in den V-förmigen Pfeiler nach unten abgespannt (Abb. D). Dehnfugen sind nur an den beiden Widerlagern vorgesehen, sodass es am südlichen Widerlager, das 1560 m vom Festpunkt entfernt liegt, zu einem Gesamtverschiebeweg von 2270 mm kommt.

F

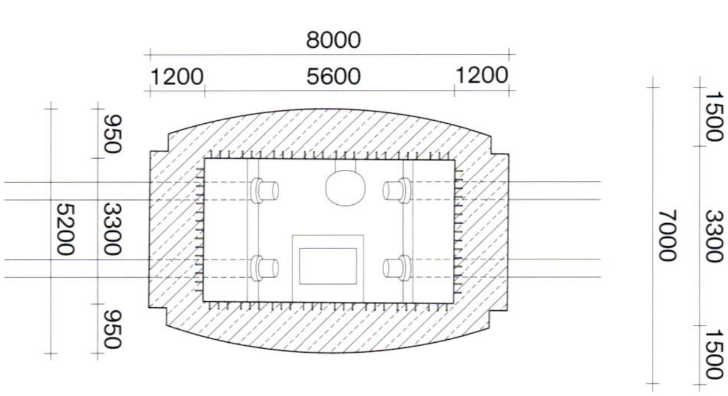

G

H

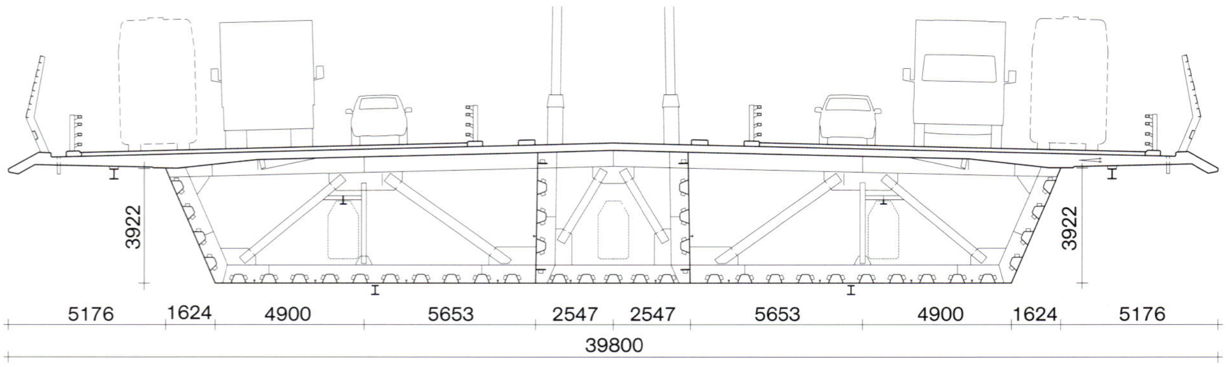

I

J

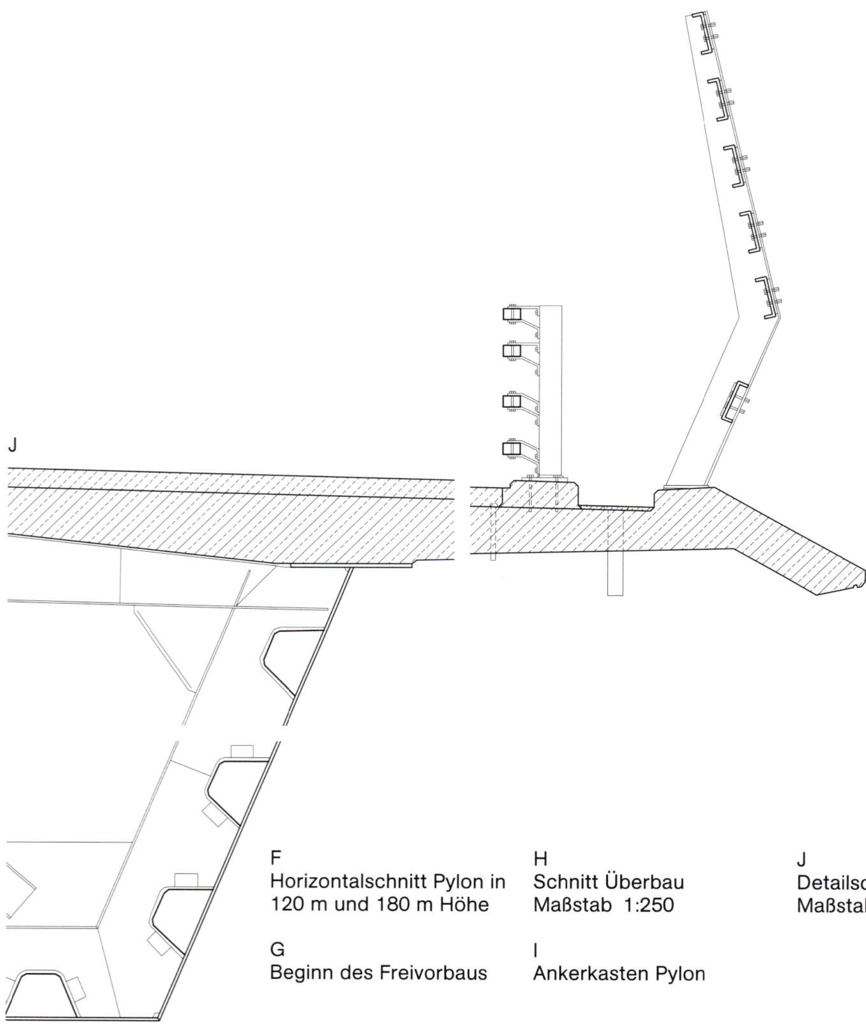

F
Horizontalschnitt Pylon in 120 m und 180 m Höhe

G
Beginn des Freivorbaus

H
Schnitt Überbau
Maßstab 1:250

I
Ankerkasten Pylon

J
Detailschnitt Überbau
Maßstab 1:50

BAUAUSFÜHRUNG

Während die Gründung des mittleren Pylons auf dem aus dem Wasser ragenden Felsen erfolgen konnte, waren für die äußeren Pylone und den ersten südlichen Verankerungspfeiler Absenkkästen mit einem Durchmesser von bis zu 30 m erforderlich. Die Pylone selbst wurden unter Verwendung einer inneren und einer äußeren Kletterschalung in je 54 Schüssen von bis zu 4 m Höhe hergestellt. Im Bereich der Seilverankerungen ersetzen Stahlhohlkästen die innere Kletterschalung.

Die maximal 16,20 m langen Stahlelemente des Überbaus wurden in China vorgefertigt und auf dem Seeweg nach Schottland gebracht. Das Betonieren der Fahrbahn auf die Obergurte erfolgte in einer eigens errichteten Fabrik im nahe gelegenen Hafen von Rosyth.

Ein über 80 m hoher Schwimmkran installierte die ersten vier Segmente des Überbaus an jedem der drei Pylone zusammen mit einer temporären Arbeitsplattform und den für den Freivorbau notwendigen beiden Derricks. Nachdem die Fahrbahn der Startsegmente als Sonderfall vor Ort betoniert worden war, konnten diese an die ersten Seile gehängt und von der Arbeitsplattform gehoben werden. Anschließend begann der zyklische Prozess des Freivorbaus: Die Überbausegmente werden auf Pontons unter ihren Standort verschifft, mit den Derricks auf Montageniveau gehoben, ausgerichtet, mit geschraubten Laschenverbindungen fixiert, verschweißt und schließlich an die Seile gehängt. Vor dem Spannen der Seile wurde noch die Fuge zwischen den Segmenten betoniert. Nun kann der Derrick zum Heben des nächsten Segmentes an die neue Vorderkante verschoben werden.

Direkt vor dem Lückenschluss stellte der mittlere Pylon mit dem auf beiden Seiten 322 m auskragenden Überbau die weltweit größte Struktur dieser Art dar. Kritisch in diesem Bauzustand war vor allem die Abschätzung der Windlasten. Da die Eigenschwingzeiten des mittleren Pylons im Computermodell mit jeweils über 11 s ermittelt worden waren, rechneten die Ingenieure hier mit extremen Resonanzschwingungen und Verformungen am Ende des Überbaus von 0,9 m in horizontaler Richtung und 2,0 m in vertikaler Richtung. Um die Momente im Pylon für diesen Bauzustand zu reduzieren, wurden schräge Hilfsabspannungen zwischen der Gründung und dem Überbau angeordnet.

Für das Schließen der Lücken in den Hauptfeldern mussten beide Kragarmenden in die richtige Höhenlage gebracht werden. Die Litzen noch zu installierender Seile bildeten den dafür erforderlichen Ballast von 700 t.

Der letzte Lückenschluss erfolgte im Februar 2017; am 4. September 2017 wurde die Brücke durch Queen Elizabeth II. eröffnet.

BAUELEMENTE

Der Überbau ist im seilverspannten Bereich ein dreizelliger Verbundquerschnitt aus einem 30 m breiten kastenförmigen Stahlträger und einer beidseitig etwa 5 m auskragenden Betonplatte. Vier längs verlaufende Stege bilden das zentrale Rückgrat, das Querrahmen im Abstand von 4,05 m trägt. Die Seilverankerungen des mittleren Pylons sind auf der Innenseite der beiden inneren Stege verankert, die Seile der beiden äußeren Pylone auf deren Außenseite. Erst diese versetzte Anordnung ermöglicht die Überlappung der Seile. Die Betonplatte der Fahrbahn ist in Querrichtung vorgespannt, um eine Rissbildung infolge der mittigen Aufhängung und eine daraus resultierende Minderung der Torsionssteifigkeit zu vermeiden.

Die 210 bzw. 202 m hohen Pylone haben einen sich nach oben verjüngenden Stahlbetonquerschnitt mit einer Wandstärke von maximal 2,40 m. Im oberen Bereich sind über Kopfbolzendübel im Verbund liegende Stahlhohlkästen zur Verankerung der Seile angeordnet (Abb. F).

Die insgesamt 288 Schrägseile sind als siebendrahtige Parallellitzenbündel ausgeführt. Die geringste Litzenanzahl von 45 ergibt sich für die kurzen Seile am mittleren Pylon, der – wie oben beschrieben – in seinem Einzugsbereich die gesamten Vertikallasten des Überbaus ableitet. Im Gegensatz dazu ergeben sich bei den kurzen Seilen der beiden äußeren Pylone die größten Belastungen, also mit 109 Litzen die „dicksten" Seile. Die für Pylone, Seile und Überbau bemessungsrelevanten Zustände traten aber vielfach nicht nach Fertigstellung, sondern schon während des Bauprozesses auf.

Architekten Bar Orian Architects, Tel Aviv (IL)

Tragwerksplaner Rokach & Ashkenazi Consulting Engineers, Tel Aviv (IL)

Fußgängerbrücke in Be’er Sheva

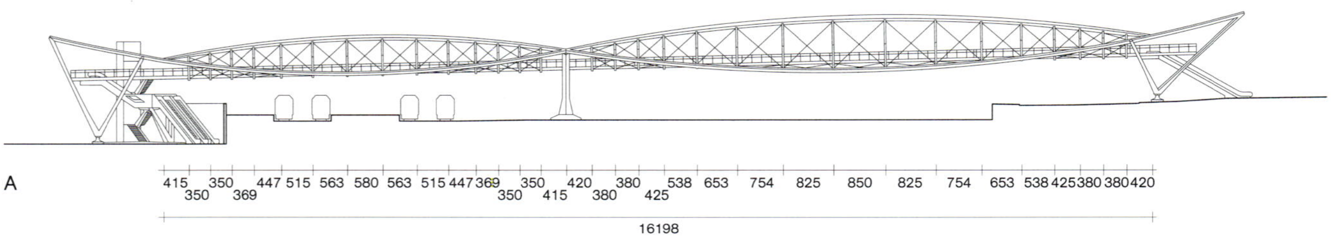

A

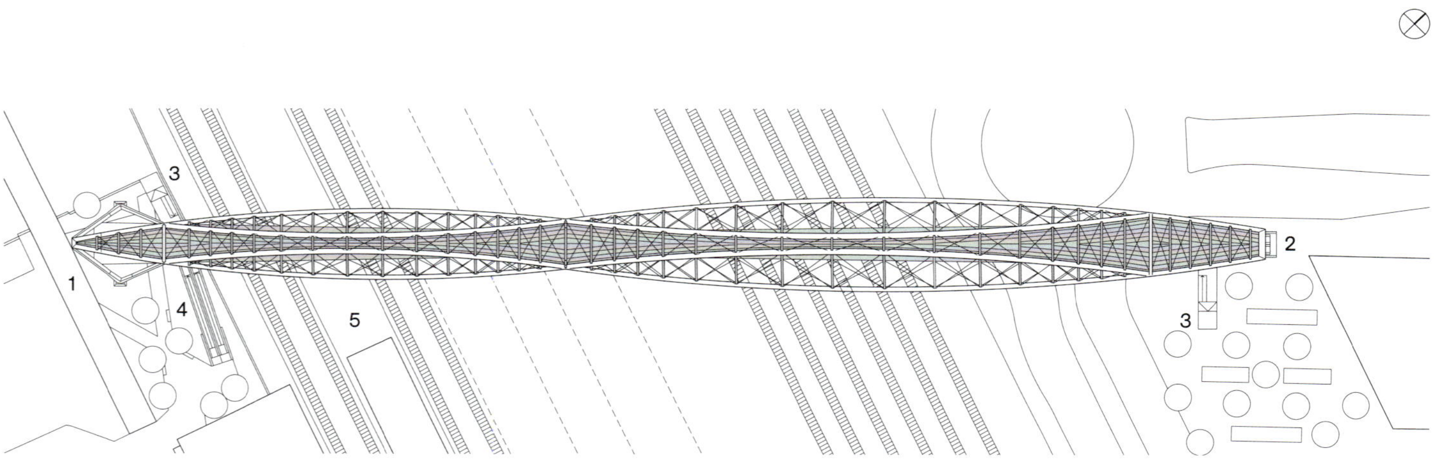

B

A
Ansicht
Maßstab 1:1250

B
Grundriss
Maßstab 1:1250

1 Ausgang Universität
2 Ausgang Technologiepark
3 Aufzug
4 Rolltreppe
5 Bahnhof

Am stark frequentierten Nordbahnhof der bedeutenden Wüstenstadt Be'er Sheva im Süden Israels wurde mit der Fertigstellung einer rund 200 m langen Fußgängerbrücke eine wichtige infrastrukturelle Stadtverknüpfung geschaffen. Die ausdrucksvolle Stahlbrücke bietet eine schnelle, fußläufige Verbindung von der Ben-Gurion-Universität und dem Bahnhof zum ebenfalls neuen Gav-Yam-Negev-Technologiepark. Darüber hinaus erfüllt der Brückenbau alle Kriterien für ein neues Stadtwahrzeichen und unterstreicht den Anspruch von Be'er Sheva, als gut gelegener Arbeitsort für Pendler aus dem Zentrum des Landes wahrgenommen zu werden.

Während sich die minimal gedrehte Lage aus den städtebaulichen Vorgaben ergibt, reagiert die asymmetrische Unterteilung der Brücke in zwei unterschiedlich lange Segmente von etwa 70 und 100 m auf die bereits existierenden, verschieden breiten Gleisanlagen. Beide Brückensegmente sind als statisch gleichartige, linsenförmige Raumfachwerkträger ausgebildet und umschließen den mittig liegenden Gehweg. Bedingt durch die unterschiedlichen Spannweiten, weisen beide Felder verschiedene Querschnitte auf – ohne dabei den spannungsvollen Gesamteindruck der durchlaufenden, geschwungenen Linien zu mindern.

Amlis Botsch

Text Devan Levin, Rokach & Ashkenazi Consulting Engineers, Tel Aviv (IL)
Nir Ovadya, Bar Orian Architects, Tel Aviv (IL)

C

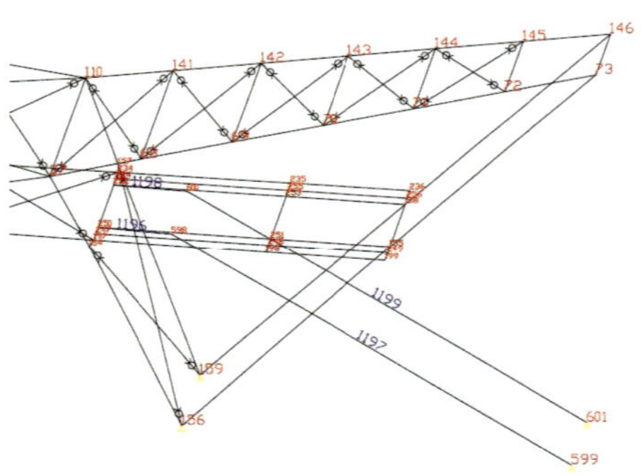

D

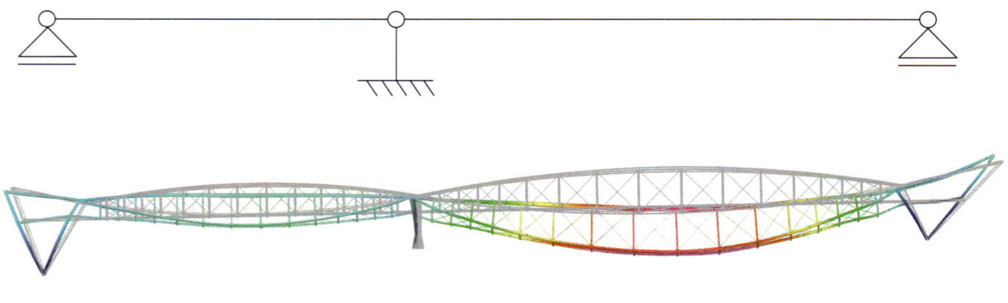

C
Rückverankerung des Brückenstegs

D
statisches System und Verformungsbild

ZEICHENHAFTES STAHLTRAGWERK

Ein System aus seitlich geneigten Fachwerkträgern umschließt den Brückensteg der Be'er-Sheva-Brücke. In beiden unterschiedlich langen Hauptfeldern variieren diese in der Höhe, von etwa 0,6 m an den Enden bis zu 7,5 bzw. 11 m in Feldmitte. Aufgrund ihres charakteristischen Erscheinungsbildes werden solche Strukturen als „linsenförmige" Fachwerkträger bezeichnet. Sie sind sehr effizient für einfach gelagerte Träger dieser Dimension. Trotz großer statischer Höhe in Feldmitte, wo auch das größte Biegemoment vorherrscht, bewahren sie ein visuell ansprechendes Höhen-Längen-Verhältnis.

STATISCHES SYSTEM

Entsprechend den drei Hauptlastrichtungen wird die Be'er-Sheva-Brücke durch drei statische Systeme definiert. In Vertikalrichtung verteilt sich die Gesamtlast aus Eigenlasten und Verkehrslasten in einem System aus zwei unabhängigen Einfeldträgern mit unverschieblichen, gelenkigen Auflagern. Trotz der durchlaufenden Fachwerkgurte am mittleren Auflager kann – angesichts der „biegeweichen" kleinen Querschnitte am zentralen Auflager und der hohen Steifigkeit infolge der großen statischen Höhe in Feldmitte – von einer Feldtrennung ausgegangen werden. Dadurch wird sowohl das Stützmoment als auch das Maß der Drehverformung am zentralen Auflager auf ein vernachlässigbares Minimum reduziert. In Längsrichtung können die größten Lasten aus thermisch bedingten Materialausdehnungen entstehen. Daher wurde ein statisch bestimmtes System gewählt, das solche Verformungen ohne zusätzliche Spannungen zulässt. Die Auflager beider Brückensegmente an den Brückenköpfen sind durch die Ausbildung von Stahlgelenken an den Stützenfüßen in Längsrichtung beweglich. Durch die Einspannung der Mittelstütze im Fundament wird eine Aussteifung in Längsrichtung erreicht. Quergerichtete Kräfte aus Wind, seismischen Belastungen und horizontalen Verkehrslasten nimmt die gesamte Brücke als Durchlaufträger mit drei gelenkigen Auflagern auf.

DYNAMISCHE EINWIRKUNGEN

Stahlbrücken mit großen Spannweiten weisen eine natürliche, niedrige Eigenfrequenz auf und können leicht mit der Trittfrequenz der Fußgänger in Resonanz treten. Bereits während des Entwurfsprozesses wurde der dynamische Lasteintrag in Kooperation mit Prof. Izhak Sheinman am Technion in Haifa umfassend analysiert. Um die Kosten für den Einsatz von Schwingungstilgern zu reduzieren, wurde der Brückensteg an den Trägern der nördlichen Rolltreppen zusätzlich fixiert. Hierfür wurde ein reibungsbasiertes Lager entwickelt, das die relativ geringen dynamischen Kräfte überträgt, bei langsamer thermischer Ausdehnung jedoch als Gleitlager dient.

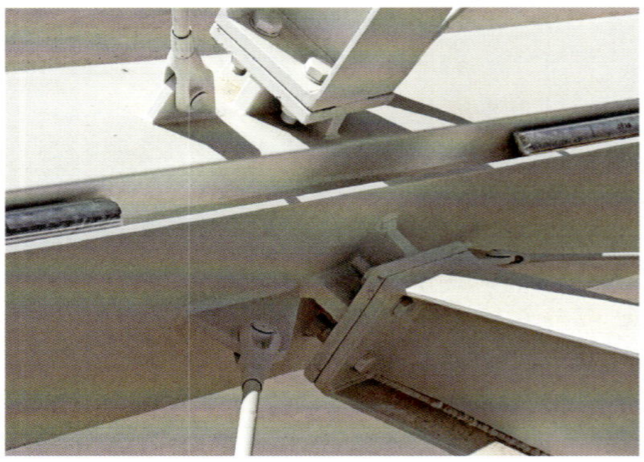

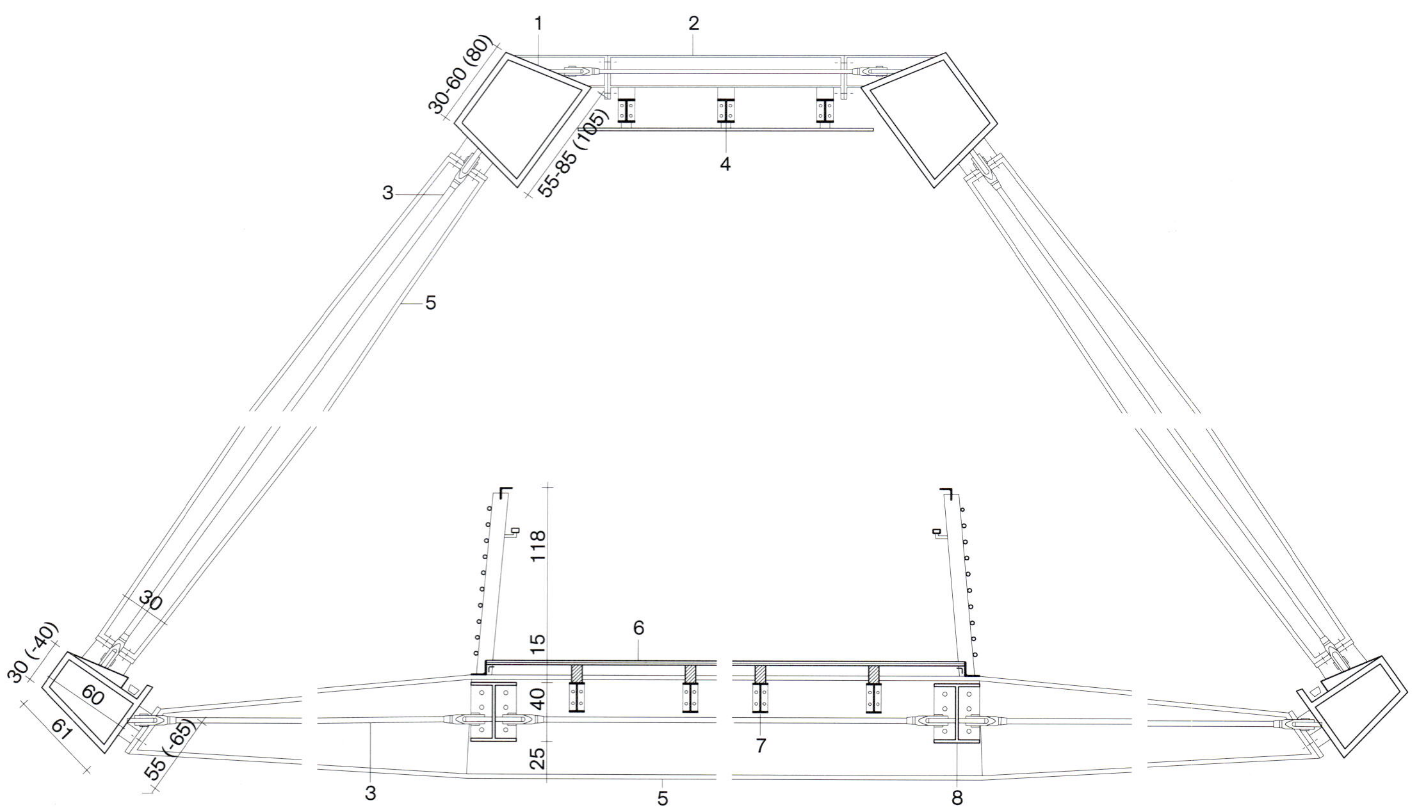

E

F

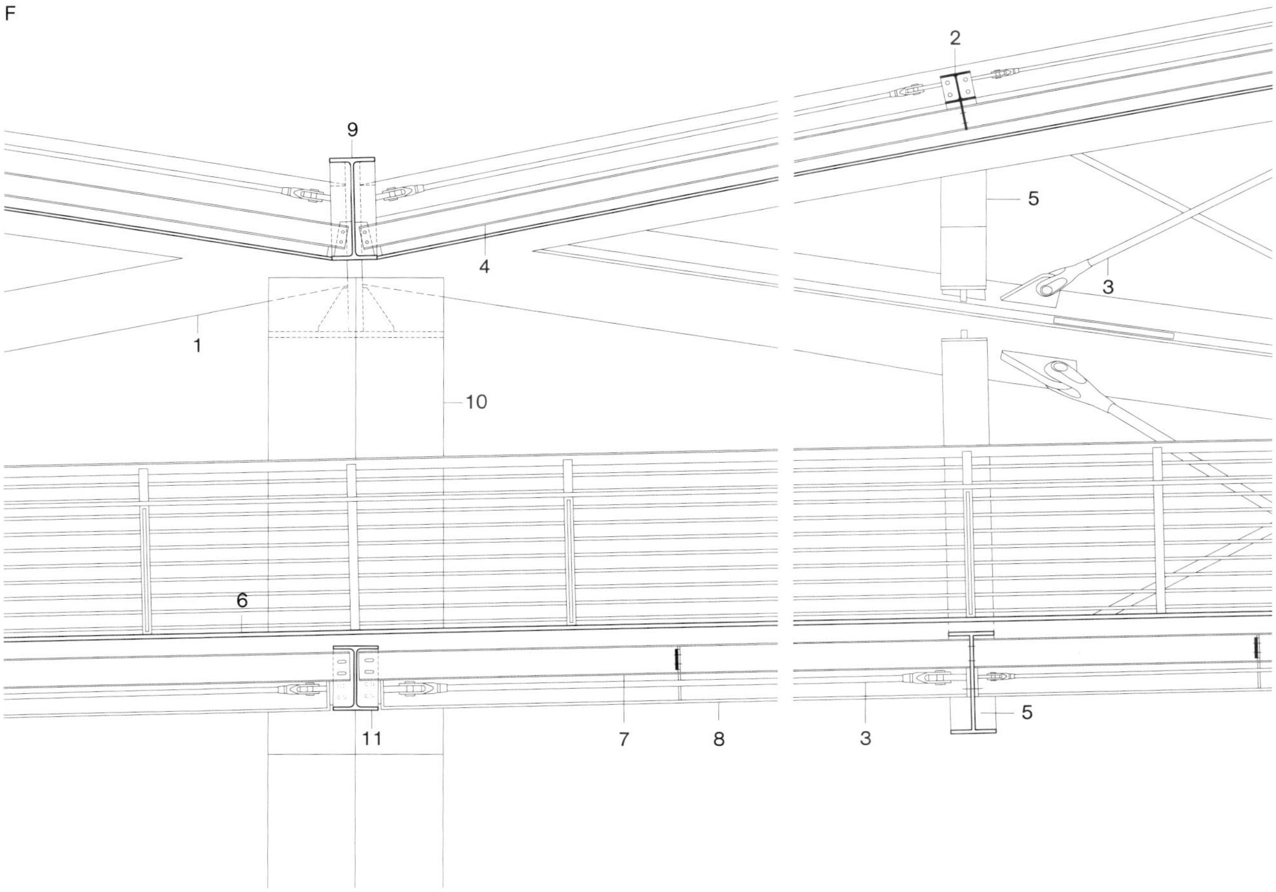

PRODUKTIONS- UND BAUPROZESS

Die variierende Geometrie des komplexen Raumfachwerks, mit unterschiedlichen Querschnitten und Abständen der Bindergurte sowie wechselnden Längen und Anschlusswinkeln der Querträger, erlaubte keinerlei standardisierte Elemente. Dank eines früh angelegten 3D-Modells konnte sowohl der Formfindungsprozess anhand statischer Berechnungen optimiert als auch eine papierlose, zügige Zusammenarbeit mit dem Stahlbauer ermöglicht werden.

Die im Werk vorgefertigten Einzelteile wurden in der Nähe des Bauplatzes in fünf Segmenten vormontiert. Nach Platzierung der zentralen Stütze und der beiden Endauflager wurden zunächst das kleinere 230 Tonnen schwere und anschließend das größere 430 Tonnen schwere Feld des Brückenträgers eingehoben und verschweißt. Der Bahnverkehr musste hierfür weniger als 24 Stunden unterbrochen werden.

E
Detail Regelquerschnitt
Maßstab 1:50

F
Detailschnitt Auflager
an Mittelstütze
Maßstab 1:50

1 Fachwerkgurt, Stahlhohlkastenträger, variierender Querschnitt
2 Stahlprofil HEA 200
3 Stahlseil
4 Stahlprofil IPE 160
5 Stahlträger, variierender Querschnitt
6 Bodenbelag, Bambus
7 Stahlprofil IPE 200
8 Stahlprofil HEA 400
9 Stahlprofil HEA 700
10 Mittelstütze, Stahlhohlkasten, betongefüllt
11 Träger HEA 450

Architekten Knight Architects, High Wycombe (GB)

Tragwerksplaner Krebs+Kiefer Ingenieure, Karlsruhe (DE)

Kienlesberg-brücke in Ulm

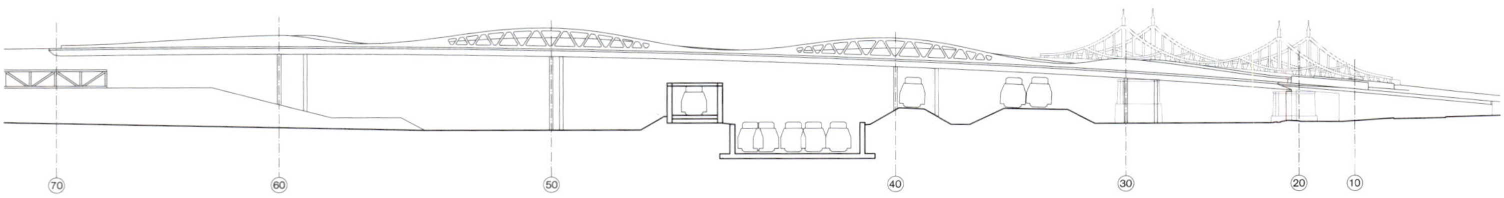

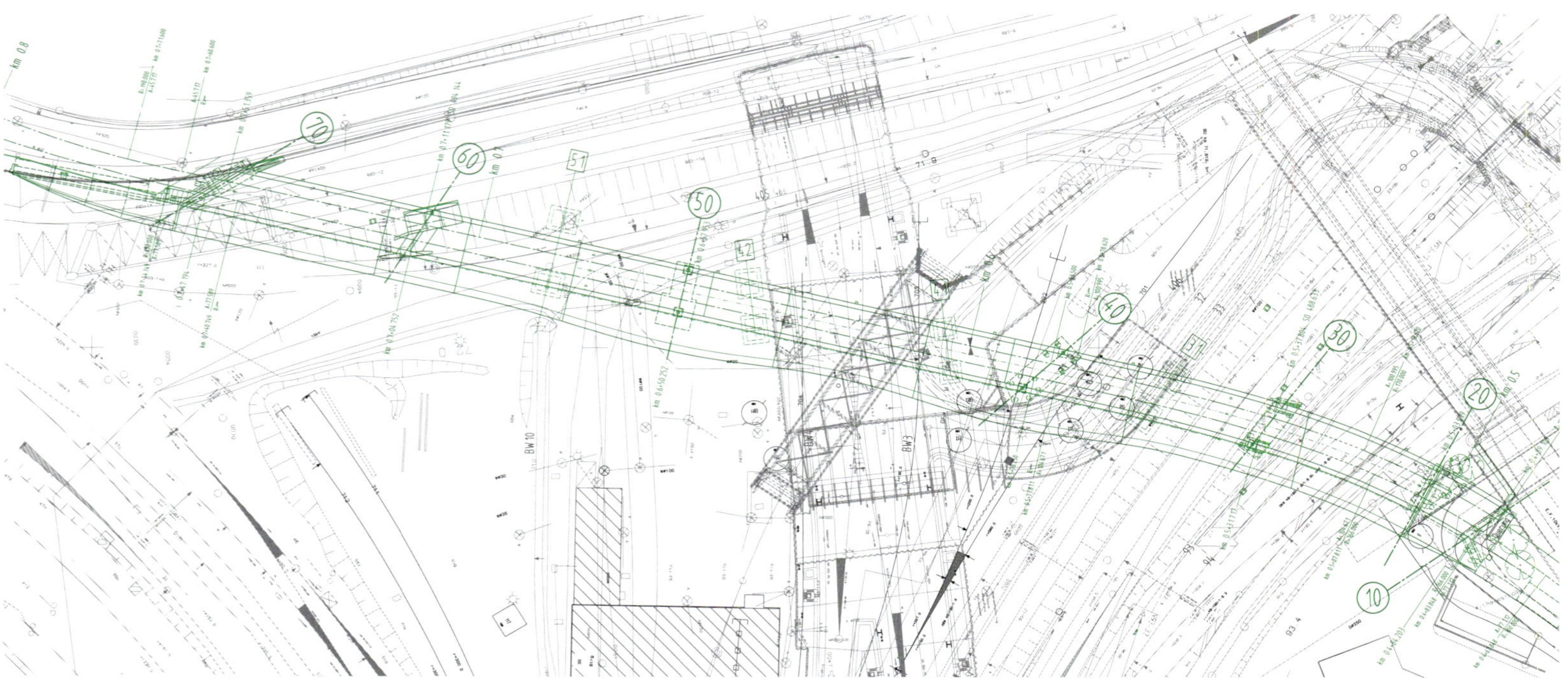

Ansicht, Lageplan
Maßstab 1:1500

Seit der Gründung der nordwestlich der Ulmer Innenstadt gelegenen „Wissenschaftsstadt" vor gut 30 Jahren nimmt sowohl die Zahl der Universitäts- und Hochschuleinrichtungen als auch die Zahl der An-Institute, Forschungszentren, Firmen und Start-ups im Science Park stetig zu. Derzeit bietet die Wissenschaftsstadt Platz für insgesamt rund 12000 Studenten sowie 11500 Arbeitsplätze. Um diesen Standort besser an die Innenstadt anzubinden, entschied sich die Stadt Ulm, eine neue, rund neun Kilometer lange Straßenbahnlinie zu realisieren, die unter anderem den Neubau einer Brücke am Hauptbahnhof erforderte.

Mit dem hierzu im Jahr 2012 ausgelobten Planungswettbewerb, den die Ingenieure von Krebs + Kiefer in Arbeitsgemeinschaft mit Knight Architects für sich entscheiden konnten, initiierte der Bauherr, die Stadtwerke Ulm, ein Brückenprojekt in einem außerordentlich komplexen baulichen Kontext: Die neue Stahlbrücke für den zweigleisigen Straßenbahnverkehr kreuzt im Gleisfeld am Hauptbahnhof gleich mehrere bestehende Gleisanlagen der Deutschen Bahn. Darüber hinaus liegt die Trasse in unmittelbarer Nachbarschaft zum Portal des Albabstiegtunnels der aktuell im Bau befindlichen Bahnstrecke Stuttgart–Ulm. Hinzu kam der Wunsch des Bauherrn, den südlichen Brückenteil für Fußgänger und Radfahrer nutzbar zu machen.

Aus der interdisziplinären Zusammenarbeit deutscher Ingenieure und britischer Architekten entstand eine Brücke, die beispielhaft zeigt, wie verkehrsplanerische, geometrische und bauzeitliche Zwangspunkte sowie der enge Bezug zur historischen Neutorbrücke aus dem Jahr 1907 zu einem Bauwerk führen können, bei dem die Konstruktion und die Gestaltung auf schlüssige Weise übereinstimmen.

Roland Pawlitschko

Text Jan Akkermann, Krebs+Kiefer Ingenieure, Karlsruhe (DE)
Bartlomiej Halaczek, Knight Architects, High Wycombe (GB)

A

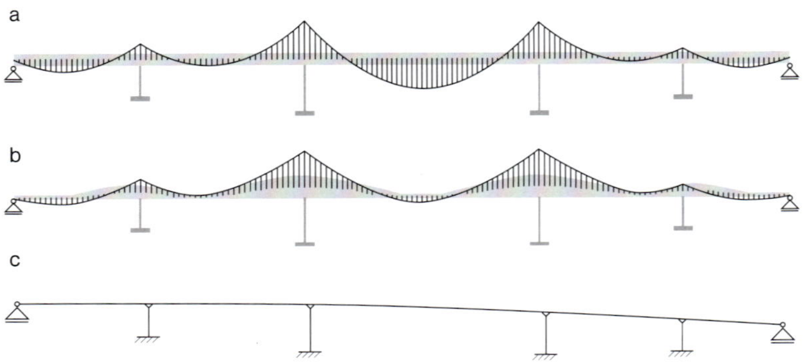

B

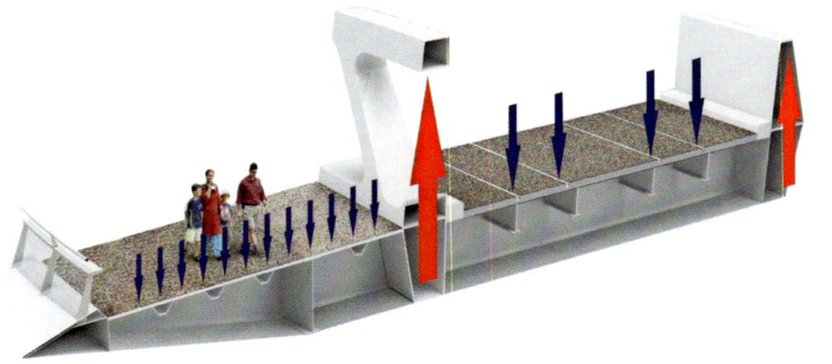

C

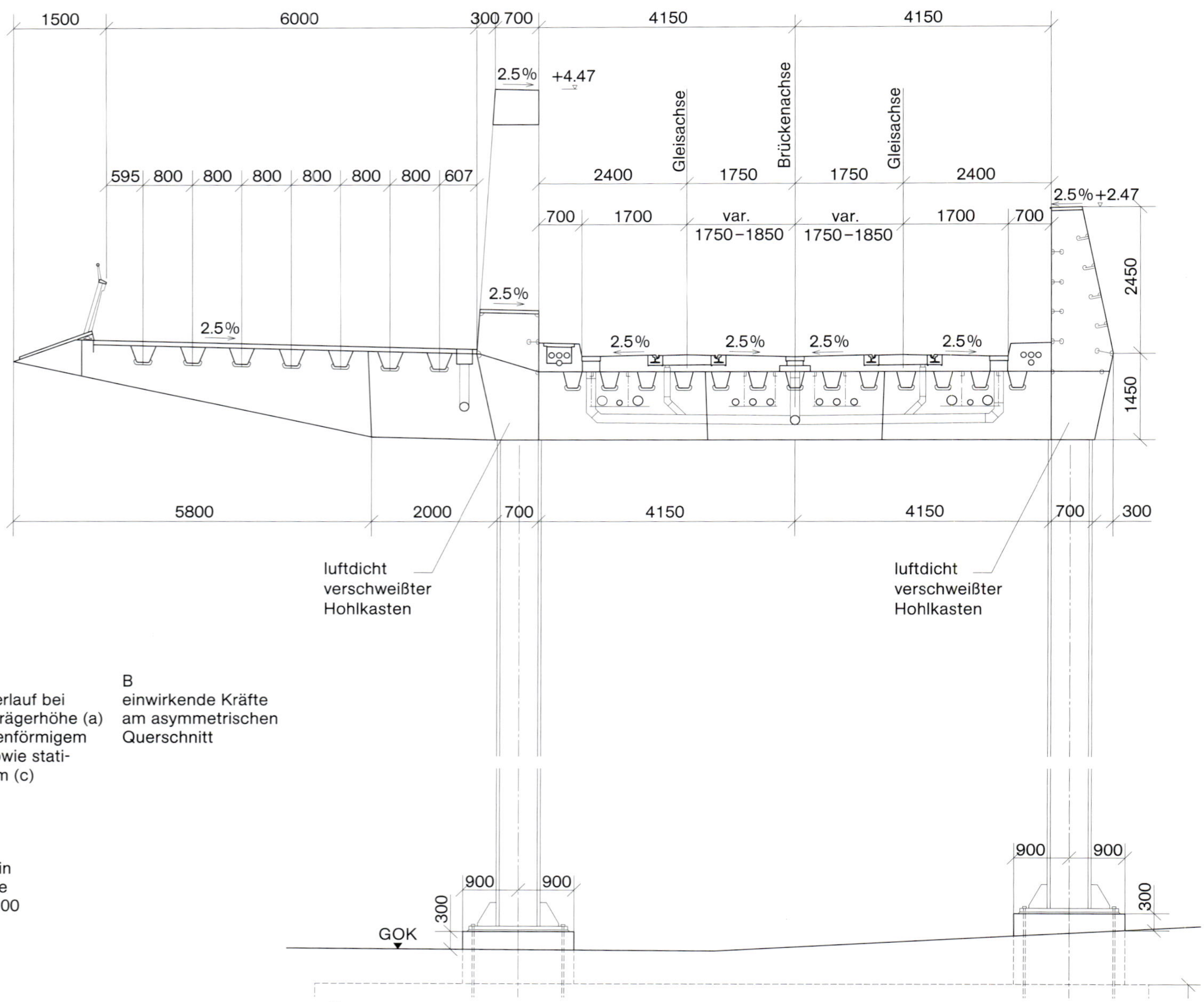

A
Momentenverlauf bei konstanter Trägerhöhe (a) und bei wellenförmigem Träger (b) sowie statisches System (c)

B
einwirkende Kräfte am asymmetrischen Querschnitt

C
Querschnitt in Stützenachse
Maßstab 1:100

RANDBEDINGUNGEN: GEOMETRIE UND BAUFELD

Verkehrsplanerische Aspekte bestimmten sowohl den Verlauf als auch die Gradiente der 270 m langen Kienlesbergbrücke. Die Trasse folgt im Südosten zunächst der Rampe der Neutorbrücke, schwenkt dann um rund 30° nach Westen, um nach circa 70 m in eine Gerade überzugehen. Wegen der bestehenden Bahngleise ließen sich die Brückenpfeiler weder in gleichmäßigem Abstand noch orthogonal zur Brückenachse anordnen. Das Lichtraumprofil der Bahnstrecken definierte im östlichen Bereich als Zwangspunkt die Brückenunterkante. Daher beginnt die Gradiente im Südosten mit erheblichen 7,35 % Steigung, die dann in 6,11 % übergeht. Durch die starke Anfangssteigung ergibt sich trotz Höhendifferenz der Widerlager bei etwa zwei Dritteln der Brückenlänge eine Kuppe, von der aus die Brücke zum Kienlesberg wieder leicht abfällt.

Der Bauherr wünschte einen einseitigen Geh- und Radweg auf der Südseite der Brücke, der einen guten Blick auf die Innenstadt und das Ulmer Münster ermöglicht. Folge ist ein in Geometrie und Belastung asymmetrischer Brückenquerschnitt (Abb. B).

In der Bauphase war der rollende Bahnverkehr ebenso zu berücksichtigen wie die Bauarbeiten am Portal des Albabstiegstunnels (einschließlich der damit verbundenen Gleisumverlegungen und der Baustellenlogistik).

TRAGWERKSENTWURF: FORM FOLGT FUNKTION

Der Tragwerksentwurf reagiert unmittelbar auf die stark inhomogene Brückengeometrie (und den daraus resultierenden Kraftfluss) sowie auf das komplexe Baufeld. Aufgrund der Höhenbezüge zwischen Lichtraumprofil der Bahngleise und neuer Straßenbahnachse konnte sich die statische Höhe des Haupttragwerks nur in Form eines Trogquerschnitts nach oben entwickeln. Als logische Konsequenz der extrem beengten Baustellenflächen und der zeitgleichen Realisierung des Tunnelportals kam nur ein Längsverschub der Brücke mit einem Montageplatz bei der bestehenden Rampe der Neutorbrücke infrage. Dem Längsverschub entsprechend war die Brückenunterseite eben auszubilden.

Die für die Maximalspannweite von etwa 74,5 m nötige Tragwerkshöhe schloss einen Trog mit Vollwandstegen aus, da diese zu einem allzu massiven und daher für Passanten und Straßenbahnfahrgäste eher unangenehmen Gesamterscheinungsbild geführt hätten. Ein Fachwerk mit konstanter Bauhöhe kam nicht infrage, weil es der benachbarten Neutorbrücke – ein genietetes Stahlfachwerk mit Zügelgurt-Charakteristik – städtebaulich nicht gerecht geworden wäre. Also entschloss sich das Entwurfsteam bereits im Wettbewerb, die Hauptträger wellenförmig auszubilden. Damit wurden gleich mehrere Randbedingungen erfüllt: Die zur Momentenlinie des Durchlaufträgers affine Trägerhöhe reagiert auf die verschiedenen Feldweiten (Abb. A); der Längsversatz der Wellen im Grundriss entspricht den schräg zur Brückenachse liegenden Pfeilerachsen; die aufgrund des asymmetrischen Querschnitts ungleichförmige Belastung der Längsträger wird durch höhere innere Längsträger kompensiert (Bild B, C); die teilweise geringe Wellenhöhe und die Ausbildung der beiden höchsten Trägerwellen in Brückenmitte als Vierendeel-Träger erlaubt gute Sichtbezüge zum Umfeld; und schließlich führt die Wellenform zu einem zur Neutorbrücke kongruenten, in der Höhe aber nicht konkurrierenden Erscheinungsbild.

Die Wellenform zeigt sich auch im Grundriss in Form zweier Aufweitungen des Geh- und Radwegs, die auf der langen Brücke Raum zum Verweilen bieten. Durch den horizontal ausgebildeten Berührschutz zur Oberleitung bleiben die Blickbezüge zur Stadt unbeeinträchtigt; zudem verleiht er der Brücke eine schlanke Seitenansicht.

SEH
72
0

D

E

F

S. 112–113
Längsverschub mit Vorbauschnabel (rot) bei Achse 50; im Hintergrund die historische Neutorbrücke

D
Brückenausbau mit Belägen, Leitungen, Fahrdrähten, Oberbau, Geländern und Beleuchtung

E
Montage der Hauptträger aus luftdicht verschweißten Stahl-Hohlkästen

F
Abstapeltürme an den Stahlrohr-Brückenpfeilern vor dem Absenken

KONSTRUKTION: FUNKTIONSGERECHTE AUSBILDUNG

Als Basis für die Brückenmontage entstand das erste Brückenfeld an der Rampe der Neutorbrücke als konventioneller Stahlbetonrahmen, der zugleich talseitiges Widerlager ist. Dem schließt sich die mit Haupttträgern aus luftdicht verschweißten Hohlkästen als orthotrope Platte ausgebildete Stahldeckbrücke über fünf Felder an (Abb. E). Dabei ist das Stahltragwerk semi-integral gelagert: Die als Stahlrohre ausgebildeten Brückenpfeiler, die biegesteif mit dem Überbau verschweißt und am Fuß biegesteif mit den Pfahlkopfbalken der Gründung verschraubt sind, bilden die Lagerung in Längs- und Querrichtung (Abb. C). Zwischen den Nebenträgern spannen Steifen in Längsrichtung. Sie dienen der Aussteifung und Lastverteilung in den Hohlkästen sowie dem Schallschutz bei Zugüberfahrten. Auf dem Deckblech liegt eine Stahlbetonfahrbahn mit bündig versenkten Schienen, um die Brücke auch für Busse befahrbar zu machen. Die Brückenunterseite erhielt eine Verblendung aus GFK-Gitterrosten (Abb. F).

REALISIERUNG: PRÄZISION IN DER ENGE

Die Montage der Verschubschüsse erfolgte im Bereich des ersten Brückenfeldes auf einer Montageplattform über den Bahngleisen. Die vorgefertigten Überbausegmente wurden hier verschweißt und 3,5 m oberhalb der Endlage in elf Schüssen mithilfe eines Vorbauschnabels längs verschoben (Abb. S. 112/113). Neben Hilfspylonen dienten beim Verschub auch die Brückenpfeiler als Horizontallager. Der letzte Schuss an der Montageplattform wurde eingehoben.

Nach Abschluss der Verschubarbeiten lagerte die Stahlbrücke auf Abstapeltürmen aus kreuzweise verlegten Stahlknüppeln (Abb. F). Das abwechselnde Anheben der Brücke, Ausbauen von Stapelebenen und Absenken ermöglichte ein präzises Abstapeln auf die Sollhöhe, auf der die Brücke schließlich durch Verschweißen der Pfeilerköpfe mit dem Überbau fixiert wurde. Erst dann kam es zum Brückenausbau mit Belägen, Fahrdrähten, Oberbau, Geländer, Beleuchtung etc.

STÄDTEBAU UND INTERDISZIPLINÄRER ANSATZ

Zu den Besonderheiten der Kienlesbergbrücke zählt neben den komplexen technischen Randbedingungen vor allem die Einbindung in den städtebaulichen Kontext. Wesentlich hierbei war die Nähe zur Neutorbrücke, auf die der Entwurf von Anfang an explizit Bezug nahm. Prägend war aber auch ein kontinuierlicher interdisziplinärer Informationsaustausch zwischen Ingenieuren und Architekten, der im gesamten Planungsverlauf eine enge Verzahnung zwischen Tragwerksoptimierung und gestalterischer Konzeption der Geometrie erlaubte. Dieser Ansatz führte zu einer leicht und elegant wirkenden Brücke, bei der Ästhetik und Tragwerk eine selbstverständliche Einheit bilden.

Geschoss-bauten

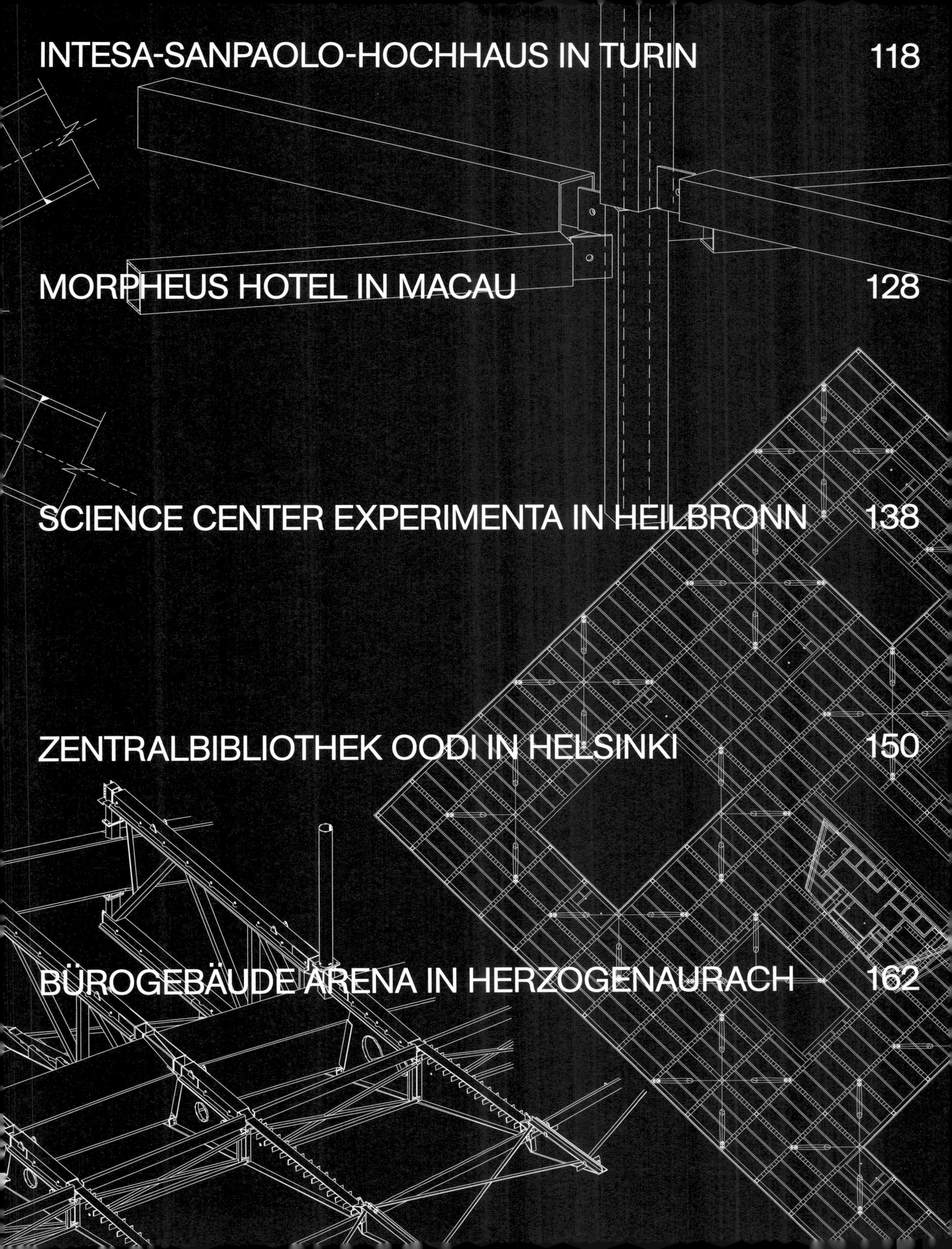

INTESA-SANPAOLO-HOCHHAUS IN TURIN 118

MORPHEUS HOTEL IN MACAU 128

SCIENCE CENTER EXPERIMENTA IN HEILBRONN 138

ZENTRALBIBLIOTHEK OODI IN HELSINKI 150

BÜROGEBÄUDE ARENA IN HERZOGENAURACH 162

Architekten Renzo Piano Building Workshop Genua (IT) / Paris (FR) / New York (US)
Studio Inarco, Turin (IT) (beratende Architekten)

Tragwerksplaner Expedition Engineering, London (GB)
Studio Ossola, Turin (IT)
Studio Tecnico Majowiecki, Bologna (IT)
FHECOR Ingenieros Consultores, Madrid (ES)

Intesa-Sanpaolo-Hochhaus in Turin

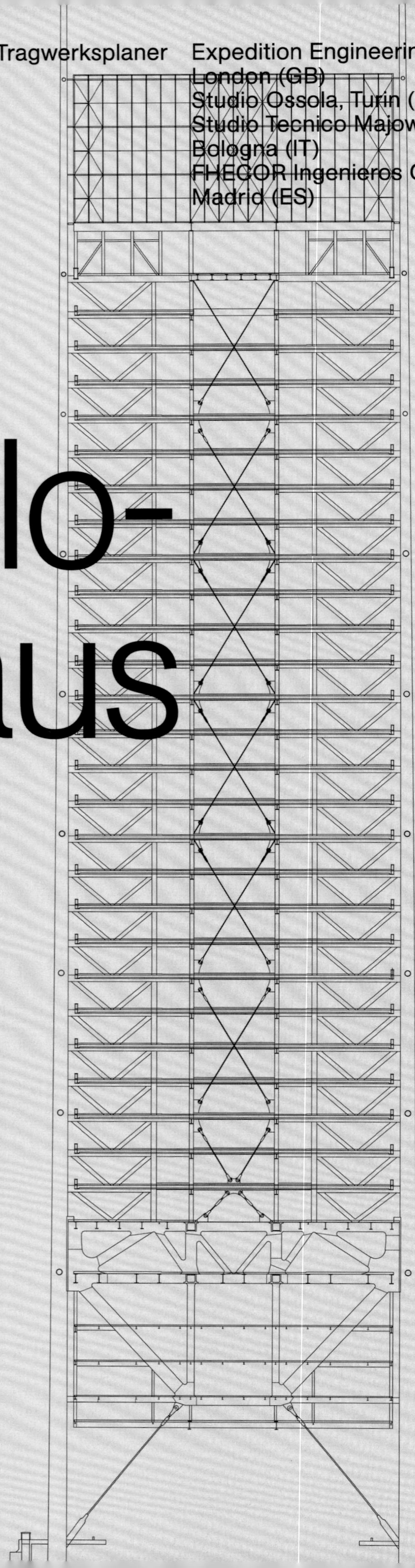

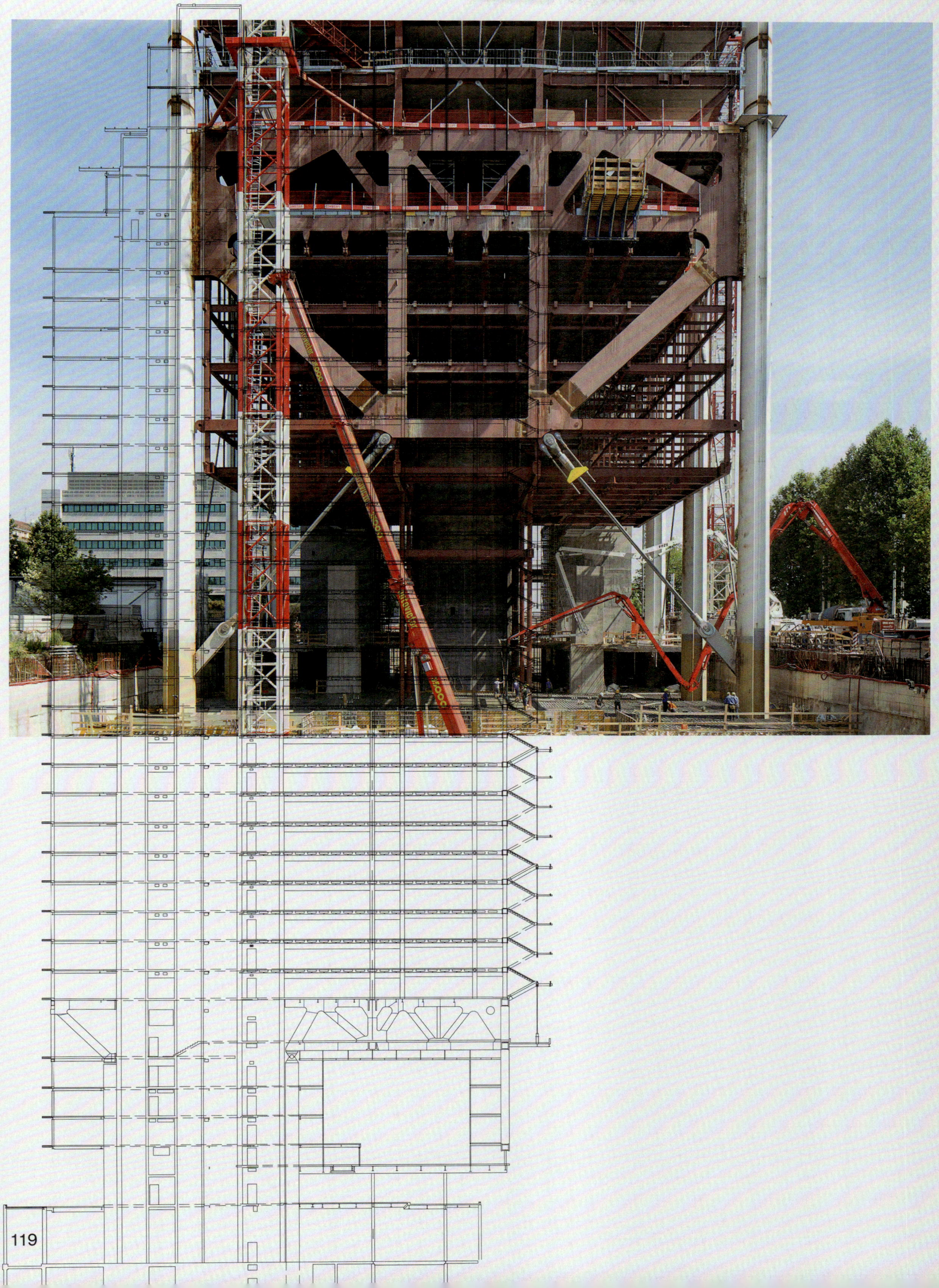

Der transparente Solitär setzt mit 166 m Höhe einen klaren Akzent im Turiner Stadtbild, nur knapp überragt von der 1,50 m höheren Spitze des Wahrzeichens „Mole Antonelliana“, dem nationalen Filmmuseum. Sein strahlend weißes Tragwerk – sich verjüngende, über diagonale Zug- und horizontale Druckstäbe verbundene Pfeiler – schimmert als zentrales Gestaltungselement durch die gläserne Doppelfassade. Durch die enge Verknüpfung mit dem öffentlichen Raum soll der neue Sitz einer der größten italienischen Banken Teil des täglichen Lebens der Stadtbewohner werden und verspricht damit mehr als ein Zurschaustellen monetärer Stärke des Bankenwesens:

Unter Nachhaltigkeitsaspekten geplant und mit LEED-Platin ausgezeichnet, ragt der markante Bau mitten aus dem neu gestalteten Nicola-Grosa-Park empor. Er ruht auf einem Fundament aus Parkflächen und Versorgungsräumen sowie aus einem Restaurant und einem Kindergarten mit Innenhof. Leicht abgesetzt schwebt über der Erdgeschosszone ein multifunktionales Auditorium, das für öffentliche Vorträge und Ausstellungen genutzt werden kann und über 350 Personen Platz bietet. Darüber erstrecken sich 27 Büroetagen mit nach Norden gerichteten Besprechungs- und Fortbildungsräumen.

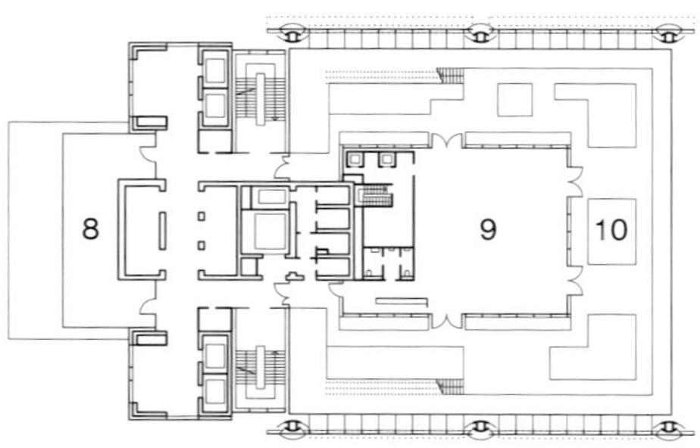

35. Obergeschoss

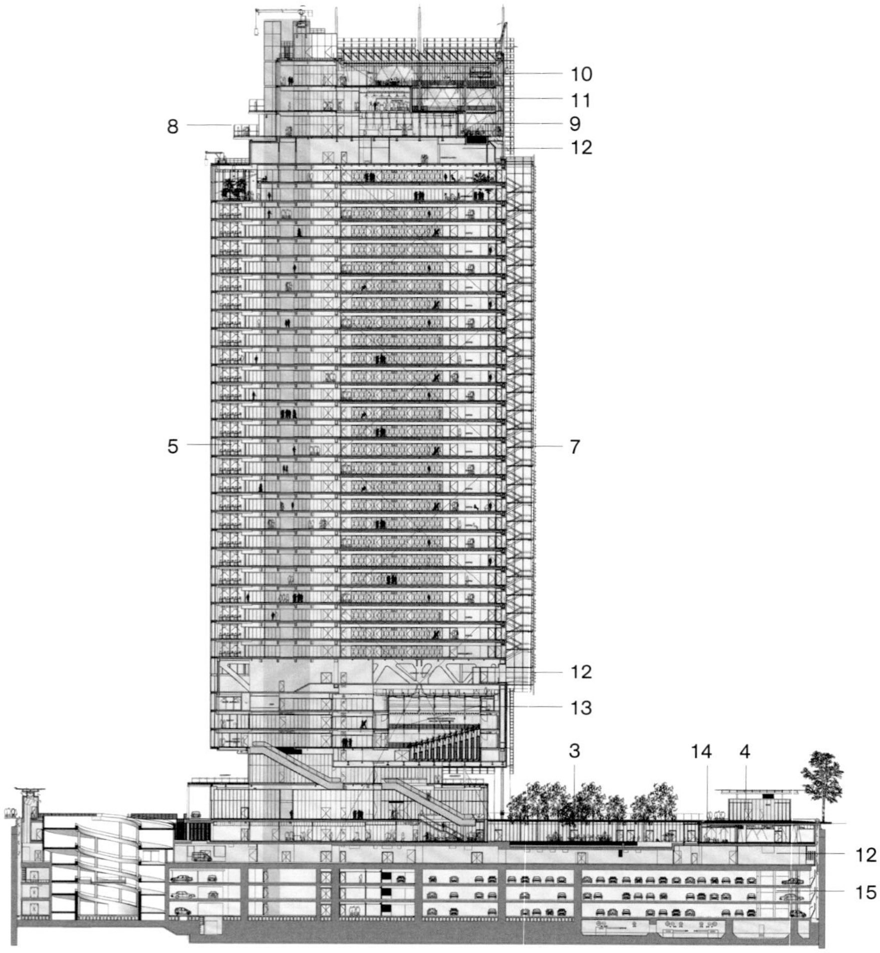

aa

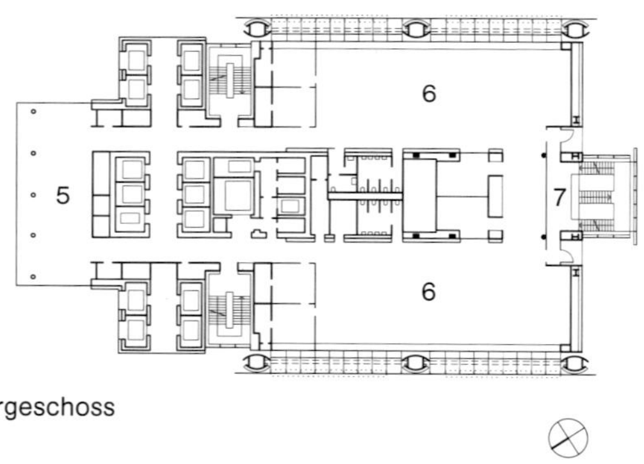

9. Obergeschoss

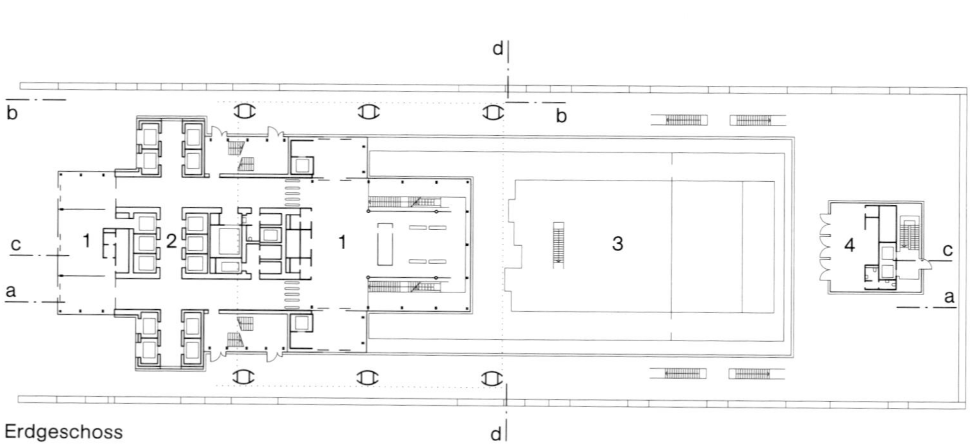

Erdgeschoss

Grundrisse
Maßstab 1:1000

Schnitt
Maßstab 1:1500

1 Empfang
2 Erschließungskern
3 Innenhof
4 Café
5 Besprechungsraum
6 Büro
7 begrünte Südtreppe
8 Dachterrasse
9 Restaurant
10 Dachgarten
11 Ausstellung
12 Technikebene
13 Auditorium
14 Kindergarten
15 Parkgarage

Ein aussteifender Erschließungskern aus Stahlbeton an der Nordseite und die außenliegenden Stahlpfeiler ermöglichen offene und flexible Bürogrundrisse, orientiert nach Westen und Osten mit großzügiger Belichtung über die filigrane Doppelfassade. Die Südfassade liefert durch integrierte Photovoltaikelemente einen wichtigen Beitrag zur Stromversorgung des Gebäudes – nur ein Baustein des umfassenden Energiekonzepts mit Nachtauskühlung und natürlicher Belüftung der Fassade, sowie Grund- und Regenwassernutzung.

Das der Fassade vorgehängte, mit Kletterpflanzen begrünte Treppenhaus im Süden dient zudem wie ein Wintergarten der Filterung des Sonnenlichts und der direkten bürointernen Verbindung. Den Abschluss des Hochhauses bildet ein für jedermann frei zugänglicher Dachpavillon, inspiriert durch die viktorianischen Glaspaläste. Als mehrgeschossiger Dachgarten mit Restaurant und Ausstellungsbereich bietet dieser einen einzigartigen Ausblick auf die Stadt und das Turiner Alpenpanorama.

Andreas Ordon

Text Julia Ratcliffe, Expedition Engineering, London (GB)

A

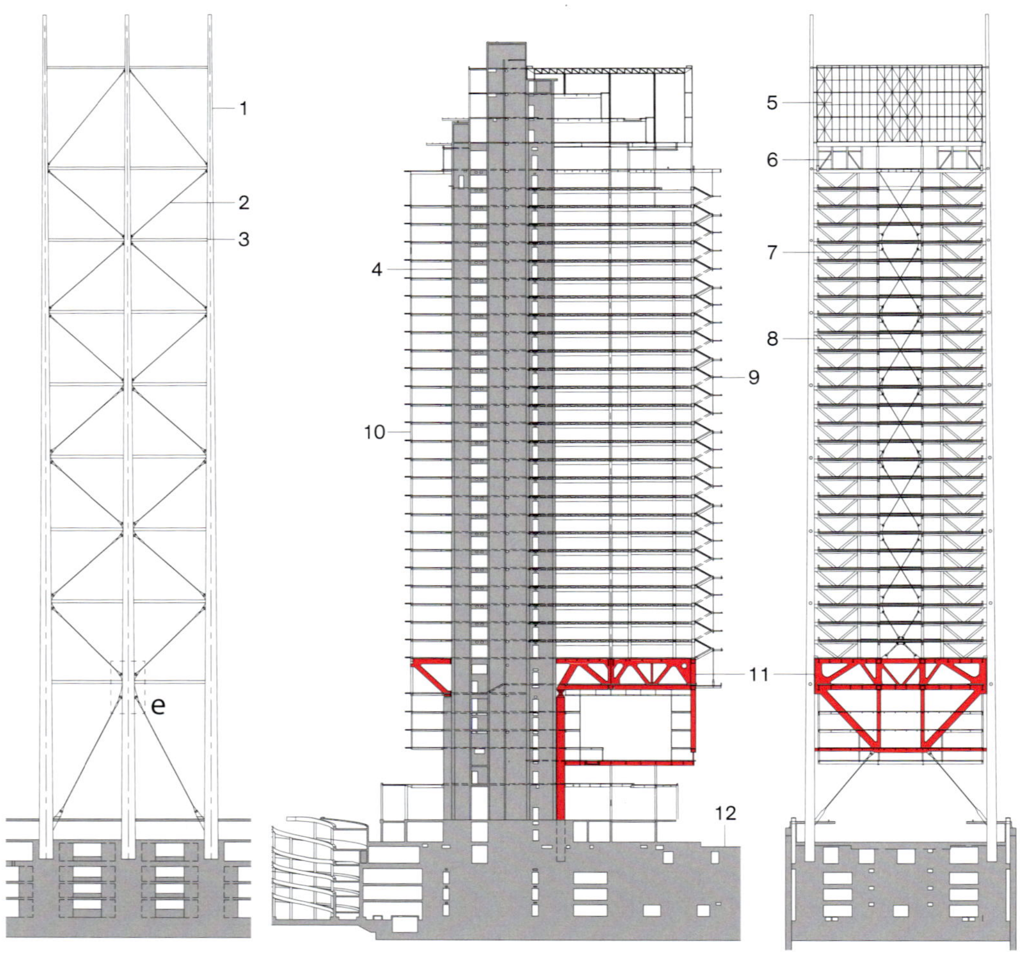

bb cc dd

B

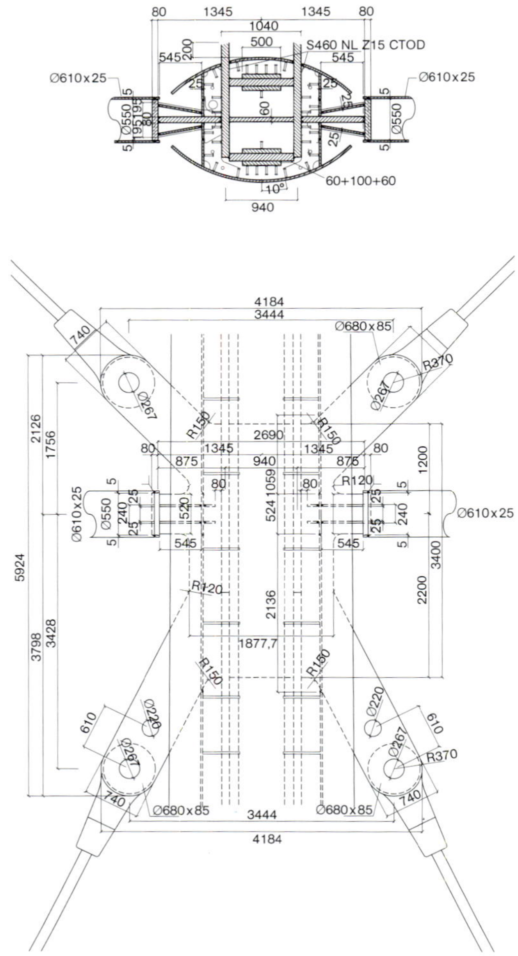

e

A
Schematische Darstellung der Tragstruktur
Maßstab 1:1500

1 Hauptpfeiler
2 diagonale Verspannung der West- und Ostseiten
3 Horizontalstreben zur Lastabtragung der äußeren Hülle der Doppelfassade
4 Stahlbetonkern zur Erschließung und Aufnahme der Quer- und Torsionskräfte
5 Dachpavillon aus filigranen Stahlprofilen
6 Fachwerkträger als Auflager für den Dachpavillon
7 innen liegende Stützen
8 diagonale Verspannung der Stützen an der Südseite
9 auskragendes Südtreppenhaus
10 auskragende Besprechungsräume im Norden
11 Fachwerkträger zur Umlenkung der Geschosslasten auf die Pfeiler und den Kern
12 Stahlbetonfundament

B
Anschlusspunkt der diagonalen Verspannungen an den mittleren Pfeiler
Maßstab 1:100

TRAGWERKS-ENTWURF

Renzo Piano Building Workshop und Expedition Engineering entwarfen das Hochhaus in Turin im Jahr 2006 im Rahmen eines beschränkten internationalen Wettbewerbs. Ein zentrales Merkmal des Entwurfs war es, das Hauptvolumen des Turms von der Erdgeschosszone abzuheben und so eine Verbindung zwischen der Straße – dem Corso Inghilterra – und dem angrenzenden öffentlichen Park zu schaffen. Diese Entscheidung hatte großen Einfluss auf die Entwicklung der primären Tragkonstruktion. Das Planungsteam erarbeitete auf Grundlage dieses Konzepts eine Hierarchie der Tragwerkselemente und ihrer Ausbildung im Detail. Diese ist ablesbar von den massigen Stahlpfeilern bis zum filigranen Dachgarten. Jedes Element wurde anhand ästhetischer und funktionaler Kriterien in enger Zusammenarbeit aller beteiligten Planer genau geprüft, um in der Ausführung höchste technische Standards zu erfüllen. Die sichtbare Konstruktion wurde in der Regel aus Stahlblechelementen gefertigt, um eine durchgängige Architektursprache im gesamten Gebäude zu erreichen und die Entwicklung aufeinander abgestimmter Verbindungsdetails zu erleichtern.

KONSTRUKTION UND AUSSTEIFUNG

An der Ost- und Westseite befindet sich jeweils ein mit Zugstäben verspanntes Außenskelett mit drei enormen Hauptpfeilern von je 16,5 m Achsabstand. Die sechs 175 m hohen Pfeiler verjüngen sich ab dem Stahlbetonfundament auf der Ebene -2 von 2800 × 1970 auf 700 × 600 mm an der Spitze. Die Planer arbeiteten dafür bereits im Jahr 2007 mit einem Vorläufer der Software Grasshopper für parametrische Konstruktionen, um die Geometrie der Pfeiler aus einfach gekrümmten Blechen zu formen. Horizontale Aussteifungen zwischen den Hauptpfeilern in jedem vierten Geschoss tragen zugleich die äußere Hülle der Doppelfassade. Die Tragkonstruktion muss sowohl seitlichen Windkräften, seismischen Einwirkungen, sowie ständigen Kippmomenten durch die auskragenden Besprechungsräume an der Nordseite standhalten. Ursprünglich war angedacht, den zentralen Erschließungskern ebenfalls als reine Stahlkonstruktion zu realisieren, um die Herstellung und den Bauablauf zu vereinfachen. Ein Anstieg der Stahlpreise während der mehrjährigen Entwurfsphase führte dazu, die Planungen hin zu einem Stahlbetonkern zu ändern. Dies hat den zusätzlichen Vorteil, dass die Biegesteifigkeit verbessert und damit auch für den Nutzer wahrnehmbare Schwingungen – ausgelöst durch seitliche Windkräfte – verhindert werden konnten. Ein massereicher Schwingungstilger, der sowohl höhere Kosten bedeutet, als auch räumliche Auswirkungen gehabt hätte, war dadurch obsolet geworden.

Eine der großen Herausforderungen dieser vergleichsweise späten Änderung war es, Modelle zu entwickeln für das langfristige unterschiedliche Kriech- und Schwindverhalten des Kerns relativ zur umfassenden verspannten Stahlkonstruktion. Zudem mussten die Verbindungsdetails, sowie der Bauablauf, den Änderungen und diesen Bewegungen angepasst werden.

Die Deckenplatten der Bürogeschosse – vorgespannte Stahlbetonhalbfertigteile – lagern auf Stahlträgern, die geschossweise an den äußeren Pfeilern und innen liegenden Stützen befestigt sind. Über die Doppelfassade wird Außenluft mithilfe des Kamineffekts in 230 mm hohen Deckenkanälen von Ost nach West geleitet und zur Nachtauskühlung in den Sommermonaten genutzt. Die Deckenuntersichten sind als Sichtbetonoberflächen mit integrierten Leuchten ausgeführt. Abgehängte Flächenheizkörper werden mit einer Grundwasserwärmepumpe betrieben.

DER LASTENUMLENKENDE FACHWERKTRÄGER

Die Lastabtragung aus den 27 Büroetagen über dem Auditorium machte eine in zwei Richtungen spannende, 2350 t schwere Fachwerkkonstruktion zur Umlenkung der Lasten notwendig. Diese spannt bis zu 30 m zwischen den sechs Hauptpfeilern und dem aussteifenden Kern. Der 6,5 m hohe Träger besteht aus vorgefertigten rechteckigen Querschnitten aus hochfesten, bis zu 120 mm dicken Stahlplatten und befindet sich auf der Technikebene im 6. Obergeschoss. An der Südfassade hat er eine Höhe von bis zu 20 m und wird von der Rückwand des Auditoriums verdeckt. Auf Erdgeschossniveau zusammengesetzt, wurde der Fachwerkträger Anfang 2012 mit einem Litzenhubsystem angehoben, das auf dem bereits fertigen Teil der Hauptpfeiler installiert war, und anschließend in Position verschweißt. Für den Fachwerkträger, der die Hauptlasten aus den Bürogeschossen auf den Kern und die Hauptpfeiler überträgt, arbeiteten die Planungsbüros eng mit den Baufirmen, Stahlbauern und Schweißspezialisten zusammen, um die Verbindungen aus Schmiedeteilen an den Schnittstellen des in zwei Richtungen spannenden Trägers zu entwickeln. Im Entwurfsprozess nutzte Expedition Engineering die Software Rhino für 3D-Modelle und zur Kommunikation der Tragwerksprinzipien. Exportierte Geometrien aus diesen Modellen bildeten die Grundlage für die ersten Simulationen und wurden schließlich in die Detailplanung und die Gesamtanalysemodelle einbezogen. Abschließend wurde eine Serie von Finite-Elemente-Teilmodellen verwendet, um das Verhalten kritischer Bauteile zu beurteilen. So konnten Belastungskonzentrationen lokalisiert werden, was besonders bei den Schnittpunkten des großen Fachwerkträgers relevant war.

C

D

E

F

G

C
Finite-Elemente-Simulation zur maximalen Zugbelastung des Fachwerkträgers

D
Detailansicht des Fachwerkträgers

E
Mock-up der Doppelfassade als 1:1 Modell

F
Anschluss der äußeren Hülle der Doppelfassade an die Horizontalstreben

G
Stahlbetondeckenelement mit Hohlraum für die Nachtauskühlung

H
Oasys-GSA-Analysemodell zur Knickbeanspruchung des Hochhauses

H

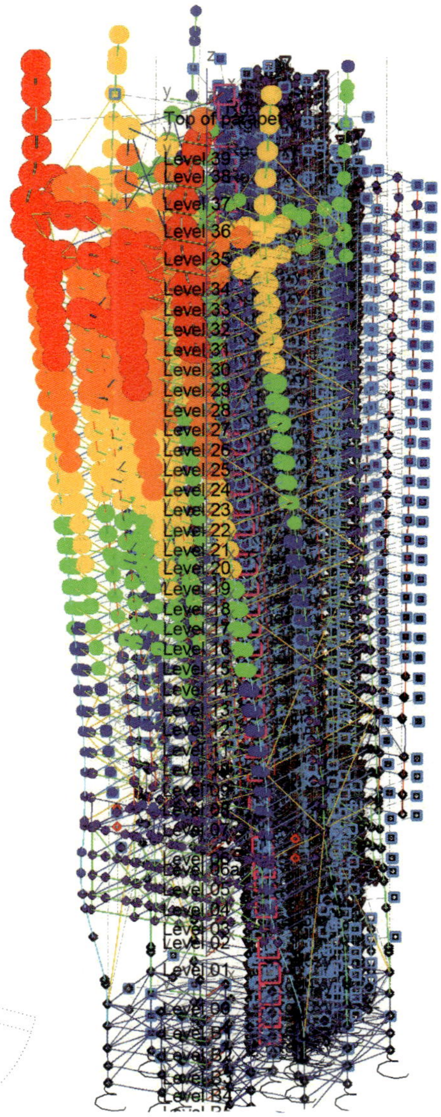

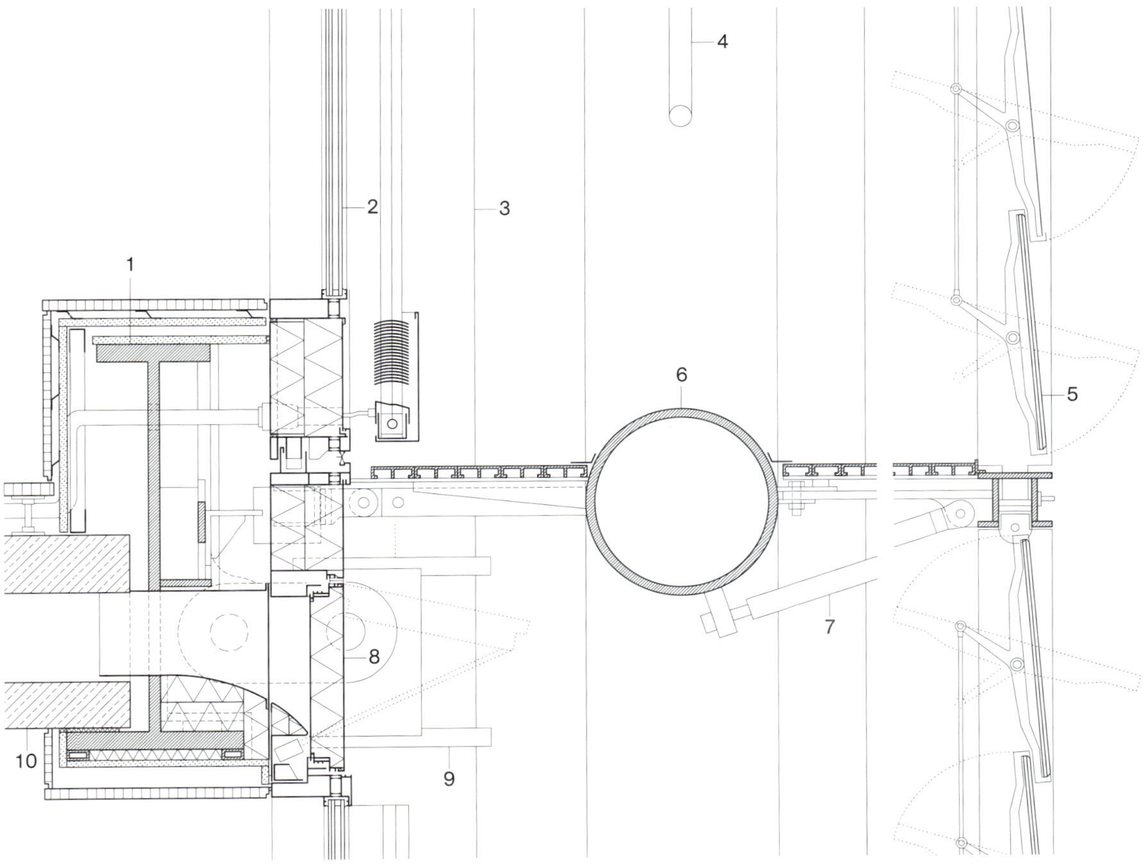

Schnitt Westfassade
Maßstab 1:20
1 Stahlträger I 1100 mm
2 Isolierverglasung
3 Hauptpfeiler Stahl mit Beton verfüllt (Brandschutz)
4 diagonaler Zugstab
5 Glaslamelle in der äußeren Hülle der Doppelfassade
6 horizontales Stahlrohr Ø 500 mm
7 Anschluss der äußeren Hülle der Doppelfassade an Stahlrohr
8 Öffnungsklappe gedämmt für Nachtauskühlung
9 Verbindungsblech Pfeiler Stahlträger
10 Deckenplatte: Stahlbetonhalbfertigteil mit Luftkanal

I

J

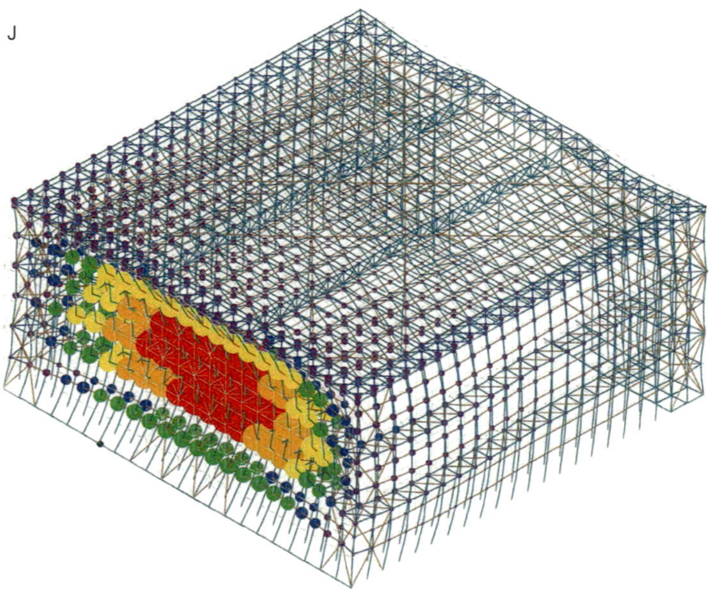

I
begrünte Südtreppe

J
3D-Analysemodell des Dachpavillons bei Belastung durch Südwind

K
Profile der umlaufenden Stützen des Dachpavillons

L
Profil einer inneren, kreuzförmigen Stütze

M
Südfassade mit Dachpavillon, Photovoltaikelementen, begrünter Treppe und Auditorium

KRÖNENDER DACHABSCHLUSS: DER „SERRA“

Der natürlich belüftete Dachpavillon aus Glas, italienisch „Serra“, umhüllt einen öffentlichen, ganzjährigen Garten mit Blick über die Stadt bis zu den Alpen. Er krönt den Turm und reicht über einem 30 × 30 m großen, quadratischen Grundriss über drei Geschosse 15 m in die Höhe. Die Konstruktion besteht aus filigranen, verschweißten Stahlstützen und -trägern mit Zugstabelementen. Inspiriert von Paxtons Kristallpalast des 19. Jahrhunderts wurde er von Anfang an als ein Zusammenspiel von leichten Teilen auf einem regelmäßigen Grundrissraster von 1,50 m konzipiert. In der weiteren Ausarbeitung entstand dann ein Systembausatz aus Standardelementen und Verbindungsdetails.

Die Leichtigkeit der Elemente war der architektonische Anspruch: Die umlaufenden, äußeren Stützen sind nicht mehr als 150 mm tief. Horizontale Auskreuzungen der umlaufenden Galerien und des Dachrands stabilisieren die Hüllflächen in Querrichtung. Über vorgespannte hochfeste Stahlstabauskreuzungen der äußeren Fassadenebene werden die Windlasten und die Horizontallasten aus den Hauptpfeilern zur unterstützenden Sockelkonstruktion geleitet.

Die Vorgaben für die Detaillierung der paarweise gekoppelten Bleche und Stäbe wurden durchgängig angewandt, um eine Klarheit und Einfachheit mit schlanken Querschnitten zu erreichen, was eine präzise und anspruchsvolle ingenieurstechnische Analyse erforderte.

Das Dach ist als Sheddach ausgebildet, das diffuses Nordlicht einlässt und zur Belüftung genutzt werden kann. Die Träger sind in die Sheds integriert und ihre kompakten Querschnitte maximieren den Tageslichteinfall. Regenwasser vom Dach wird gesammelt, um die Pflanzen des Gartens zu bewässern.

K

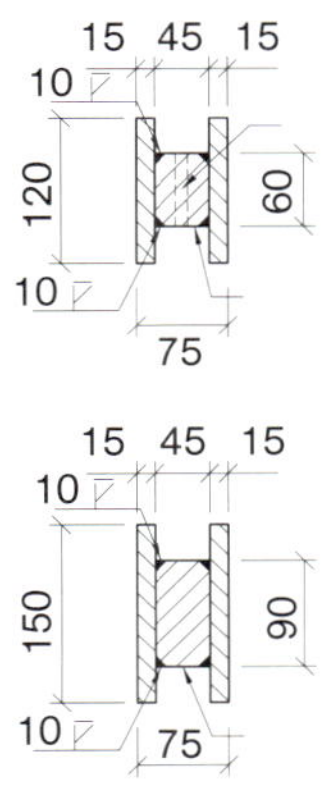

L

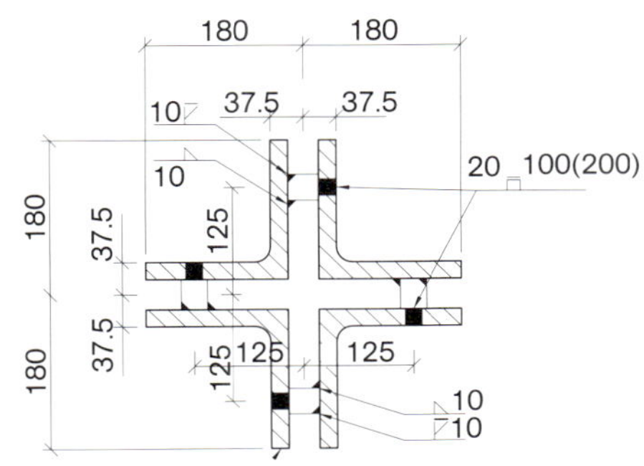

M

Architekten Zaha Hadid Architects, London (GB)
Leigh & Orange, Hongkong (CN)
CAA City Planning & Engineering
Consultants, Macau (CN)

Tragwerksplaner Buro Happold Engineering,
London (GB)

Morpheus Hotel in Macau

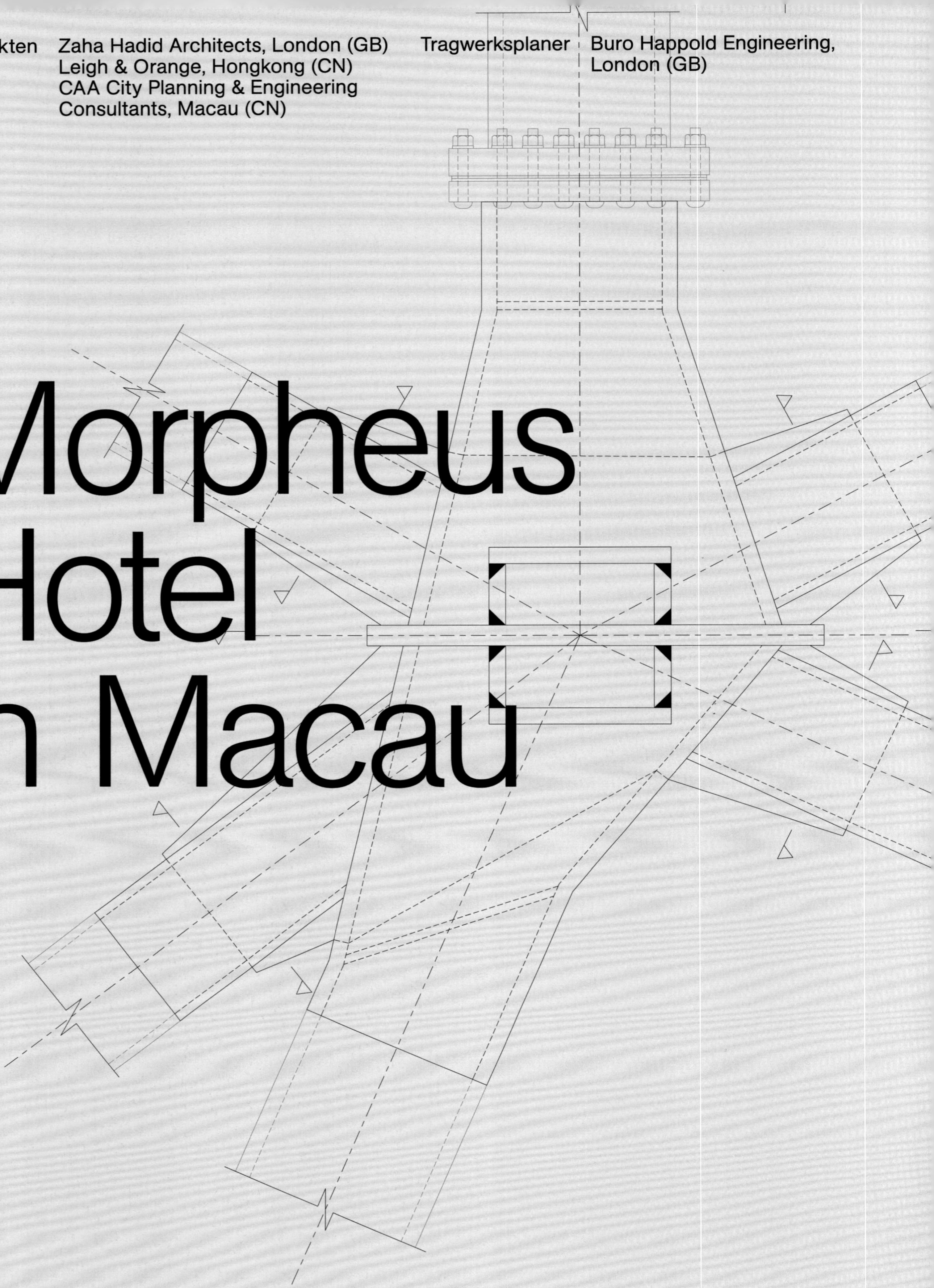

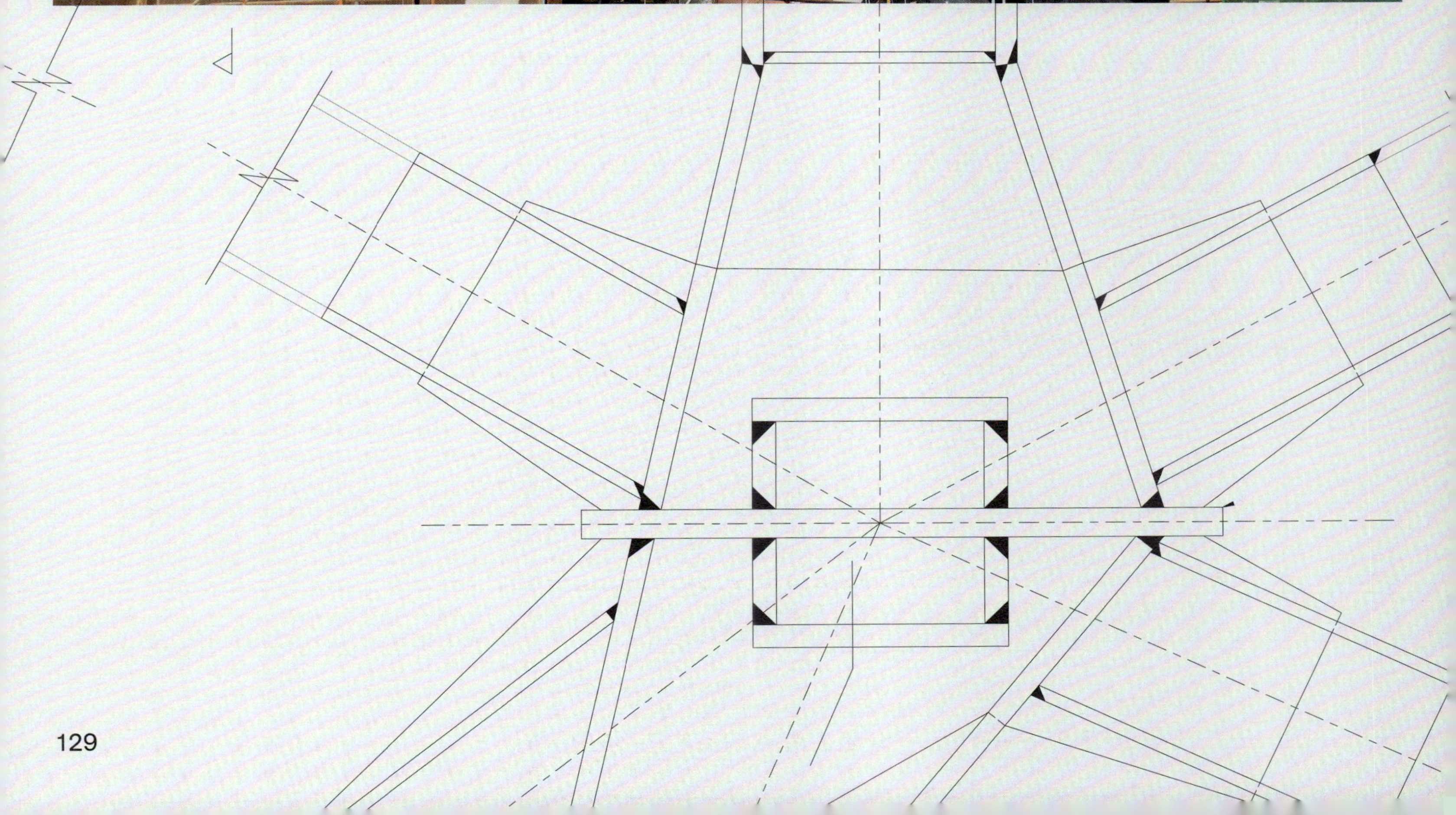

Das Morpheus Hotel im chinesischen Macau gehört zum Hochhauskomplex der „City of Dreams“. Es verfügt neben 770 Hotelzimmern auf 40 Stockwerken auch über eine Ladenpassage, Bars, Restaurants, Veranstaltungs- und Tagungsräume sowie über eine Spielhalle und eine Dachterrasse mit Swimmingpool. Konzipiert ist das Gebäude als 160 m hohe, vertikale Extrusion einer rechteckigen Grundfläche. In diesen Block integrierten die Architekten in Anlehnung an die traditionelle chinesische Jade-Schnitzkunst insgesamt drei Hohlräume, die das quaderförmige Volumen – zusammen mit einem außen liegenden Stahltragwerk, dem Exoskelett – zu einer unverwechselbaren Bauskulptur machen.

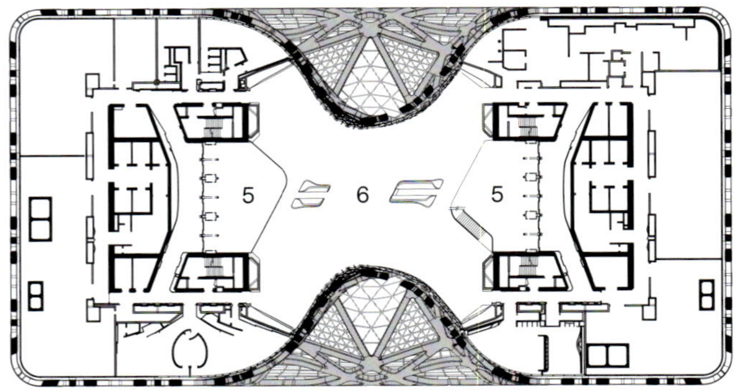

Ebene 21

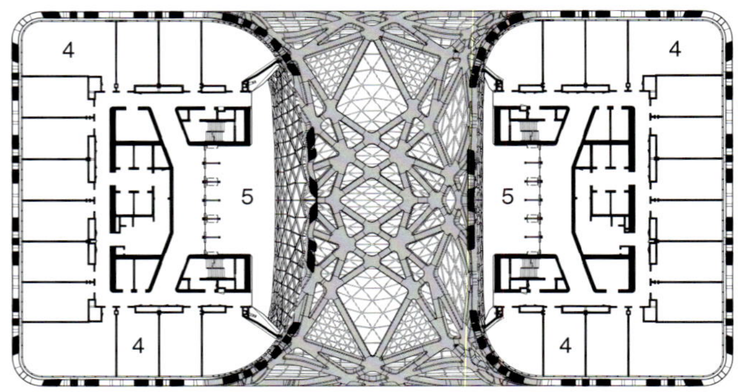

Ebene 15

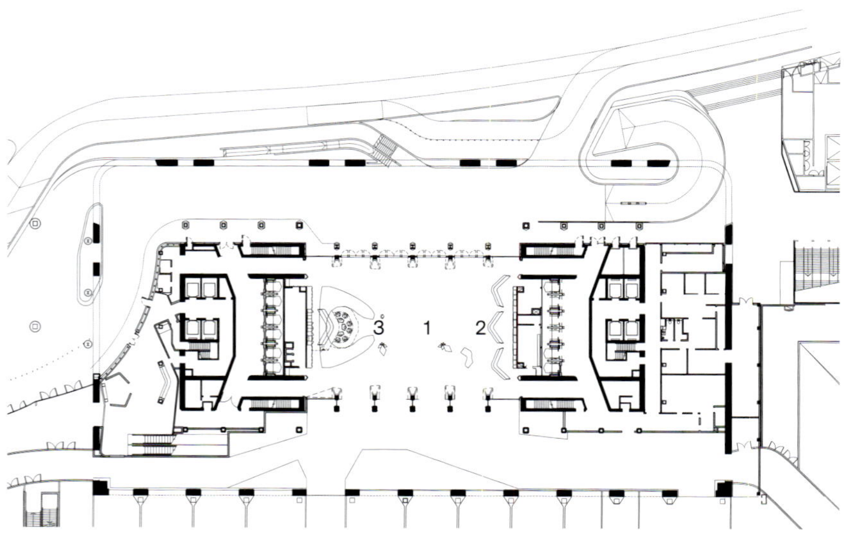

Ebene 0

Grundrisse
Maßstab 1:1250

1 Eingangshalle
2 Rezeption
3 Café
4 Hotelzimmer
5 Luftraum Atrium
6 Hauptrestaurant

Konstruktiv besteht das Hotel aus zwei gegenüberliegenden Stahlbetonkernen, die in den unteren und oberen Geschossen miteinander verbunden sind, sowie aus dem mit Aluminiumpaneelen bekleideten Exoskelett. Dank dieser Konstruktionsweise kann im Bereich der rund um die Kerne angeordneten Hotelzimmer weitgehend auf tragende Wände und Stützen verzichtet werden.

Das zentrale Atrium über der Eingangshalle erstreckt sich zwischen den beiden Kernen fast über die gesamte Höhe des Hotels (Abb. E). Für die Gäste erlebbar wird dieser Raum vor allem durch die Fahrt mit einem der zwölf gläsernen Aufzüge. Sie ermöglichen sowohl Einblicke in die amorphen Übergänge zwischen den Hohlräumen als auch eine spektakuläre Aussicht auf das Gebäude und die Stadt.

Roland Pawlitschko

Text Wolf Mangelsdorf und Tim Kelly, Buro Happold Engineering, London (GB)

A

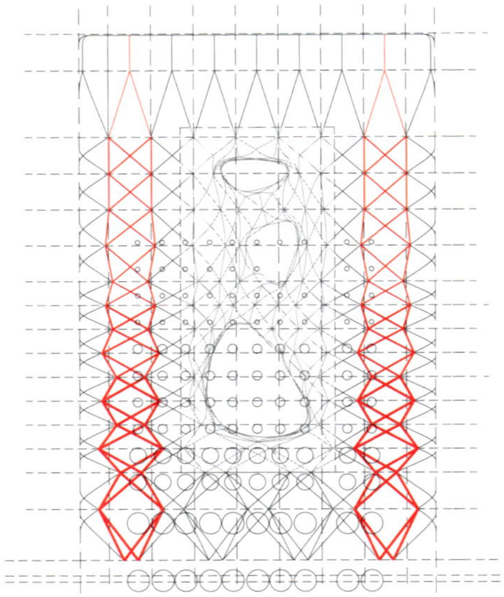

B

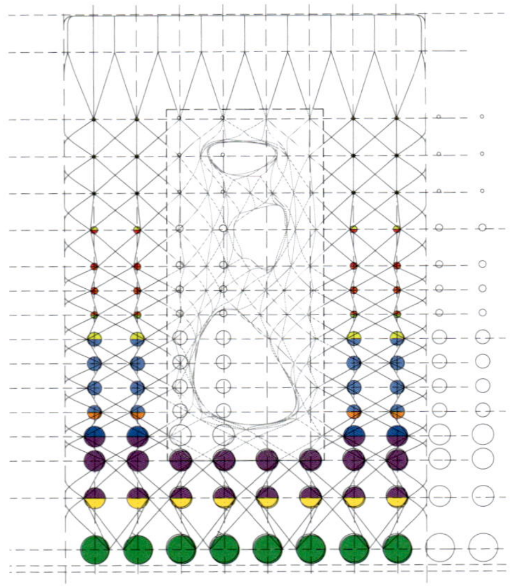

C

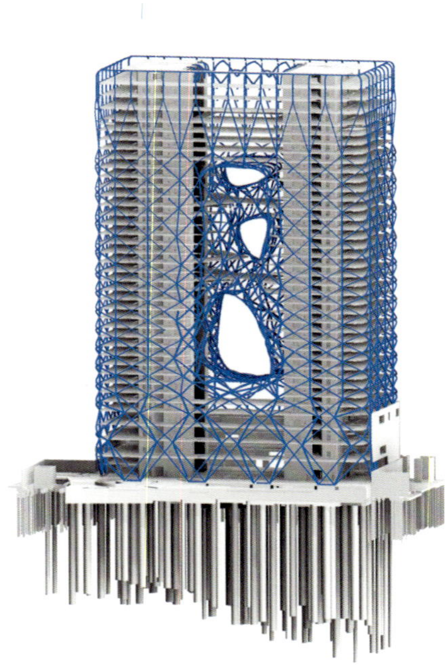

D

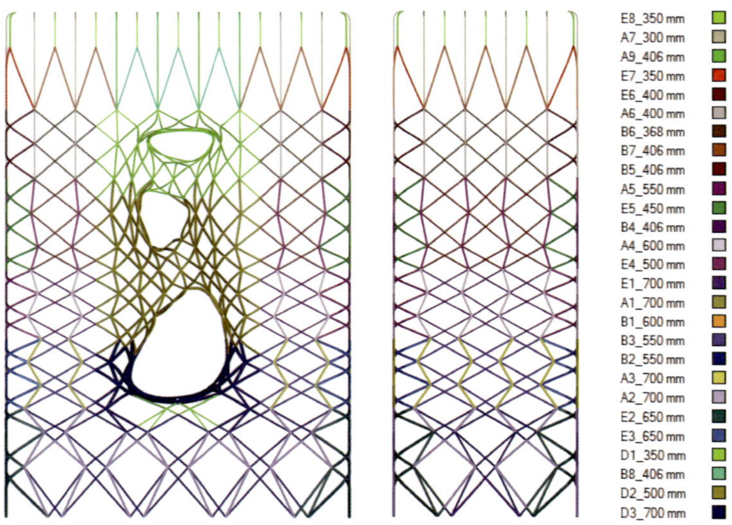

E

A
Diagramm zur Abtragung der vertikalen Lasten

B
Übersicht der verschiedenen „Familien" von Exoskelett-Knoten

C
Exoskelett mit Deckenplatten, Kernen und Bohrpfählen

D
Übersicht der Dimensionierung von Exoskelett-Bauteilen

E
Blick aus der Eingangshalle nach oben ins Atrium

DAS AUSSEN LIEGENDE TRAGWERK

Die charakteristische Exoskelettstruktur, die zusammen mit den beiden Stahlbetonkernen das Haupttragsystem des Morpheus Hotels bildet, erfüllt eine wichtige Doppelfunktion: Sie beinhaltet die wichtigsten vertikalen und horizontalen Tragwerkselemente und definiert zugleich das architektonische Erscheinungsbild. Die Entwicklung dieser Struktur erfolgte in einer intensiven kreativen Zusammenarbeit zwischen Zaha Hadid Architects und den Fassadeningenieuren und Tragwerksplanern von Buro Happold.

Im Mittelpunkt des Konstruktionsprozesses standen insbesondere die Baubarkeit der Gebäudeform, die statische Leistungsfähigkeit des Tragwerks und Rationalisierungsmöglichkeiten im Bereich der Glasfassade. Zu berücksichtigen war auch der Wunsch der Architekten, das Exoskelett ohne horizontale Bauteile zu realisieren. Außerdem machte der Bauherr die Vorgabe, das Tragwerk von der Fassade abzurücken.

EINFACH GEKRÜMMTE STAHLBAUTEILE

Im Rahmen des Konstruktionsprozesses wurde eine geometrische Lösung entwickelt, die selbst im doppelt gekrümmten Mittelteil des Gebäudes mit lediglich einfach gekrümmten Tragwerkselementen auskommt. Dies vereinfachte nicht nur die Herstellung und Montage der Stahlbauteile, sondern auch die Detaillierung der Knoten, in denen die unterschiedlich geformten und gedrehten Träger zusammentreffen.

Das Exoskelett besteht aus eigens angefertigten quadratischen Hohlprofilen aus warmgewalztem Stahl, deren Abmessungen von 700 × 700 × 70 mm an der Basis (Festigkeitsklasse S460) bis hin zu 350 × 350 × 19 mm im oberen Gebäudeteil (Festigkeitsklasse S355) variieren. Hinzu kommen kurze Stahlhohlprofile, die die Fassade durchdringen, um das Exoskelett mit den Geschossdecken zu verbinden. Letztere wurden in Stahl-Beton-Verbundbauweise ausgeführt, bestehend aus warmgewalzten Doppel-T-Trägern, auf denen 190 mm hohe, auf Stahl-Trapezbleche gegossene Stahlbetonplatten aufliegen. Diese Träger sind in den Achsen der Trennwände angeordnet, um in den Hotelzimmern eine maximale lichte Raumhöhe zu erhalten.

Das Deckentragwerk der beiden Restaurants in den Ebenen 21 und 30 im Mittelteil des Gebäudes setzt sich jeweils aus einer Reihe von Fachwerkträgern zusammen, die den 36 m breiten Raum zwischen den beiden Stahlbetonkernen überspannen. Eine ganz ähnliche Konstruktion kam auch in der 39. Ebene des Morpheus Hotels zum Einsatz, die zusammen mit dem Exoskelett den Swimmingpool und die Hotelsuiten über dem oberen Hohlraum im Mittelteil trägt.

BAUABLAUF

In Teilbereichen des Grundstücks befanden sich Fundamentierungen von einem früher an dieser Stelle geplanten Gebäude. Die bestehenden Pfähle mit einem Durchmesser von 2,4 m, die bis zu 35 m unter Geländeniveau in eine Felsschicht eingebracht worden waren, sowie die ebenfalls vorhandenen 3 m dicken Pfahlkopfplatten mussten angepasst und um zusätzliche Pfähle mit einem Durchmesser von 2,8 m ergänzt werden.

Die Stahlbetonkerne wurden zeitlich vor dem Exoskelett unter Verwendung einer Kletterschalung hergestellt. Während der Atriumbereich und die beiden Seitenflügel des Hotels einfach von unten nach oben gebaut werden konnten, musste der Mittelteil einem präzise definierten und statisch berechneten Bauablauf folgen. Eine Besonderheit hierbei war ein temporärer Stützturm, der den gesamten Raum zwischen den Kernen füllte.

Parallel zum Exoskelett im Mittelteil des Gebäudes wurden die Fachwerkträger der Ebenen 21, 30 und 40 errichtet. Die Überprüfung des Bauablaufs erfolgte mit einer Serie von Berechnungsmodellen für 30 Bau-Zwischenphasen, anhand derer sich die Beanspruchungen innerhalb der Bauteile ermitteln und mit den nach Fertigstellung in den Tragwerksbauteilen und Bauteilverbindungen auftretenden Kräften vergleichen ließen.

NAHTLOSE DIGITALE PROZESSE

Der Entwurf und die Berechnung des Tragwerks erfolgten in projektspezifisch gemeinsam von Zaha Hadid Architects und Buro Happold entwickelten, computergestützten und nahtlos ineinander übergehenden Arbeitsprozessen. Zur Anwendung kamen Rhino / Grasshopper für die Formfindung, Robot / Midas für das Statikmodell sowie Revit für die Zeichnungserstellung. Mithilfe eines ebenfalls eigens generierten Berechnungsverfahrens wurden die einzelnen Exoskelett-Bauteile auf mehrere hundert Lastfälle, einschließlich Erdbeben- und Taifunbelastung, überprüft, bewertet und optimiert.

F

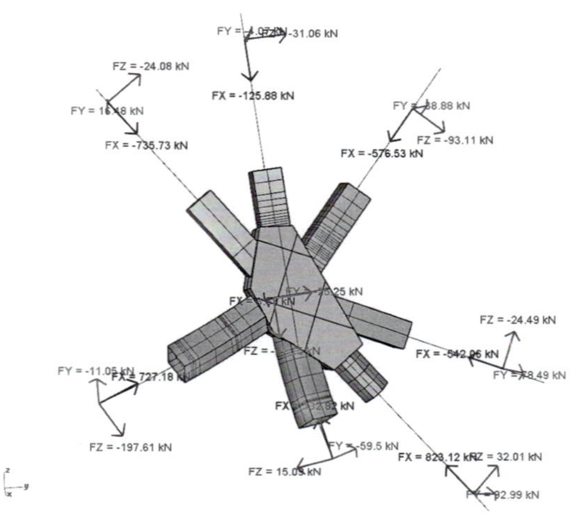

G

H

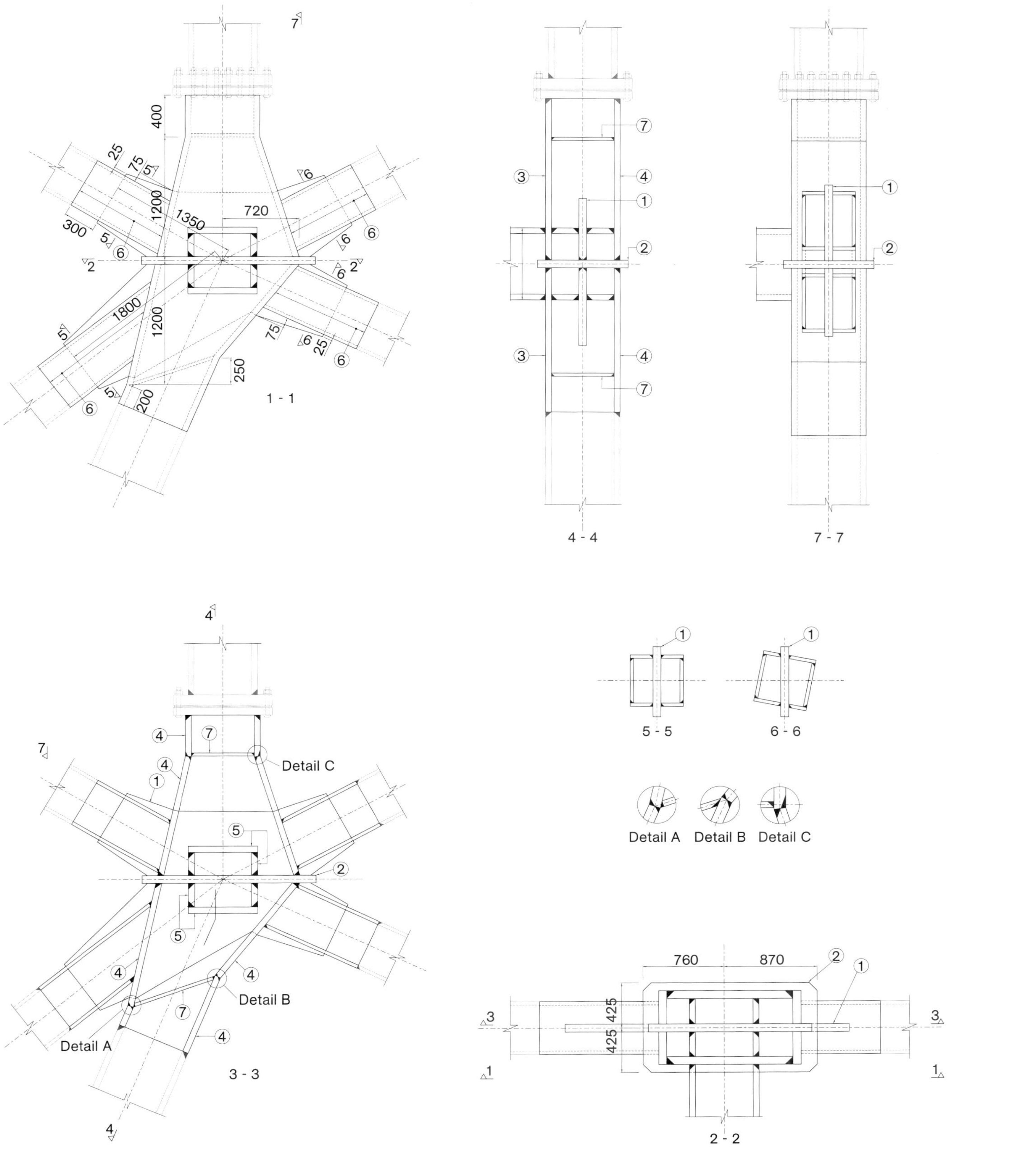

F
Kräfte, die in einem Knoten zusammentreffen

G
Herstellung eines Verbindungsknotens

H
Detailschnitte Exoskelett-Verbindungsknoten
Maßstab 1:50
Übersicht Plattenstärken (alle Platten Güteklasse Z35):

1 75 mm (S460)
2 75 mm (S460)
3 80 mm (S460)
4 80 mm (S460)
5 nach Anforderung
6 nach Anforderung
7 50 mm (S460)

Architekten Sauerbruch Hutton, Berlin (DE)

Tragwerksplaner schlaich bergermann partner, Stuttgart (DE)

Science Center Experimenta in Heilbronn

In einem ehemaligen Lagergebäude in der Innenstadt von Heilbronn befindet sich seit 2009 das Science Center Experimenta. Hier können Besucher jeder Altersgruppe Naturwissenschaften und Technik mit allen Sinnen erfahren. Aufgrund des großen Publikumserfolgs wurde 2013 ein Wettbewerb zur Erweiterung dieser „Wissens- und Erlebniswelt" ausgelobt. Der jetzt nach dem siegreichen Entwurf des Architekturbüros Sauerbruch Hutton realisierte Neubau mit rund 18000 m Fläche ist als räumliche Spirale konzipiert. Diese entwickelt sich rund um ein zentrales Atrium nach oben und inszeniert dabei vielfältige Raumfolgen und gezielte Ausblicke in die umgebende Stadt und die Weinberge.

Ausgangspunkt für Besucherrundgänge bildet ein kleiner Platz zwischen dem fünfeckigen Neubau und dem Bestandsgebäude. Nach Passieren des Foyers gelangen die Besucher über die „Raum-Spirale" in die geschossweise versetzt angeordneten Themenwelten und in die Studios (Abb. A, B). Letztere liegen als gläserner Korpus mittig im Atrium. Hier bietet sich die Gelegenheit, das in der Ausstellung Gesehene und Gelernte selbst auszuprobieren. Der spiralförmige Weg nach oben endet auf einer großen Dachterrasse, die einen Panorama-Ausblick über das Neckartal bietet und auf der sich eine Sternwarte mit

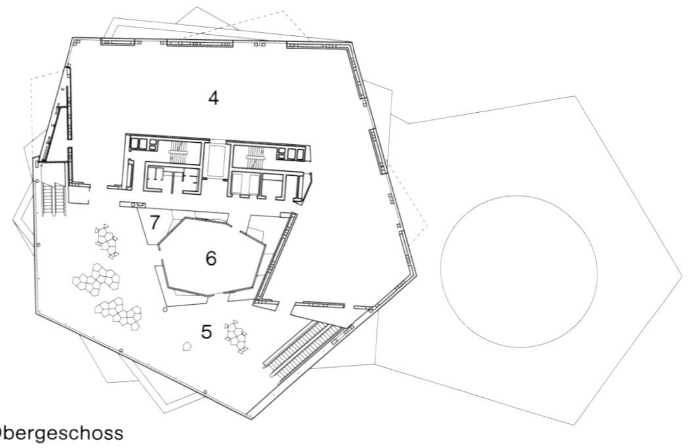

3. Obergeschoss

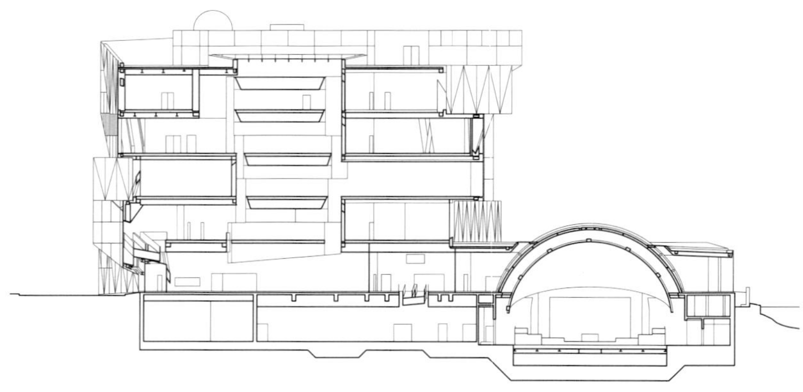
aa

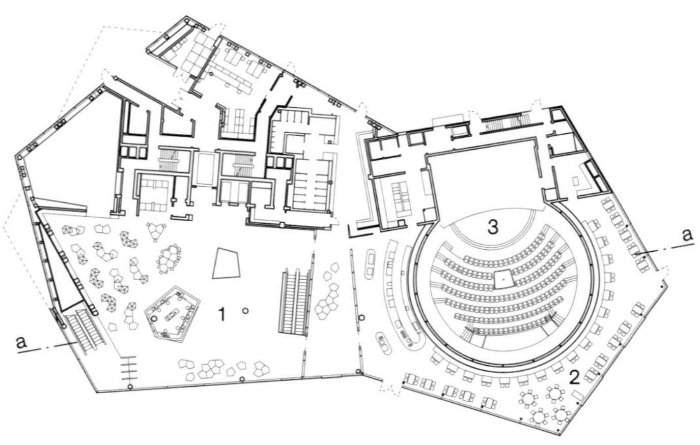

Erdgeschoss

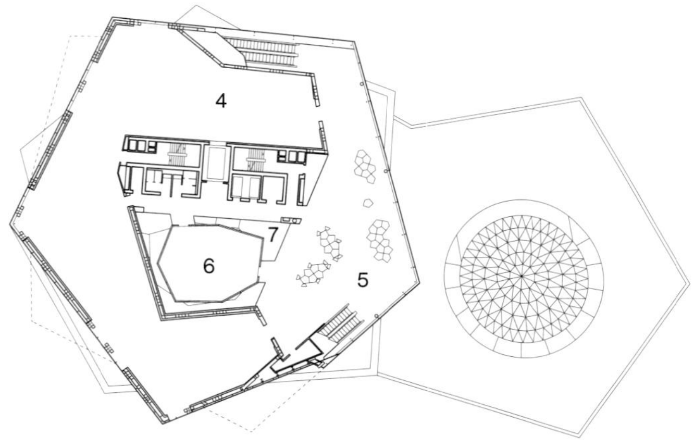

2. Obergeschoss

Grundrisse, Schnitt
Maßstab 1:1000

1 Eingangsfoyer
2 Restaurant
3 Science Dome
4 Themenwelt
5 „Raum-Spirale"
6 Studio
7 Luftraum

leistungsfähigen Teleskopen befindet. Im flachen Gebäudeteil des Neubaus befindet sich im Erdgeschoss das Restaurant sowie der zweigeschossige, vom Untergeschoss aus zugängliche Science Dome – eine Kombination aus Planetarium und Experimentalbühne mit einem drehbaren Auditorium für bis zu 150 Zuschauer.

Konstruktiv wird der fünfgeschossige Experimenta-Neubau von raumhohen Fachwerkträgern gegliedert, die geschossweise über Stahlbetondecken mit dem Stahlbetonkern verbunden sind. Die dadurch in sich steife Gesamtkonstruktion ermöglicht großzügige, stützenfreie Ausstellungsräume. In der Gebäudehülle lässt sich diese Konstruktion an den dreiecksförmigen Fassadenelementen mit bedruckten und opaken Glasflächen ablesen.

Das markante Gebäude aus locker gestapelten Volumen gilt schon heute als ein neues Wahrzeichen Heilbronns. Nach seiner Eröffnung pünktlich zum Beginn der Bundesgartenschau 2019 werden pro Jahr rund 250000 Besucher erwartet.

Roland Pawlitschko

Text Michael Werwigk, schlaich bergermann partner, Stuttgart (DE)

A

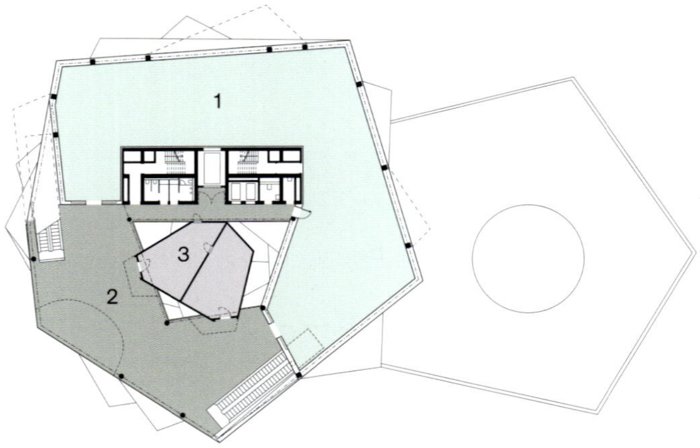

B

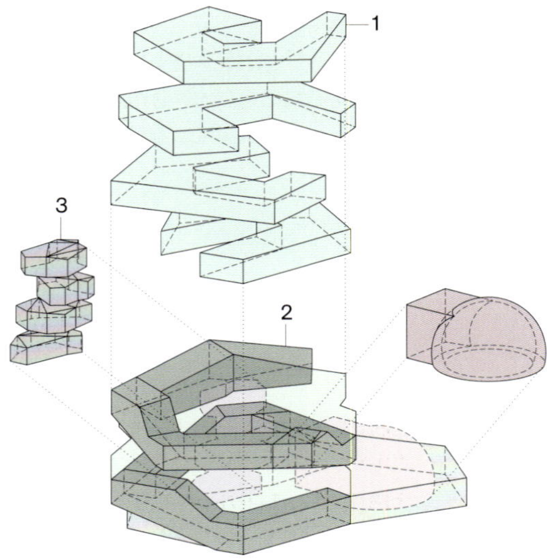

C

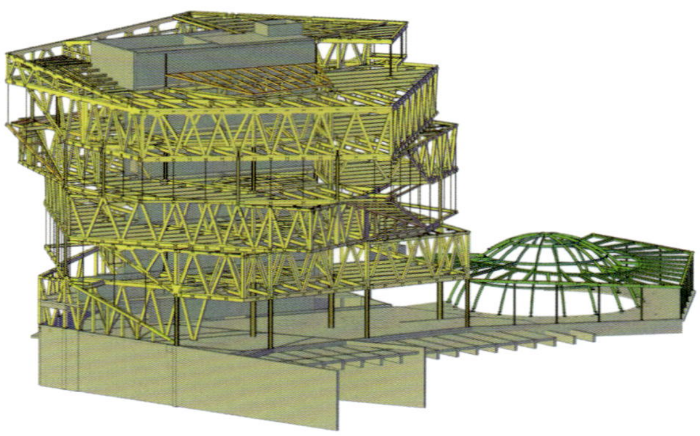

D

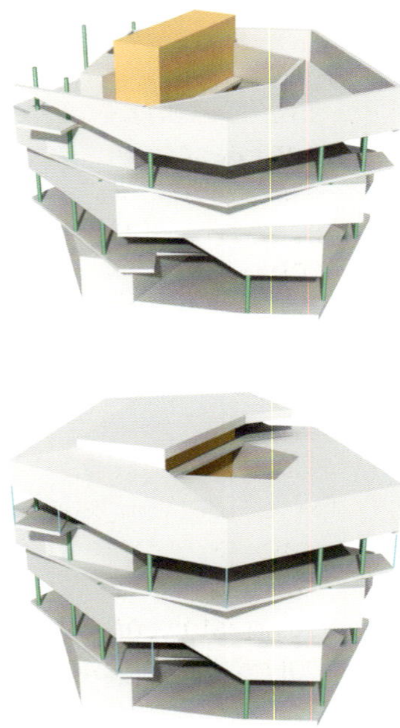

A, B
Entwurfskonzept
Ausstellungsbereiche

1 Themenwelt
2 „Raum-Spirale“
3 Studio

C
3D-Arbeitsmodell

D
Wand-, Stützen- und Deckenelemente

AUFGABENSTELLUNG

Die fünf Geschosse des geometrisch anspruchsvollen Bauwerks verfügen über ähnliche, pentagonale Grundrisse, die zueinander verdreht und übereinander gestapelt sind (Abb. A, B). Sie bestehen jeweils aus der eigentlichen Ausstellungsfläche, den „Themenwelten", und der als „Raum-Spirale" bezeichneten Erschließungs- und Erholungsfläche, die als Verbindung zwischen den Stockwerken dient. Für diese beiden funktionalen Hauptelemente, die sich um einen zentralen vertikalen Erschließungskern und Atriumbereich gliedern, galt es, ein funktionales und wirtschaftliches Tragsystem zu entwickeln.

TRAGWERKSKONZEPT

Wesentlich für den vertikalen Lastfluss ist, dass ein Großteil der Vertikallasten an den Schnittstellen übertragen wird, an denen sich die einzelnen Geschosse im Grundriss verschneiden. Die in diesem Verschneidungsbereich liegenden Hauptstützen wurden im Entwurf durch Optimierungsläufe so angeordnet, dass sie die Lasten über mehrere Stockwerke ohne Umwege durch das Gebäude führen (Abb. C). Als effiziente Tragelemente zwischen den Stahlverbund-Hauptstützen wurden geschosshohe Stahlfachwerke gewählt, da diese die Kräfte entlang ihrer freien Spannweite verformungsarm verziehen können und von einem steifen Verschneidungspunkt zum nächsten spannen.

Die Einteilung der Fachwerke ist somit von den Abständen der Hauptstützen und zusätzlich von der modular optimierten Einteilung der Fassadenelemente abhängig, an die sich die Diagonalen anpassen. Dadurch ergeben sich vielfältige Fachwerkgeometrien sowie unterschiedlich geneigte Diagonalen.

Im Zuge der Entwurfsoptimierungen wurde früh erkennbar, dass die Fachwerkwände der Themenwelten (Abb. D) ausreichend tragfähig und versteifend waren. Die darunter eingefügten „Raum-Spiralen" konnten daher (außer an den durchgängigen Hauptstützen) nahezu tragwerksfrei mit reinen Zugelementen abgehängt werden, was wiederum eine offene Fassadengestaltung mit großflächigen Glasscheiben zuließ. Dies ermöglichte die im Gebäudekonzept vorgesehenen Panorama-Ausblicke und wirkte sich auch positiv auf die Wirtschaftlichkeit und Montage des Stahltragwerks aus.

Verbunddecken mit Trägerabständen von 3 m und Spannweiten bis 15 m spannen vom Stahlbetonkern und von den inneren Fachwerken rund um den Atriumbereich hin zu den äußeren Wänden. Dadurch ermöglichen sie die geforderten stützenfreien Ausstellungsbereiche.

Der Gebäudekern bietet nicht nur Raum für die vertikale Erschließung und dient dem vertikalen Lastabtrag, sondern übernimmt auch die horizontale Aussteifung. Im Bereich der Erdgeschossdecke geht das Verbundtragwerk über in die wasserundurchlässige Stahl-/Spannbetonkonstruktion der unterirdischen Sonderausstellungsflächen und Technikräume. Lasten werden dort über die lokal verstärkte, elastisch gebettete Bodenplatte in den Baugrund eingeleitet.

Aufgrund der unmittelbaren Nähe zum Alt-Neckar-Ufer liegt das Untergeschoss komplett im Grundwasser. Es war daher vor allem in den über den oberirdischen Perimeter hinausragenden bzw. gering auflastenden Bereichen mit Zugankern gegen Auftrieb zu sichern.

E

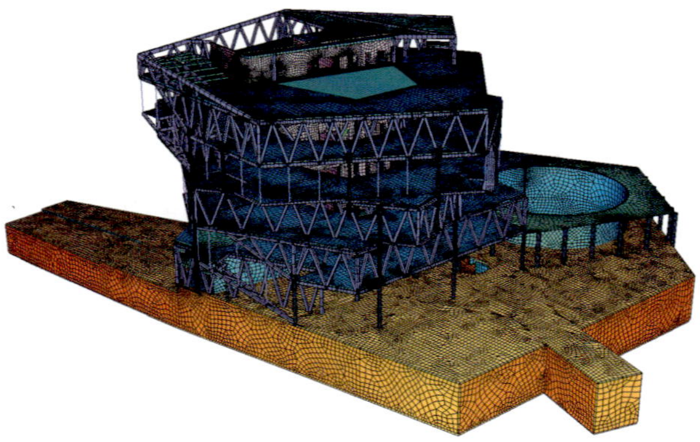

E
FE-Arbeitsmodell

F
Detailschnitte
Schraubanschluss
Gurte–Diagonalen
Maßstab 1:50

G
Detailschnitte
Anschluss Verbundträger
an Fachwerkgurt
Maßstab 1:50

PLANUNG UND BERECHNUNG

Aufgrund der geometrischen Komplexität erfolgte die Tragwerksentwicklung in einem 3D-Modell, das sich parametrisch modellieren, berechnen, materialisieren, optimieren und schließlich in eine BIM-Planung integrieren ließ. Alle Hauptgewerke wurden digital erfasst, für Entscheidungsfindungen visualisiert, auf Kollisionen geprüft, für den Herstellungsprozess dreidimensional aufbereitet und als zweidimensionale Planunterlagen abgeleitet.

Schon frühzeitig fiel die Entscheidung, das komplette Tragwerk – also den Ortbeton-Kellerkasten und das Stahlverbund-Bauwerk – aus dem 3D-Gesamtmodell in ein Finite-Elemente-Modell mit allen tragenden Bauteilen und Exzentrizitäten zu überführen (Abb. E). Ziel war es, mithilfe möglichst genauer Steifigkeitsverteilungen einerseits die globalen Standsicherheitsnachweise wie die Auftriebssicherung und die Gründung wirtschaftlich durchzuführen. Andererseits sollten so alle lokalen Stabelemente im Gesamtsystem bemessen werden.

Die in der Vorplanung noch vornehmlich geometrischen Optimierungsschleifen wurden in der Entwurfsplanung durch Grenzbetrachtungen des Tragverhaltens und der Wirtschaftlichkeit ersetzt. So waren weniger die Traglastgrenzen für die Festlegung der Querschnitte maßgebend als vielmehr das Verformungsverhalten der großflächigen Glasfassaden und die Modularisierung bestimmter Stabgruppen mit einheitlichen Blechstärken.

Neben den statischen Berechnungen und Nachweisen am Gesamtmodell konnte aufgrund der sehr genauen und umfassenden Modellierung des gesamten Tragwerks auch das dynamische Verhalten analysiert und ausgewertet werden. Mithilfe von Eigenfrequenzermittlungen und aktivierten Massen war es möglich, die vorhandene Steifigkeit zu beurteilen. Zugleich ließ sich dadurch ausschließen, dass das Gebäude durch innere oder äußere Lasten angeregt werden kann. Dies war nicht zuletzt deshalb wichtig, weil auf dem Dach eine Sternwarte mit schwingungsempfindlichem Teleskop installiert werden sollte.

F

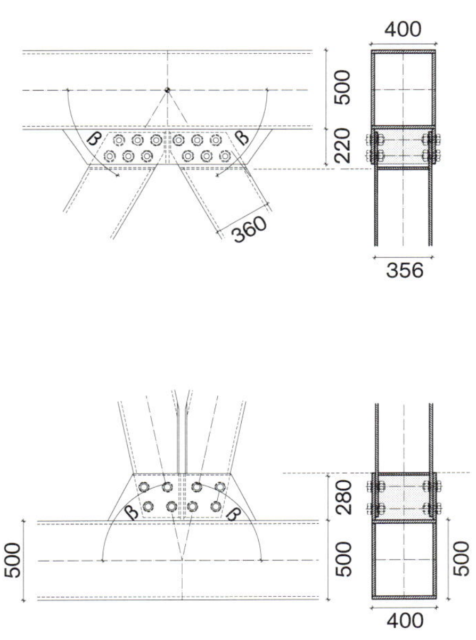

G

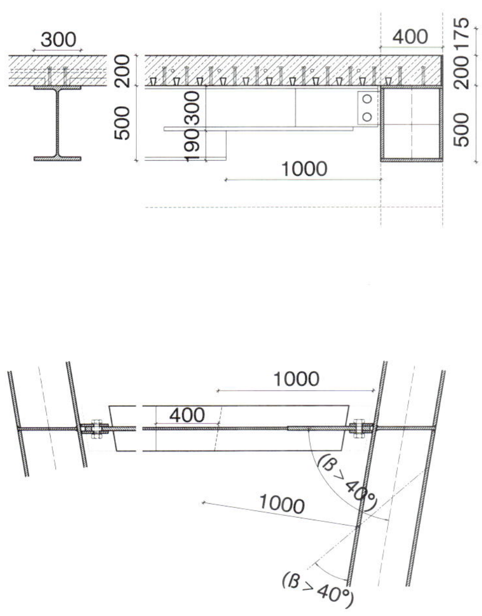

H

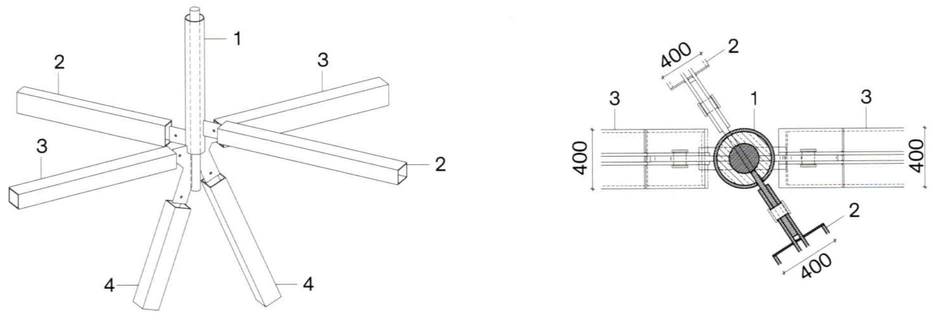

J

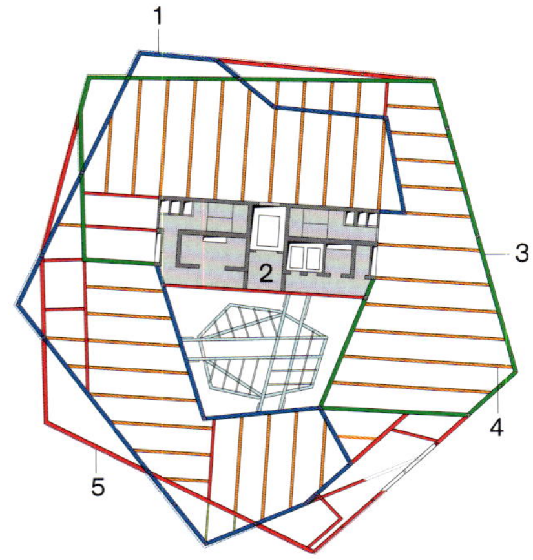

I

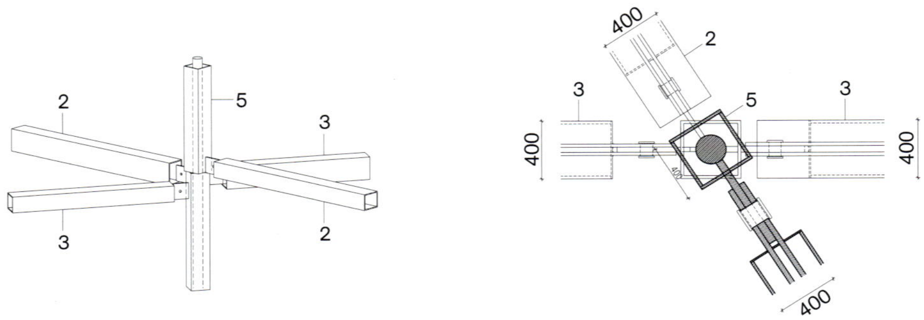

K

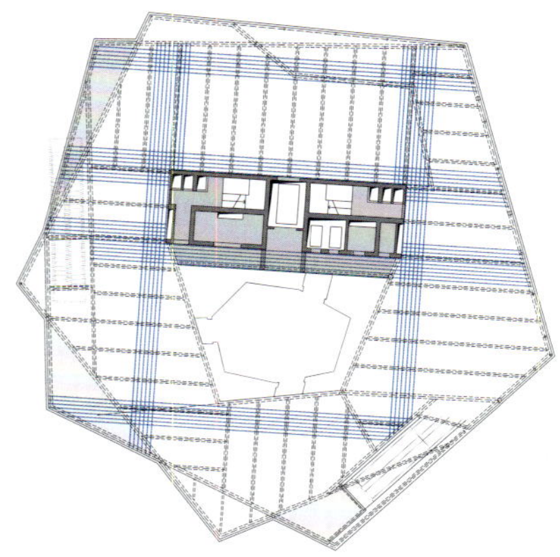

L

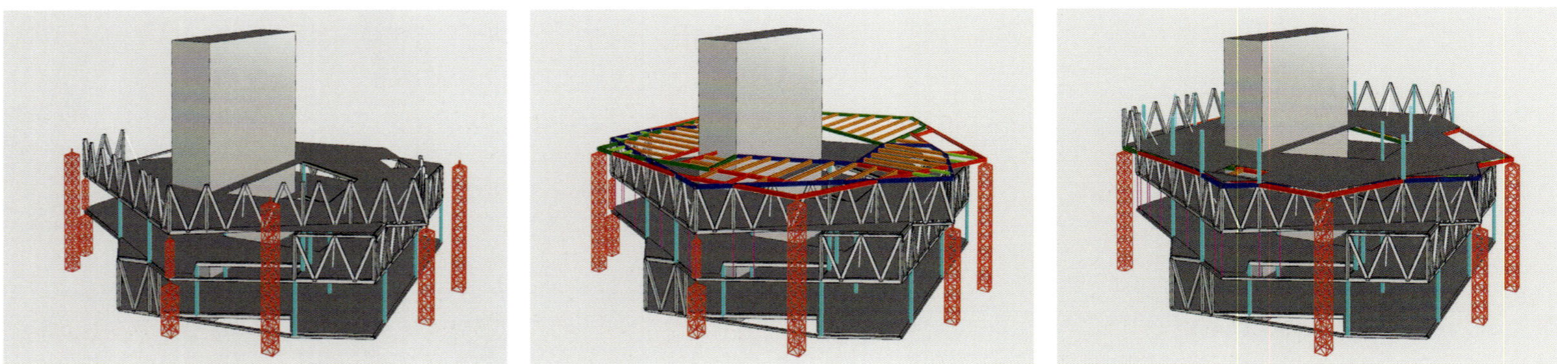

H
Fachwerkknoten Decke über 2. OG, mit Achsversprung und Diagonalen
Axonometrie
Schnitt Maßstab 1:50

I
Fachwerkknoten Decke über 1. OG, mit Achsversprung (ohne Diagonalen dargestellt)
Axonometrie
Schnitt Maßstab 1:50

1 Stahlverbundstütze
2 Untergurt
3 Obergurt
4 Diagonale
5 Fachwerkstütze

J
Ausrichtung Verbundträger

K
Ausrichtung Bewehrung

1 Obergurt
2 Stahlbetonkern
3 Untergurt
4 Verbundträger
5 Randträger

L
Montagesequenzen

KONSTRUKTION UND DETAILS

Bei der Entwicklung der Knoten- und Verbindungsdetails waren sowohl die komplexen geometrischen Verschneidungen und Versprünge als auch eine möglichst einfache, kalkulierbare Montage zu berücksichtigen.

Werkseitige Vorfertigungen kompletter Fachwerkwände schieden aufgrund der nicht transportierbaren Bauhöhe aus. Also wurde durch die Detaillierung von Anschlüssen eine Baukastensystematik entwickelt, bei der Gurte, Stützen, Diagonalen und Träger vorgefertigt und zügig mit hoher Passgenauigkeit und Toleranzausgleich, aber zwängungsfrei zusammengesetzt werden konnten.

Prinzipiell waren alle Lasten der horizontalen Flächen in den Randgurten linienförmig zu sammeln und in vertikale Stäbe, die tragenden Innenkerne der Hauptstützen, zu überführen. Dieses Knotendetail (Abb. H, I) ist in vielfacher Last-, Geometrie- und Querschnittsvariation zur Ausführung gekommen und dahingehend in 28 verschiedenen Leitdetail-Gruppen kategorisiert worden.

Die Anschlüsse der vielen V-Fachwerk-Diagonalstäbe an die Gurte wurden mit biegesteifen Schraubverbindungen (Abb. F), die der Gurte an die Stützen mit gelenkigen Laschen-/Bolzenverbindungen umgesetzt. Nur in wenigen Sonderfällen mussten hochbelastete Diagonalen, die steil geneigt an Stützen anzuschließen waren, in den Verschneidungsbereichen auf der Baustelle angeschweißt werden.

Die auskragenden Wandträger basieren auf der Bauhöhe der Ober- und Untergurte der Fachwerkbinder. Bedingt durch die entsprechenden Aufbauhöhen der Außenecken mit Wärmedämmung und Abdichtung bei gleichbleibenden Decken- und Bodenkanten mussten die Gurte der auskragenden Fachwerkwände mit wesentlich geringerer Trägerhöhe ausgeführt werden und entsprechend verspringen können. Hierfür wurde ein 900 mm starkes Deckenpaket gewählt, in dem die Gurte als Hohlkästen mit Abmessungen von 400 × 500 × 20 mm eingebettet sind. Die Deckenkonstruktion ist mit 490 bis 500 mm hohen Stahlträgern und der 200 mm starken Stahlbetondeckenplatte insgesamt rund 700 mm stark. Die mit Kammerbeton oder Brandschutzverkleidung ausgeführten Stahlträger erfüllen F90-Anforderungen. Die Decken wurden massiv als Ortbetonplatte auf verlorener Verbundblechschalung hergestellt und mit Bauteilaktivierung versehen.

Da alle Horizontalkräfte über die Scheibentragwirkung der Decke in den aussteifenden Kern einzuleiten waren, verlaufen Bewehrung und Verbundträger sinnvollerweise orthogonal zum Kern (Abb. J, K).

MONTAGE

Der zentrale Stahlbetonkern wurde durch eine Kletterschalung vorgezogen. Für die Anschlüsse der Deckenträger kamen eingelegte Einbauteile zum Einsatz. Die Betondecken sind über Schraubmuffen und Rückbiegeanschlüsse montiert.

Die geschosshohe Stahlverbundkonstruktion ließ sich mit Einzelbauteilen auf der Baustelle wie folgt zusammensetzen (Abb. L): Erst wurden die Diagonalen, dann die Gurte und Randträger errichtet, um die Deckenträger einhängen und Holorib-Bleche auflegen zu können. Auf das Einlegen der Bewehrungslagen und Kühlschlaufen folgte das Betonieren der Deckenplatte. Um unabhängig und durchgängig den Stahlbau montieren und gleichzeitig die Betonarbeiten ausführen zu können, wurden die Decken halbseitig alternierend hergestellt. Für die seitliche und vertikale Stabilisierung der Fachwerke waren im Bauzustand Abstrebungen und Unterrüstungen erforderlich, die mit wachsendem Baufortschritt und Erlangung des Kraftschlusses entfernt werden konnten. Toleranzen bei der Montage wurden durch spezielle Futterplattenstöße und Aufreiben von Bohrlöchern korrigiert, sodass die global geforderte Genauigkeit von ± 20 mm im Sinne eines präzise gefügten Gebäudes überall eingehalten wurde.

Architekten ALA Architects, Helsinki (FI) Tragwerksplaner Ramboll Finland, Espoo (FI)

Zentral-bibliothek Oodi in Helsinki

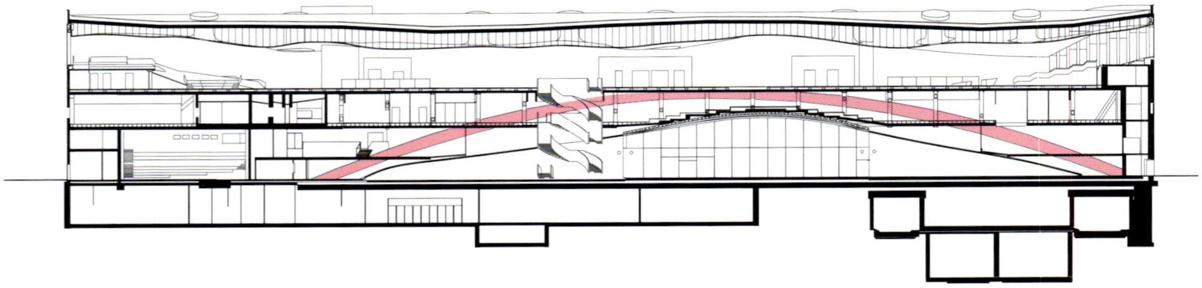

aa

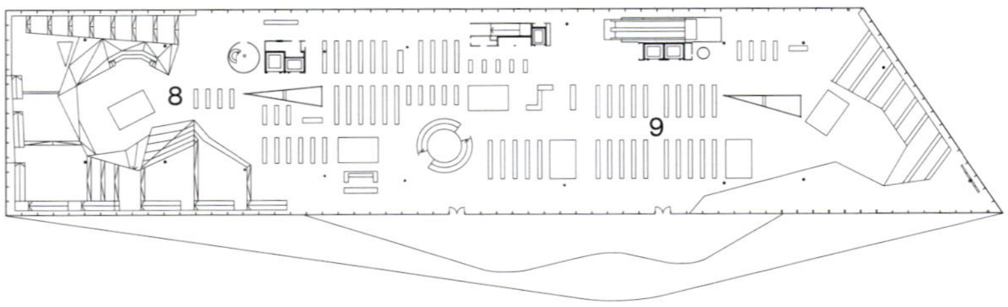

2. Obergeschoss

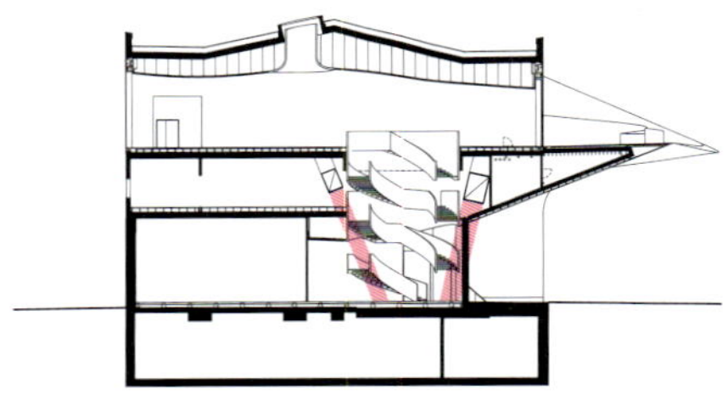

bb

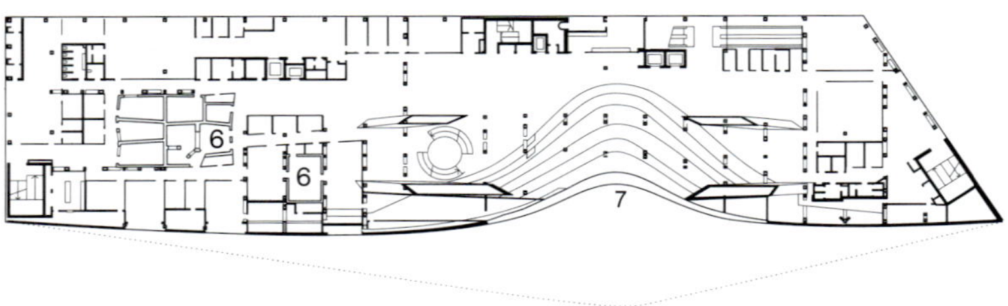

1. Obergeschoss

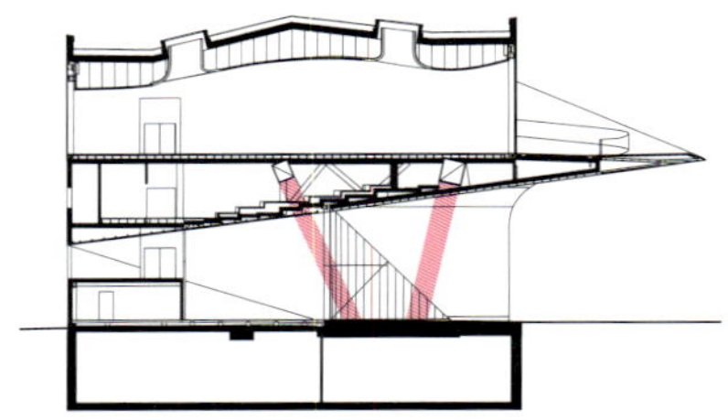

cc

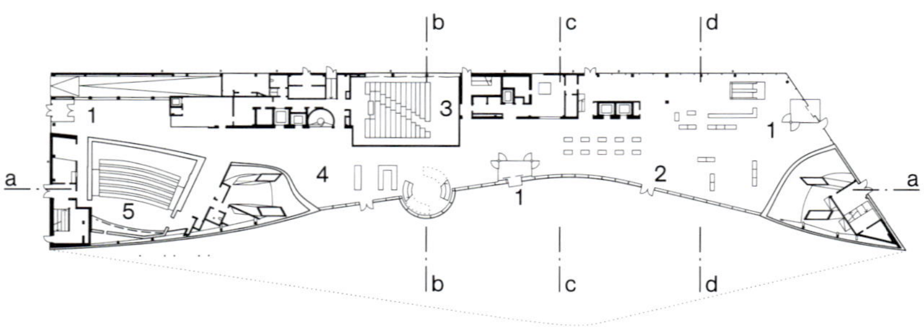

Erdgeschoss

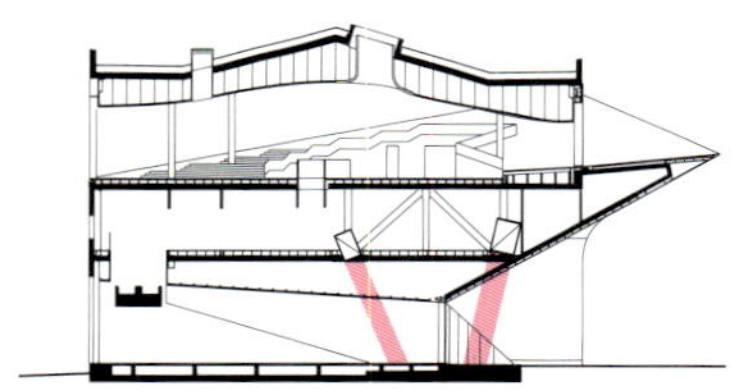

dd

Lageplan
Maßstab 1:10 000
Schnitte
Maßstab 1:1000
Grundrisse
Maßstab 1:1500

1 Eingang
2 Foyer
3 Mehrzweckssaal
4 Restaurant
5 Kino
6 Gruppenräume / Studios
7 Sitzstufen
8 Kinder- / Familienbereich
9 Bibliothek

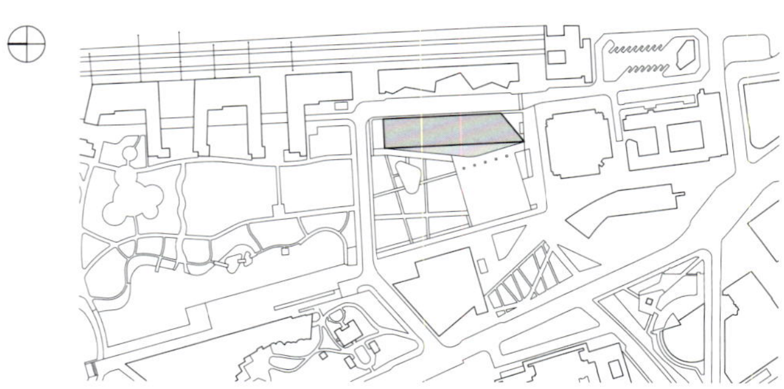

Helsinkis neue Zentralbibliothek liegt im Herzen der Stadt zwischen dem Parlamentsgebäude, der Töölö-Bucht und dem Hauptbahnhof. Die gerade Rückseite des Baukörpers folgt den unweit dahinter verlaufenden Bahngleisen, die skulpturale Front öffnet sich zum Kansalaistori-Platz. Ein verglastes Dachgeschoss mit wellenförmig bewegter Attika bildet den oberen Abschluss des Volumens.

Zum Platz hin ist die Fassade aus Fichtenbrettern so in sich verdreht, dass ein geschwungener, nach innen gestülpter Vorbereich entsteht. Die bis fast in die Horizontale gekippte Holzfläche wird auf der Innenseite der geschwungenen Glasfassade zur Decke des Foyers. Ein Restaurant, ein Kino und ein Mehrzwecksaal sorgen hier für zusätzlichen Publikumsverkehr. Über eine in die Glasfassade eingestellte doppelläufige Wendeltreppe oder über Rolltreppen im rückwärtigen Bereich gelangt der Besucher in die oberen Geschosse. Im Gegensatz zum stützenfreien Foyer wird die gesamte Ebene darüber von Konstruktionselementen geprägt. Hier sind Nutzungen angeordnet, die eher kleinteilige, abgeschlossene Räume erfordern. Ein geschwungener, getreppter Sitzbereich wird zwanglos von den holzverkleideten Profilen des Tragwerks überlagert und bildet die geschwungene Fassade nach innen ab.

Im geradlinig geschnittenen Dachgeschoss liegt der Lesesaal, ein weiter, beidseitig verglaster Raum unter einem organisch geschwungenen weißen „Himmel“. Runde Oberlichter gehen weich in die Deckenfläche über und tragen zum ruhigen, heiteren Charakter dieses vom geschäftigen Treiben der Stadt entrückten Raumes bei. Auf der Westseite des Lesesaals erlaubt ein weit auskragender Balkon den Blick auf die Stadt und erzeugt darunter einen witterungsgeschützten Veranstaltungsbereich auf dem Platz.

Burkhard Franke

Text Simon de Neumann, Ramboll Finland, Espoo (FI)

A

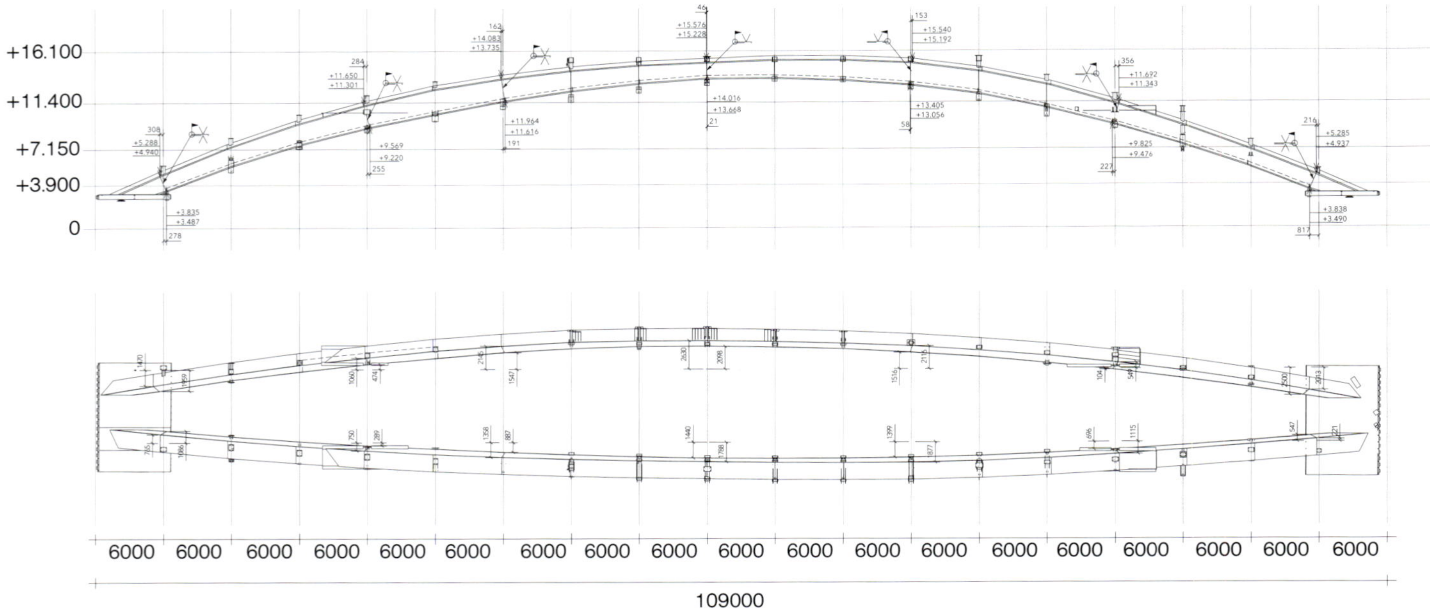

B

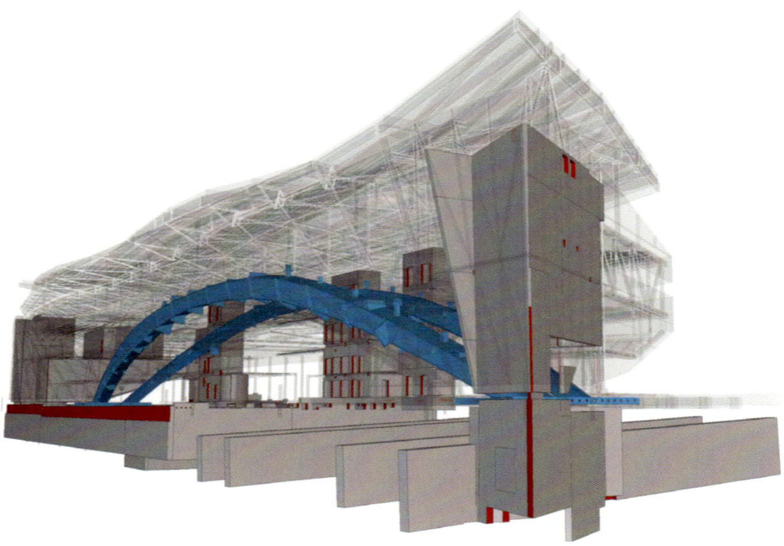

C

A
Ansicht, Aufsicht Bögen
Maßstab 1:666

B
Die zwei Bögen im Kontext der Gesamtstruktur: Der vordere Bogen ist 1,6 m breit, die Höhe variiert zwischen 1,6 und 2,4 m. Der hintere Bogen hat einen Querschnitt von 1,2 m Breite und eine Höhe zwischen 1,4 m und 1,8 m.

C
geschweißte Auflagerkästen an den Bogenenden mit Halterungen für die Spannkabel

D
Je fünf Fachwerk-Stahltürme stützen die Bögen während der Montage.

TRAGWERK FÜR EINE KOMPLEXE FORM

Der Neubau der Bibliothek Oodi ist das Ergebnis eines internationalen Wettbewerbs, den ALA Architects im Jahr 2013 für sich entscheiden konnten. Wesentliche Kennzeichen des Entwurfs sind die offene, stützenfreie Lobby mit einer geschwungenen Decke und der nach Westen weit auskragende Balkon. Da zukünftig direkt unter dem Gebäude ein Tunnel gebaut werden soll, hat die Gesamtstruktur den Charakter einer Brücke.

Die Vorgaben für die 2014 mit der Tragwerksplanung beauftragten Ingenieure von Ramboll erwiesen sich als komplex: Das für das Tragwerk zur Verfügung stehende Volumen war durch die architektonisch definierten raumbegrenzenden Flächen knapp bemessen. So beträgt die statische Höhe für die Brückenkonstruktion am Scheitelpunkt über dem Foyer kaum 2 m, die Fläche für ihre Auflager ist auf zwei relativ kleine Bereiche im Erdgeschoss begrenzt. Lasten aus den Obergeschossen mussten über mehr als zwei Drittel der Gebäudetiefe abgefangen werden. Zusätzlich bedeutet der Balkon, der bis zu 14 m vor die Westfassade auskragt, einen deutlich asymmetrischen Lasteintrag. Als Antwort auf diese Anforderungen wurde ein System aus zwei nach außen geneigten Bögen mit einer Spannweite von 109 m entwickelt (Abb. B).

Die Neigung des vorderen Bogens von 12,5° nimmt einen Teil der Auskragung des Balkons vorweg, die des hinteren Bogens von 22,5° minimiert die hier auftretenden Deckenspannweiten. Dazwischen bleibt ausreichend Raum für die das Foyer prägende abgehängte Wendeltreppe. Das Längsprofil der Bögen weicht etwas von der Ideallinie ab, ihr Querschnitt resultiert aus den eingeleiteten Kräften und Momenten. So variiert die Höhe der Hohlkastenprofile über ihre Länge; der stärker belastete vordere Bogen ist breiter (Abb. A). Um die beträchtlichen Horizontalkräfte aufzunehmen, sind die Bogenauflager durch 17 in die Bodenplatte eingelegte Spannkabel verbunden, die für insgesamt 115 MN Zugkraft ausgelegt sind. Bögen und Kabel enden in aus Stahlplatten geschweißten Auflagerkästen, die die Vertikalkräfte in die Fundamente leiten (Abb. C).

D

BALANCIERTES SYSTEM

Das asymmetrische System aus zwei geneigten Bögen nimmt alle vertikalen Lasten auf, hat aber die Tendenz zu kippen. Aus diesem Grund sind die Bögen im Abstand von 6 m durch 4,50 m hohe Fachwerkträger verbunden. Ihre Gurte tragen die Decken der beiden Obergeschosse. Diese Decken schließen die Bögen über eingelegte Spannglieder an drei kubische Stahlbetonkerne im rückwärtigen Gebäudeteil sowie zwei weitere an den Gebäudeenden an. Außerhalb des vorderen Bogens setzen sich die Fachwerkbinder als auskragende Doppel-T-Träger fort und tragen den Balkon. Er ragt bis zu 14 m vor die Flucht der Westfassade und damit 17 m vor den Bogenscheitel. Gerade in diesem Bereich haben die Kragarme eine Auflagerhöhe von nur 2 m und leiten erhebliche Zug- und Druckkräfte in die Gurte der Fachwerkträger.

Die Stahlkonstruktion der unregelmäßig gewellten Dachfläche bildet ein unabhängiges Element, das mit Stützen auf die Bögen und Fachwerkträger aufgesetzt ist. Die Aussteifung erfolgt an den Enden und im rückwärtigen Bereich über Diagonalen. Da im Scheitelbereich des Bogens einige Stützen entfallen, schwankt die Spannweite der Dachträger zwischen 12 m und 24 m; ihre Höhe wurde entsprechend angepasst. Durch die Ausbildung als gelenkig angeschlossene Einfeldträger ist das Dachtragwerk relativ weich ausgebildet, um Zwängungen durch die Übertragung vertikaler Bewegungen der Bogenkonstruktion auf die Dachfläche zu vermeiden.

E

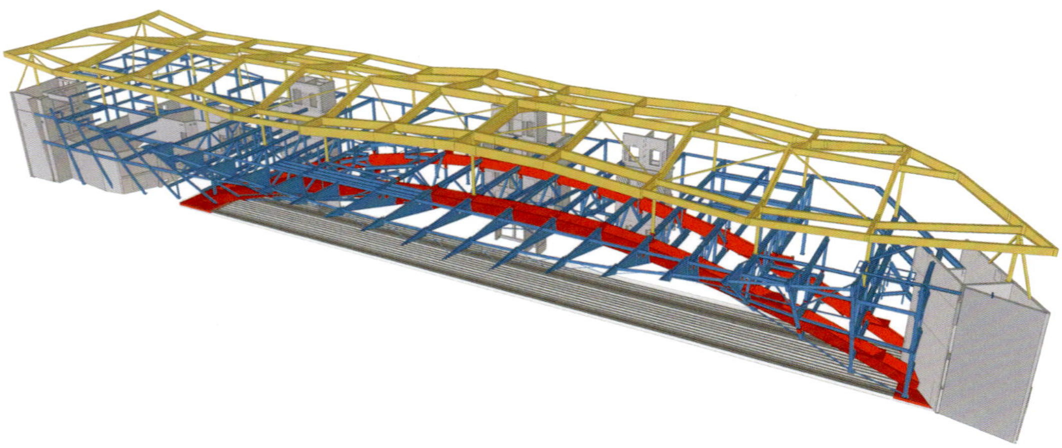

E
Gesamtstruktur aus Bögen mit Spannkabeln, Kernen, Fachwerkträgern, Kragarmen und Dachtragwerk

F
Fachwerkträger vor der Montage der Kragarme

G
statischer Prinzipschnitt

H
abgehängte Wendeltreppe

I
holzverkleidete Diagonalen der Fachwerkträger im 2. Obergeschoss

F

G

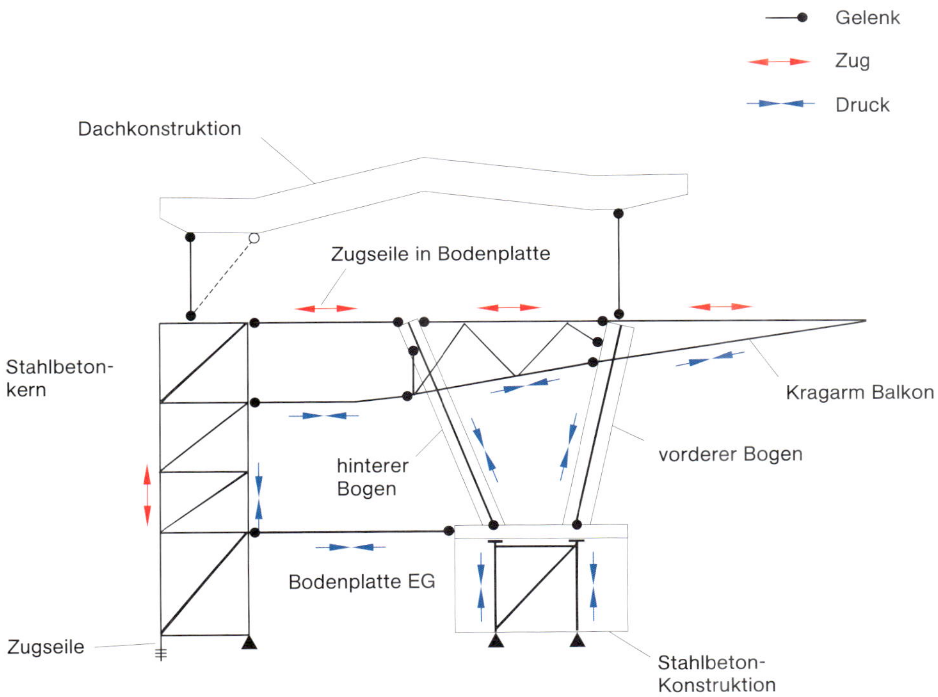
Gelenk
Zug
Druck
Dachkonstruktion
Zugseile in Bodenplatte
Stahlbeton-
kern
Kragarm Balkon
hinterer
Bogen
vorderer Bogen
Bodenplatte EG
Zugseile
Stahlbeton-
Konstruktion

H

I

BAUPROZESS

In Relation zur Gebäudegröße ist die Verformung der Bögen und Kragarme aus tragwerksplanerischer Sicht relativ hoch. So beträgt die vertikale Durchbiegung der Bögen unter Eigen- und Nutzlast bis zu 80 mm, die der Balkonvorderkante sogar bis zu 200 mm. Damit diese Bauteile im fertigen Zustand die vorgesehene Geometrie einhalten, wurden sie mit einer entsprechenden Überhöhung geplant und gefertigt.

Die Bögen sind aus je sechs Segmenten von 18 m Länge zusammengesetzt. Die Einzelteile wurden mit einem Schwerlastkran in Position gehoben und vor Ort verschweißt. Um die Stahlbauarbeiten schon vor Abschluss dieses zeitaufwendigen Prozesses fortsetzen zu können, wurden unter den fünf Stoßpunkten jedes Bogens temporäre Fachwerk-Stahltürme mit verstärkten Fundamenten errichtet.

J

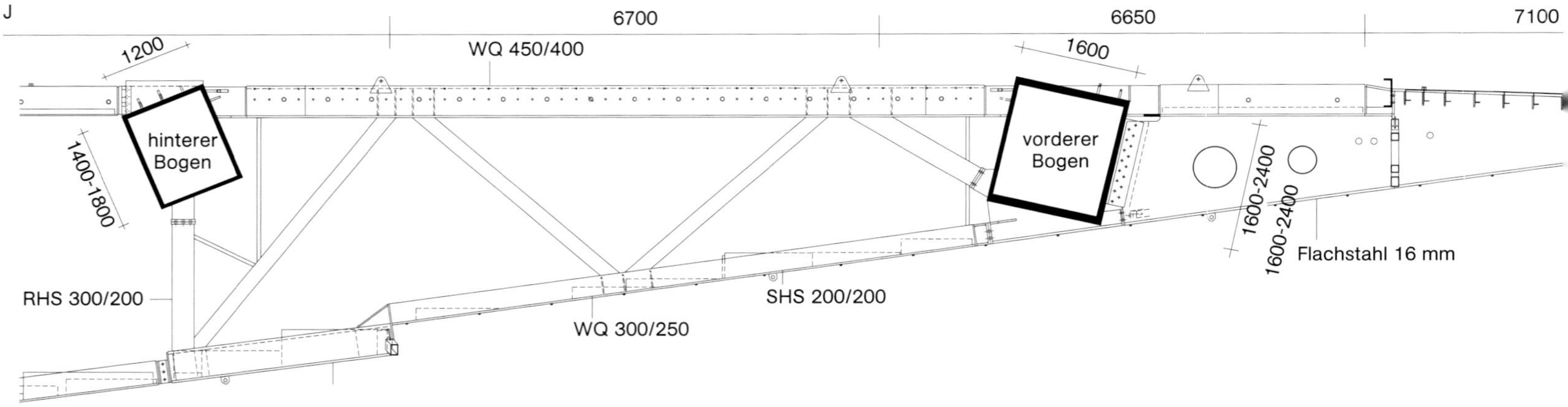

K

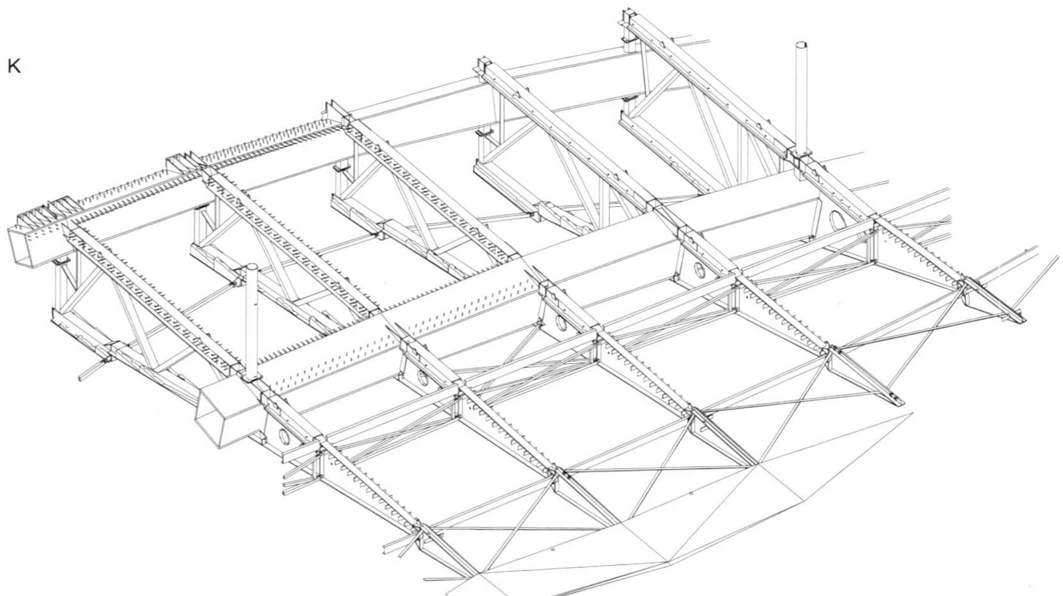

J
Schnitt Fachwerkträger und Kragarm
Maßstab 1:100

K
Axonometrie Bögen, Fachwerkträger und Kragarm

L
Kragarme während der Montage

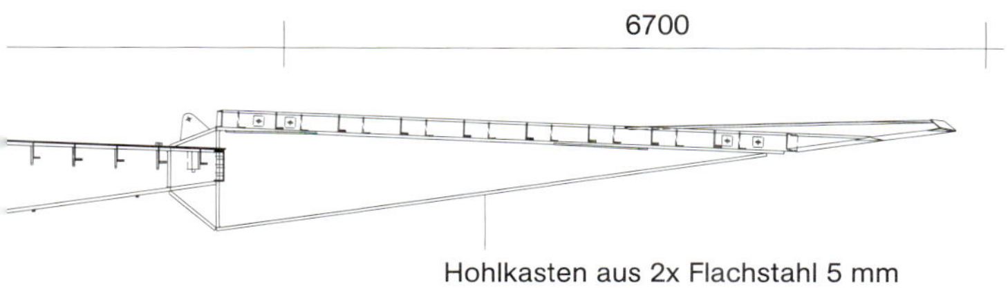

L

RISIKOMINIMIERUNG DURCH VEREINFACHUNG

Der gesamte Prozess der Tragwerksplanung war gekennzeichnet durch ein knappes Kosten- und Zeitbudget bei einer verbindlich vorgegebenen architektonischen Form. Die komplexe, in dieser Form noch nie zuvor realisierte Bogenkonstruktion stellte mit über 40% der insgesamt verbauten 2400 t Stahl nicht nur einen erheblichen Teil der Materialkosten dar, sondern auch eine Herausforderung für die lokalen Baufirmen – und damit einen Risikofaktor mit entsprechendem Kostenaufschlag. Die möglichst weitgehende Vereinfachung wurde somit zur entscheidenden Strategie bei der Planung und Herstellung der Bogenkonstruktion selbst, aber auch bei der Auswahl aller weiteren Komponenten der Gesamtstruktur. Dort kamen bewährte Bauteile und Methoden zum Einsatz, wie die orthogonalen Stahlbetonkerne im rückwärtigen Gebäudeteil oder das Deckentragsystem aus handelsüblichen WQ-Stahlträgern und Spannbeton-Hohldecken.

Die Bögen selbst verlaufen in einer geraden Ebene. Die Hohlkästen bestehen aus planen, 60 mm dicken S355-Stahlplatten; die Gurte des vorderen Bogens sind 100 mm dick. Die Tragkraft des Bogenprofils wird ausschließlich über die Größe und Dicke der Stahlplatten definiert, auf kostenintensive Aussteifungsbleche wurde weitgehend verzichtet. Der Einfachheit des Bogenprofils im Großen stehen die komplizierten einzelnen Anschlüsse der Fachwerkträger im Kleinen gegenüber. Ein digitales BIM-Planungsmodell vereinfachte die Planung dieser Knotenpunkte, von denen keiner dem anderen gleicht.

Architekten Behnisch Architekten, Stuttgart (DE) Tragwerksplaner Werner Sobek, Stuttgart (DE)

Bürogebäude Arena in Herzogen-aurach

Mit zwei ausdrucksstarken Solitären hat der Sportartikelhersteller Adidas die Bauarbeiten auf seinem Unternehmenscampus in Herzogenaurach vorerst abgeschlossen. 1999 hatte das Unternehmen erste Abteilungen in ein saniertes Kasernengebäude auf der ehemaligen US-Militärbasis verlegt. 20 Jahre und diverse Neubauten später ist nun auch das Mitarbeiterrestaurant „Halftime“ und das Bürogebäude „Arena“ fertiggestellt worden. Gemeinsam mit einem künstlich angelegten See bilden sie das neue Entree zum Areal und zugleich eine dezente Barriere zwischen internem und öffentlichem Bereich. Im Arena-Gebäude von Behnisch Architekten sind gut 2100 Arbeitsplätze entstanden; außerdem befinden sich hier der Besucherempfang und eine Cafeteria. Die Architekten beschreiben ihr Entwurfskonzept so: Eine Analyse der unternehmensinternen Abläufe hatte einen Idealgrundriss mit offenen, über drei Geschosse verteilten Büroflächen ergeben. Zugleich wünschte sich der Bauherr eine möglichst große Fernwirkung des Hauses. So entstand die Idee eines 143 × 118 m großen Kubus auf 67 schräg gestellten Stützen. Drei große und drei kleine Innenhöfe belichten die sehr tiefen Obergeschosse. Außen umgibt ein Brise Soleil aus hell beschichteten, teils gelochten Aluminiumblechen den Neubau. Jedes der rautenförmigen Elemente ist rund 8 m breit und 1,2 m hoch. Ihre Abmessungen variieren je nach Himmelsrichtung leicht und wurden mithilfe von Verschattungssimulationen festgelegt.

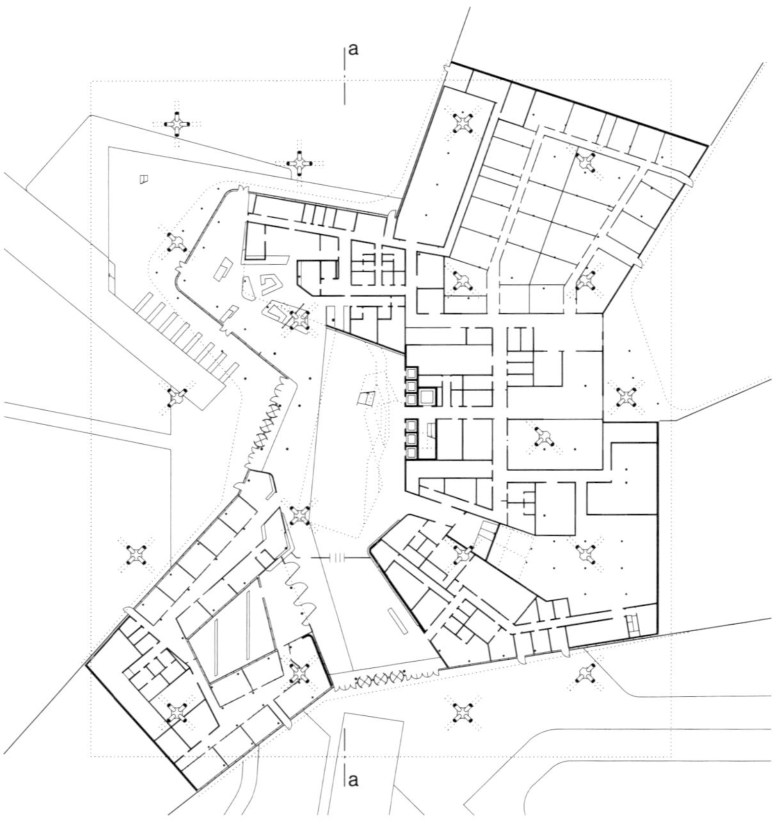

Erdgeschoss

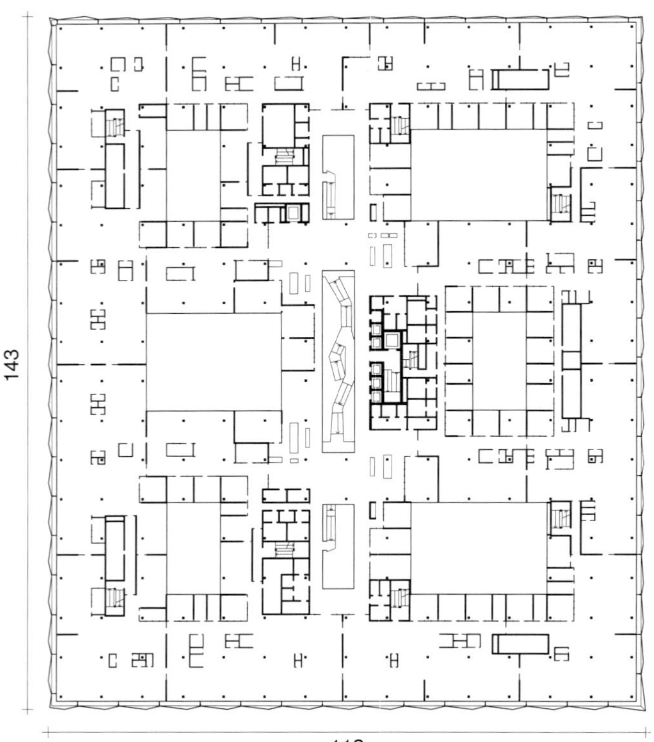

2. Obergeschoss

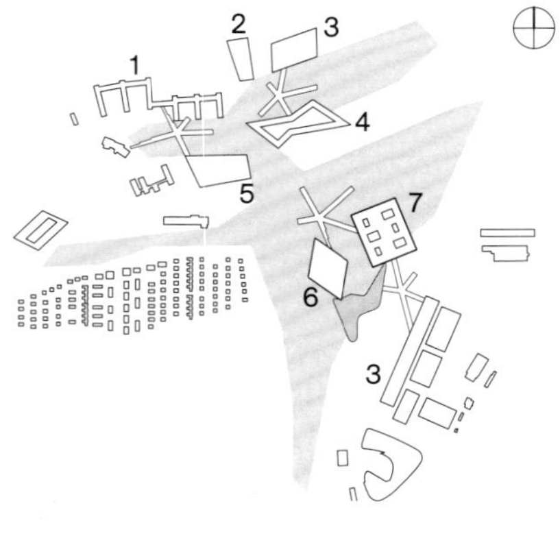

Lageplan Adidas-Campus
Maßstab 1:25 000
Grundrisse
Maßstab 1:1500

1 Bürogebäude „Spikes“ (ehem. Kasernengebäude)
2 Fitnesszentrum / Kita
3 Parkhaus
4 Bürogebäude „Laces“
5 Brand Center
6 Mitarbeiterrestaurant „Halftime“
7 Bürogebäude „Arena“

Unter den drei Büroebenen scheint die Campuslandschaft durchzulaufen. Das „Landschaftsgeschoss“, das den schwebenden Block von seinem Unterbau trennt, dient als Pausen- und Bewegungsfläche. Das darunterliegende Erdgeschoss mit Empfang, Präsentationsflächen und Cafeteria gleicht einem Betonhügel mit begrünten Böschungen, der eher Teil der Landschaft als des Gebäudes zu sein scheint. Die einzigen Verbindungen hinauf in die Büroebenen bilden zwei Erschließungskerne aus Beton und das alle Ebenen durchdringende Atrium, in dem eine skulpturale Stahltreppe vom Erdgeschoss ins erste Obergeschoss hinaufführt. Zwei kleinere Lufträume in Verlängerung des Atriums dienen der inneren Vertikalerschließung des Verwaltungsbereichs. Die Büroflächen zu beiden Seiten der Erschließungsmagistrale sind lediglich mit eingestellten Kuben in Frachtcontainer-Optik gegliedert, die kleinere Besprechungsräume und Telefonzellen enthalten. Im Zusammenspiel mit den unverkleideten, weiß lackierten Stahlträgern und -stützen sowie den offen belassenen Stahlverbunddecken verleihen sie den Bürozonen den Charakter von Werkshallen.

Jakob Schoof

Text Angelika Schmid und Roland Bechmann, Werner Sobek, Stuttgart (DE)
Norbert Sauerborn, Stahl + Verbundbau, Dreieich (DE)

A

A
Die drei Obergeschosse ruhen auf insgesamt 67 Stahlverbundstützen. Diese übernehmen auch den größten Teil der Horizontalaussteifung.

B
Gesamtschnitt
Maßstab 1:1000

C
schematische Darstellung des statischen Systems

SCHWEBENDER KUBUS UND GRÜNER HÜGEL

Dem Bild eines aufgeständerten Kubus über einem grünen Landschaftshügel, das die Architekten für den Neubau der Adidas-Arena entwarfen, entsprechen zwei auch konstruktiv weitgehend voneinander getrennte Teile. Das Erdgeschoss ist als Stahlbetonkonstruktion mit begehbaren und teils begrünten Dachflächen konzipiert. Der dreigeschossige Baukörper mit den Büroebenen wurde hingegen in Stahl-Hybridbauweise ausgeführt. Die Stahlverbundstützen, die ihn tragen, durchdringen die Decke des Erdgeschosses, sind mit dieser jedoch nicht kraftschlüssig verbunden.

FLEXIBLE SKELETTKONSTRUKTION

Das Tragwerk des Bürogebäudes sollte die Leichtigkeit der aufgeständerten Konstruktion sichtbar machen. Darüber hinaus wünschte sich der Bauherr in den Büroebenen offene Arbeitsbereiche ohne raumtrennende Elemente. Weitere Ziele waren die optimale Integration der haustechnischen Anlagen sowie die Minimierung des Stahlverbrauchs.

Um einen möglichst flexiblen Grundriss realisieren zu können, sind die Obergeschosse als Vierendeel-Konstruktion mit einem Stützenraster von 8,10 m ausgeführt. Die dreigeschossige Stahlstruktur ruht auf insgesamt 67 schräg gestellten Stützen und kragt außen um bis zu 11,5 m über die Stützenköpfe hinaus. Die Stützen tragen den größten Teil der vertikalen und horizontalen Lasten ab. Der zentrale Stahlbetonkern leistet dagegen nur einen geringen Beitrag zur Aussteifung des Gebäudes. Nur an einer Seite des Kerns sind die Geschossdecken horizontal angeschlossen; auf den anderen Seiten ist die Stahlkonstruktion lediglich vertikal aufgelagert. Insgesamt durchdringen neun vertikale Öffnungen die Vierendeel-Konstruktion. Sie dienen als Lichthöfe und teilweise auch als Raum für Verbindungstreppen. Die Öffnungen tragen wesentlich zur natürlichen Belichtung und vertikalen Durchlässigkeit der Büroebenen bei.

B

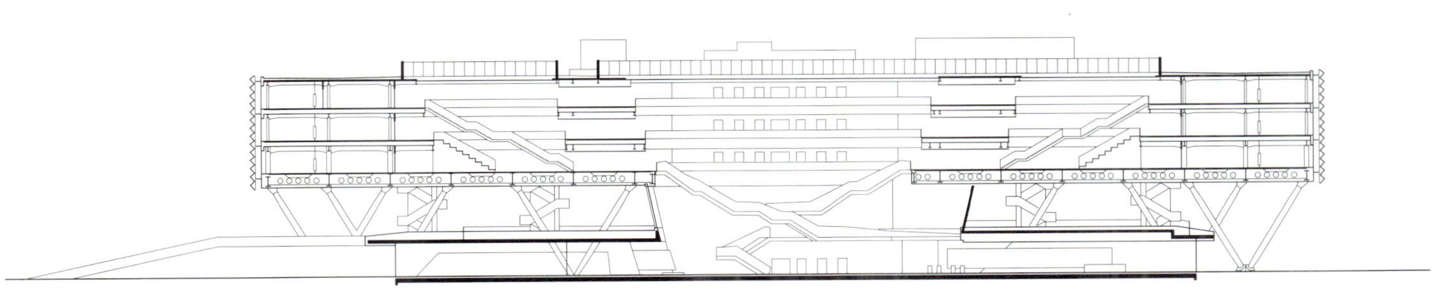

aa

C

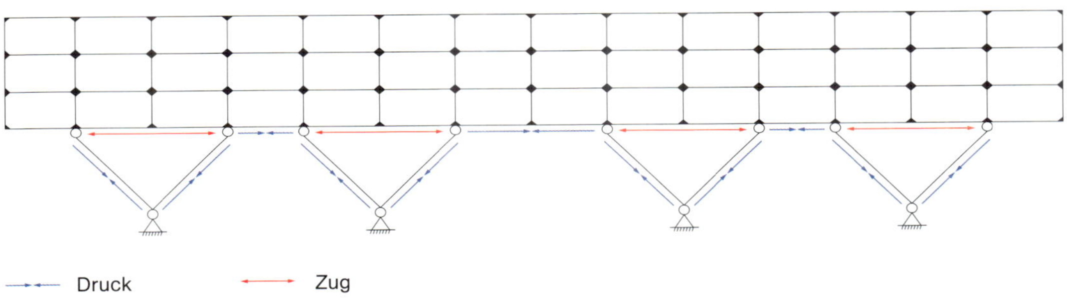

D

E

F

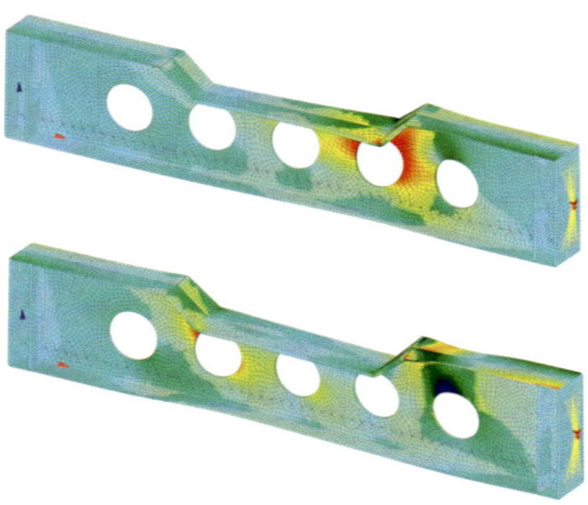

G

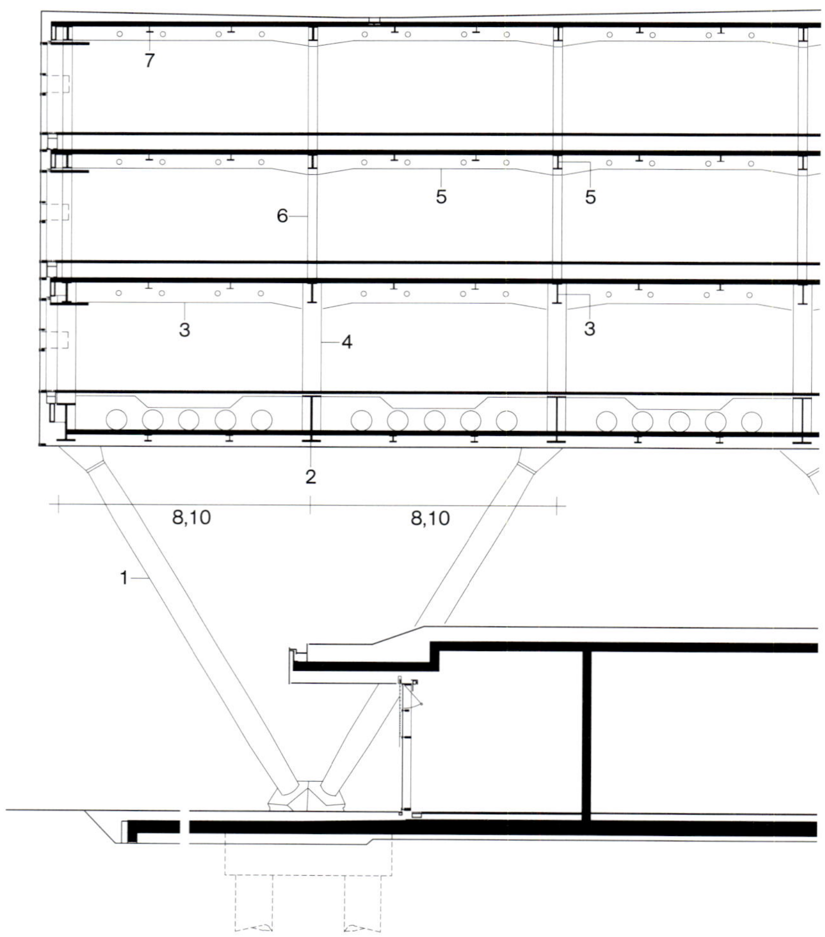

1 Rohrmantel-Verbundstütze Ø 813 mm, an den Enden verjüngt auf Ø 663 mm
2 Stahlträger ⌶ h = 1550 mm
3 Stahlträger HEA 700
4 Hohlkastenstütze Stahl ◻ 600/600 mm
5 Stahlträger HEA 500
6 Hohlkastenstütze Stahl ◻ 300/300 mm
7 Nebenträger HEA 220

MATERIALEFFIZIENZ ALS ENTWURFSZIEL

Um die erforderliche Stützenanzahl zu minimieren, untersuchten die Tragwerksplaner zahlreiche Varianten der Stahlkonstruktion mit unterschiedlichen Stützenstellungen und entsprechend angepassten Rastermaßen an einem Finite-Elemente-Gesamtmodell. Die entwurfsbestimmenden Parameter waren dabei die maximal zulässigen Verformungen entlang der Fassaden sowie der minimal erforderliche Stahlverbrauch für die Träger.

Die Haupttragebene des dreigeschossigen Kubus ist der Trägerrost der untersten Geschossdecke, der auch die Hauptinstallationsebene bildet. An den 1,55 m hohen, aus Blechen von 35 bis 70 mm Dicke hergestellten Hauptträgern ist die Geschossdecke im unteren Bereich angeschlossen, sodass die Träger die Decke um 1,19 m nach oben überragen (Abb. D, G). Runde Stegöffnungen von 700 mm Durchmesser sowie im mittleren Trägerbereich um 415 mm abgesenkte Obergurte ermöglichen die horizontale Führung und Verteilung der Installationsmedien.

In den oberen drei Geschossdecken besteht die Tragstruktur aus HEA-700- und HEA-500-Profilen, die zu den Kastenstützen mit 600 × 600 bzw. 300 × 300 mm Querschnitt aufgevoutet wurden. Zwischen den Hauptträgern liegen mit einem Abstand von 2,70 m je zwei einachsig gespannte Nebenträger. Diese stützen die 15 cm dicke Verbunddecke. In die Decken über den Obergeschossen ist eine engmaschige Verrohrung zur Bauteilaktivierung integriert.

Die Trägeranschlüsse sind so konzipiert, dass auf der Baustelle nur wenige Schweißarbeiten erforderlich waren. Die hohen Hauptträger wurden möglichst zweifeldrig ausgeliefert. Sie wiegen bis zu 44 t. Schon im Werk wurden die gevouteten Enden der Träger an die Stützen geschweißt. Bauseits hergestellte Kopfplattenstöße mit vorgespannten Schrauben stellten den montagefreundlichen biegesteifen Anschluss zwischen den einzelnen Trägerabschnitten her (Abb. D). Um einen Ausgleich der Längentoleranzen zu ermöglichen, wurden zwischen den Kopfplatten planmäßig Futterbleche angebracht.

BRANDSCHUTZ AUCH OHNE VERKLEIDUNG

Obwohl die Installationsebene und die Unterseiten der Geschossdecken mit einer Sprinklerung versehen sind, wurden die Stahlbauteile mit konstruktiven Maßnahmen für eine Feuerwiderstandsdauer R90 geschützt. Größtenteils kam dabei ein zweikomponentiges reaktives Brandschutzsystem mit Deckbeschichtung zum Einsatz, in den nicht sichtbaren Bereichen stellenweise auch eine Brandschutzbekleidung und ein Brandschutzspritzputz. An den Nebenträgern konnte auf eine Brandschutzbeschichtung verzichtet werden, da hier erstmals in Deutschland die sogenannte Cardington-Methode angewendet wurde. Dabei werden die Geschossdecken innerhalb der 8,10 × 8,10 m großen Deckenfelder als zugbeanspruchte Membran mit umlaufendem Druckring nachgewiesen. Die Hauptträger und die Deckenbewehrung waren so zu bemessen, dass sie im Brandfall eine ausreichende Tragsicherheit gewährleisten und bestimmte Durchbiegungsgrenzen nicht überschreiten.

D
Blick in die Hauptträgerebene unter dem 1. Obergeschoss. Die Stahlverbunddecken liegen auf Blechen auf, die an die Stege der Doppel-T-Träger angeschweißt sind.

E
In den Büroebenen liegt das Stahltragwerk größtenteils offen.

F
Für den Stabilitätsnachweis der gevouteten Träger verwendete das Planerteam vorverformte FE-Einzelmodelle. Um alle maßgebenden Zustände abzudecken, wurden für jeden der rund 30 Trägertypen mehrere Schnittgrößenkombinationen und Beulformen ausgewählt.

G
Schnitt Stahltragwerk (Ausschnitt)
Maßstab 1:250

H

I

J

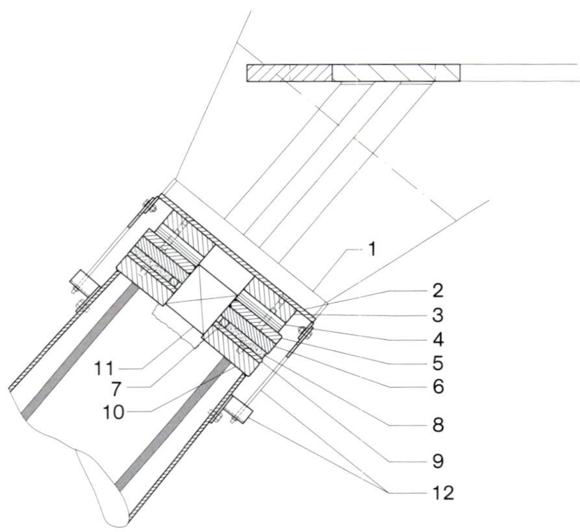

HOCH BELASTET: DIE VERBUNDSTÜTZEN

Die V-förmig angeordneten, rund 15 m langen Stützen des Überbaus bilden zehn Vierer- und neun Dreiergruppen, die jeweils am Fußpunkt konzentriert zusammenlaufen (Abb. C). Als Stützenfüße dienen vorgefertigte Stahlbetonfertigteile, die präzise auf den Bohrpfahlgruppen des Fundaments abgesetzt und im unteren Bereich in die 50 cm dicke Bodenplatte einbetoniert wurden. Hochfester Beton, 150 mm dicke Stahlplatten und eine sehr hohe, konzentrierte Bewehrung der Stützenfüße leiten die Vertikal- und Horizontalkräfte ins Fundament ein.

Am Stützenkopf sorgen dickwandige, geschweißte Stahlschwertkonstruktionen für die Lasteinleitung in die Kreuzungspunkte der Hauptträger (Abb. I, J). Um Maßtoleranzen und unterschiedliche Verformungen des Trägerrosts während der Bauphase auszugleichen, wurden die Stützen planmäßig um 50 mm zu kurz gefertigt und nach dem Einbau mithilfe von Futterblechen in der Länge kalibriert. Absetzringe kompensieren überdies mögliche Verdrehwinkel an den Auflagern. Die Ringe verformen sich unter Last und übertragen so lediglich Normalkräfte, aber keine Exzentrizitätsmomente aus den Bürogeschossen auf die Stützen.

IN BODENNÄHE VORMONTIERT

Die Stahlkonstruktion der Obergeschosse wurde überwiegend in Bodennähe auf rund 200 etwa 2 m hohen Hilfsstützen vormontiert und anschließend hydraulisch auf 12,5 m Höhe angehoben (Abb. H, L). Dieser Bauprozess bot angesichts der gegebenen Randbedingungen mehrere Vorteile gegenüber einer Montage in der endgültigen Höhe. Zum einen umfasst die unterste Trägerebene ein Drittel der Gesamtstahltonnage mit vielen Montageschweißnähten. Diese waren in Bodennähe effizienter auszuführen als in 12,5 m Höhe. Außerdem sollte die Stahlbetonbodenplatte im Erdgeschoss frühzeitig für weitere Massivbauarbeiten begehbar sein, ohne die Arbeiten auf den oberen Decken zu behindern. Und schließlich wäre für die Montage in 12,5 m Höhe ein großes Hilfsgerüst erforderlich gewesen, in dessen Inneres sich die Schrägstützen nahezu unmöglich hätten einbringen lassen.

Die Vormontage der Vierendeel-Konstruktion erfolgte in sechs Segmenten, die erst gegen Ende des Montageprozesses zu einem großen Ganzen verbunden wurden. Auf diese Weise konnten Schwindverformungen der Bodenplatte und Temperaturdehnungen der Stahlkonstruktion erst relativ spät auf ein geschlossenes, großflächiges Tragwerk wirken.

Die in Bodennähe vormontierte Konstruktion umfasste die Hauptträger der unteren beiden Geschossdecken, die dazwischenliegenden Kastenstützen sowie einen Teil der Stützen und Träger in den beiden oberen Geschossen. In der untersten der vier Geschossdecken wurde vor dem hydraulischen Hub außerdem das Verbundblech verlegt sowie die Decke bewehrt und betoniert.

H
Vormontage der Obergeschosse auf rund 2 m hohen Hilfsstützen

I
Montage einer Schrägstütze mit noch unverkleidetem Stützenkopf

J
Schnitt Stützenkopf
Maßstab 1:30
1 Fußplatte des Schwerts
2 Anschraubplatte
3 Distanzplatte
4 Futterbleche
5 Lastverteilplatte
6 Bedarfsfutter
7 Absetzring
8 Vergussfuge
9 Anschlagplatte
10 Kopfplatte der Stütze
11 Schubdollen
12 Montagehalterung (Fußpunkt: Konstruktion analog, aber ohne Futterbleche)

WIE HEBT MAN 12500 TONNEN?

Für den anschließenden Hub platzierte die Stahlbau-Arbeitsgemeinschaft im Bereich der Stützenfußpunkte auf der Bohrpfahlgründung insgesamt 76 Hubstützen mit hydraulischen Pressen (Abb. L). Sie hoben den zu diesem Zeitpunkt rund 12500 t schweren Überbau in Schritten von je 50 cm um insgesamt 10,5 m an. Nach 95 Stunden war schließlich die Endhöhe erreicht. Zur Aussteifung war die Vierendeel-Konstruktion während des Hubvorgangs an den zentralen Stahlbetonkern angebunden. Außerdem wurden zwei Hilfsfachwerktürme in den Lichthöfen errichtet und mehrere temporäre Vertikalverbände in die Konstruktion eingebracht. Die Hubstützen wurden mit diagonalen Stahllitzen zum Boden hin abgespannt und so gegen Kippen gesichert.

Nach dem Hub wurden die 67 bereits vorab ausbetonierten V-Stützen montiert. Anschließend wurden die hydraulischen Pressen kontrolliert abgelassen und damit das Konstruktionsgewicht auf die V-Stützen umgelastet. Erst nach dem Absenken begann der Bau des Erdgeschosses in Stahlbetonbauweise. Gleichzeitig wurde der Stahlbau der Obergeschosse komplettiert, die Verbundbleche verlegt und die übrigen drei Geschossdecken betoniert.

K

L

M

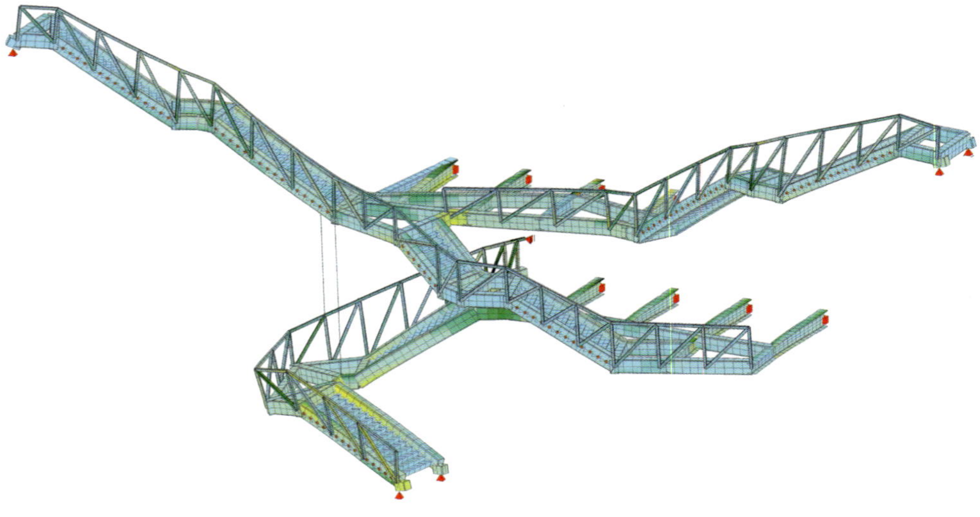

K
Die Stützenköpfe wurden bereits im Werk von unten an die Hauptträger angeschweißt.

L
76 hydraulische Pressen hoben den Oberbau binnen einer Woche um gut 10 m in die Höhe.

M
Verformungsanalyse der Foyertreppe am FE-Modell für eine Schwingungsfrequenz von 4,6 Hz (1. Eigenfrequenz)

DIE FOYERTREPPE ALS ZENTRALER TREFFPUNKT

Die zentrale Treppe im Foyer verbindet den halböffentlichen Eingangsbereich mit den Arbeitsbereichen in den Obergeschossen. Sie überbrückt rund 13,5 m Höhendifferenz und spannt von den zentralen Podesten je circa15 m zu den Austritten im ersten Obergeschoss. Um die Treppenkonstruktion stützenfrei realisieren zu können, erhielt sie zwei Zwischenpodeste, die vom zentralen Stahlbetonkern bis zu 4,6 m weit auskragen. Teile des Geländers sind überdies als mittragendes Stahlfachwerk konstruiert.

Ein besonderes Augenmerk bei der Planung galt der Schwingungsanfälligkeit der Treppenkonstruktion. Aufgrund der großen Spannweiten wäre eine Anregung durch Fußgänger prinzipiell möglich. Aus diesem Grund wurden detaillierte rechnerische Untersuchungen der Gebrauchstauglichkeit durchgeführt (Abb. M). Die erste Eigenfrequenz liegt den Simulationen zufolge bei 4,6 Hz. Laut der einschlägigen Literatur besteht bei dieser Frequenz keine Schwingungsanfälligkeit infolge von Fußgängerverkehr. Zur Sicherheit ist dennoch ein nachträglicher Einbau von Schwingungstilgern möglich. Erste Begehungen bestätigten jedoch, dass die Treppe auch durch eine größere Zahl von Personen nicht zu Schwingungen angeregt wird.

Sonderbauten

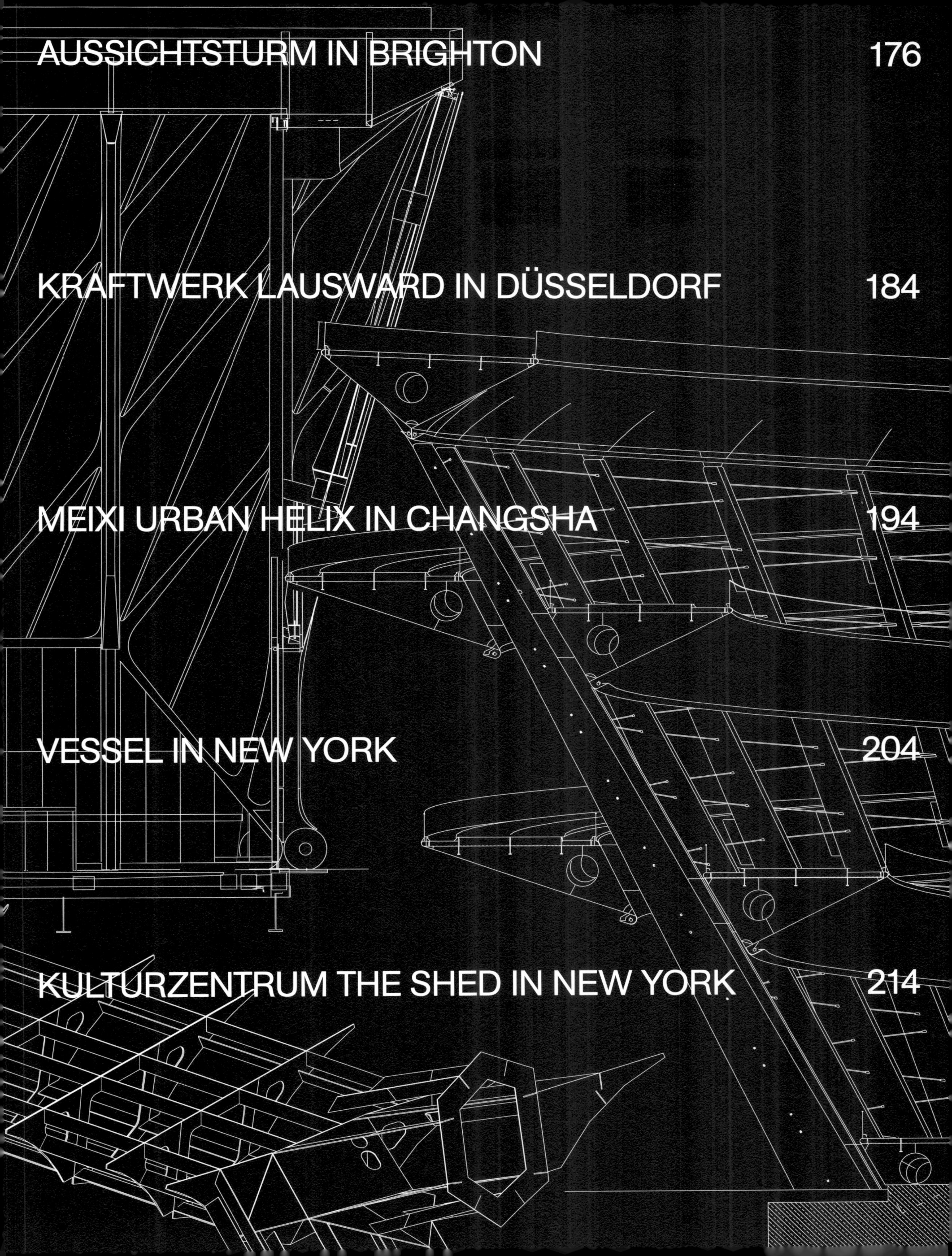

AUSSICHTSTURM IN BRIGHTON 176

KRAFTWERK LAUSWARD IN DÜSSELDORF 184

MEIXI URBAN HELIX IN CHANGSHA 194

VESSEL IN NEW YORK 204

KULTURZENTRUM THE SHED IN NEW YORK 214

Architekten Marks Barfield Architects, London (GB)   Tragwerksplaner Jacobs UK, Manchester (GB)

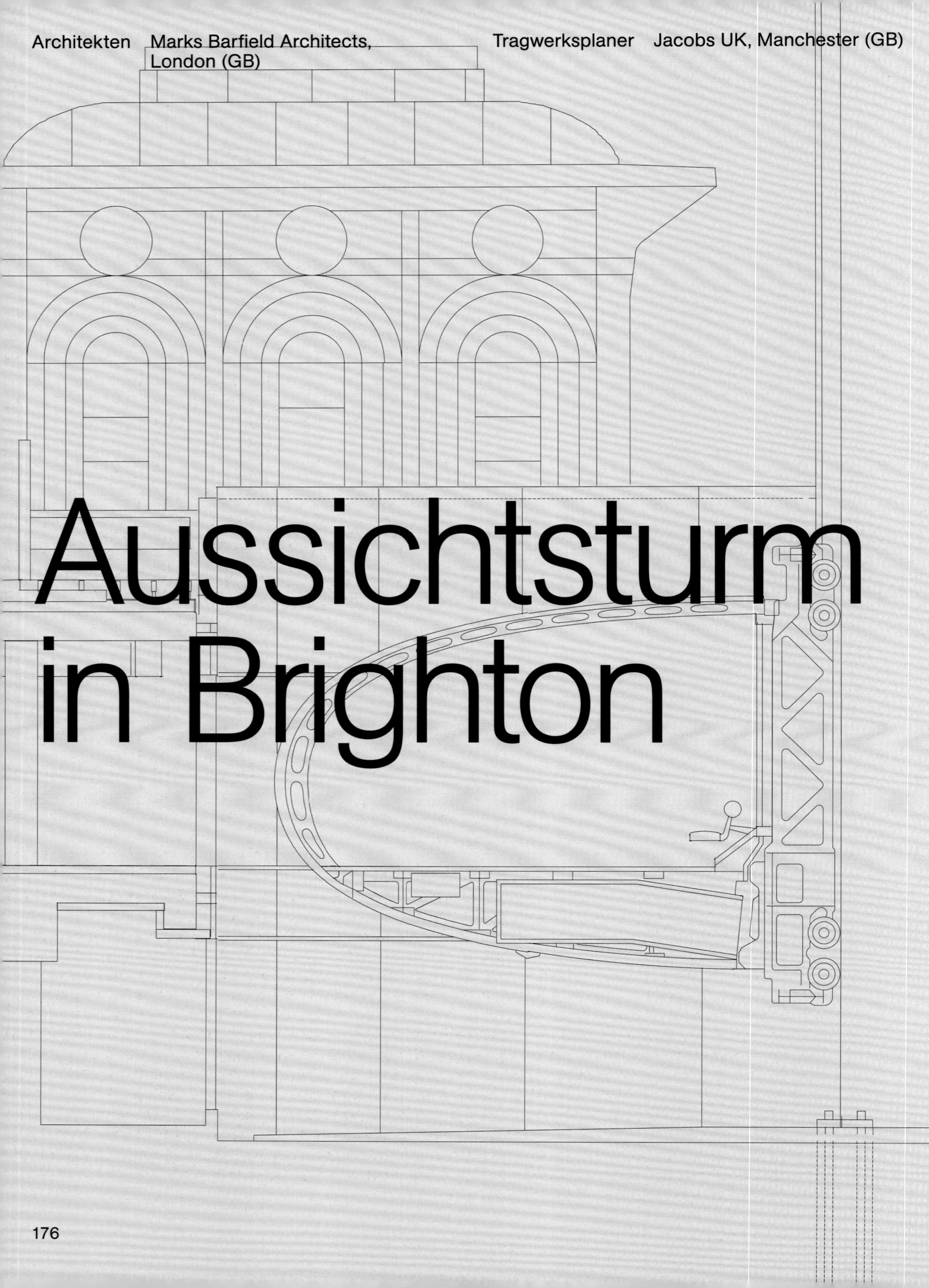

Aussichtsturm in Brighton

Auf der Achse des im Jahr 2003 abgebrannten West Piers in Brighton, dessen verkohltes Stahlskelett bis heute Wind und Wetter trotzt, wurde unter dem Namen „British Airways i360" im August 2016 ein neues zeichenhaftes Bauwerk eröffnet: ein 162 m hoher Turm mit durchgängig nur 3,9 m Durchmesser, an dem eine rundum verglaste Aussichtskabine auf und ab fährt. Die Idee für diesen „vertikalen Pier" zwischen Regency Square und Kiesstrand geht zurück auf die Architekten und Unternehmer David Marks und Julia Barfield, die Ende der 1990er-Jahre auch das Riesenrad London Eye konzipierten und bei beiden Projekten sehr eng mit den Ingenieuren von Jacobs kooperierten.

Konstruktiv besteht der Turm aus insgesamt 17 Stahlröhren, die in den Niederlanden aus rund gebogen und verschweißten Flachstahlplatten unterschiedlicher Wandstärken hergestellt, mit einem Frachtkahn direkt an den Strand der südenglischen Küstenstadt gebracht und dort im Top-down-Verfahren montiert wurden. Dieses Verfahren machte zwar die Errichtung eines temporären Hebegerüsts erforderlich, hatte aber den entscheidenden Vorteil, dass sämtliche Montagearbeiten an und in den Stahlröhren in Bodennähe erfolgen konnten.

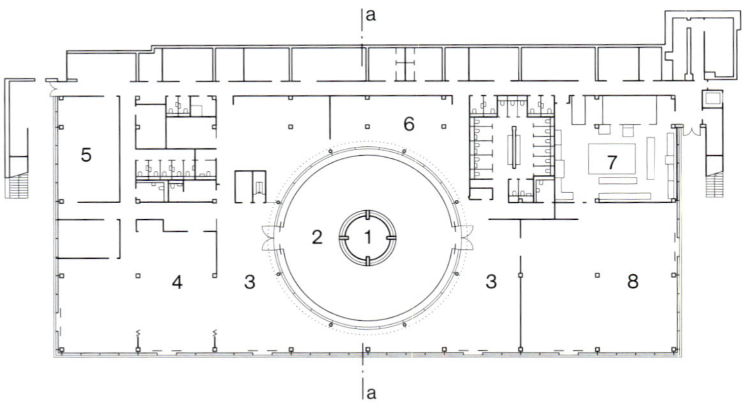

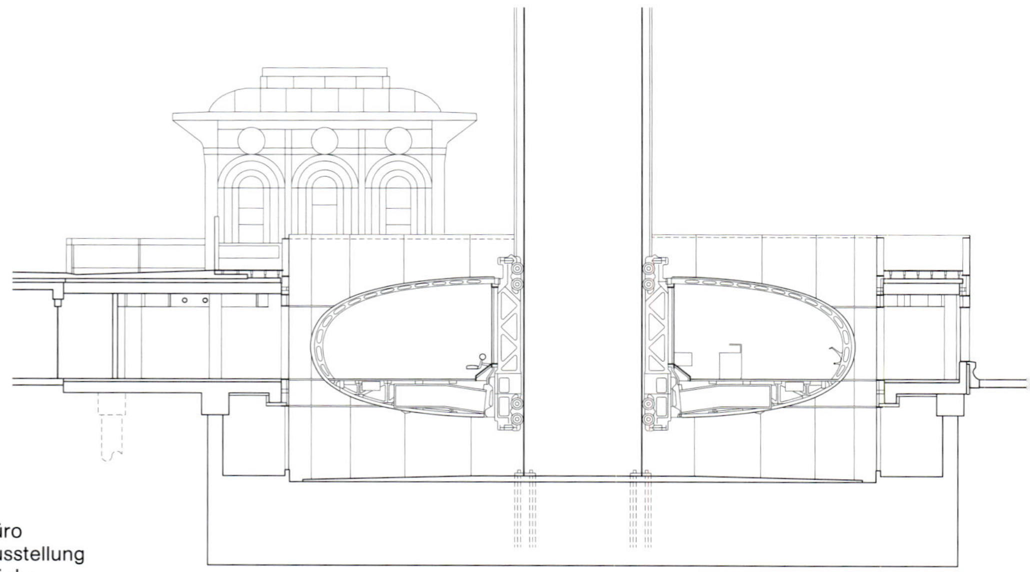

aa

Grundriss
Maßstab 1:800
Schnitt Besucherzentrum
Maßstab 1:250

1 Turm
2 Aussichtskabine
3 Verkaufsfläche
4 Eventbereich
5 Büro
6 Ausstellung
7 Küche
8 Café

Die mit einer Bar ausgestattete Aussichtskabine mit einem Außendurchmesser von rund 18 m bringt bis zu 200 Personen mit einer Geschwindigkeit von 0,4 m/s in eine Halteposition in 138 m Höhe – Tragkabel und Gegengewichte befinden sich im Inneren des Turms. Mithilfe eines Energierückgewinnungssystems wird fast die Hälfte der zur Auffahrt benötigten Energie während der Abwärtsfahrt wieder zurückgewonnen. Nicht zuletzt dank der stromlinienförmigen Kabine, des leistungsfähigen Dämpfungssystems mit Schwapp-Flüssigkeitsdämpfern und der Metallbekleidung zur Reduzierung der horizontalen Windkräfte ist ein sicherer und komfortabler Betrieb auch bei starkem Wind möglich.

Die Auffahrt mit der Aussichtskabine beginnt an der Uferpromenade auf der Dachterrasse des Besucherzentrums, dessen untere Ebene auf Strandniveau liegt. Hier steigen die Fahrgäste nach Ende der untertags 20- und abends 30-minütigen Fahrt aus und können dann eine Ausstellung ansehen, Souvenirs kaufen, Kaffee trinken oder zum Baden an den Strand gehen.

Roland Pawlitschko

Text John Roberts, Jacobs UK, Manchester (GB)

EIN SCHLANKER TURM AUS 17 STAHLRÖHREN

Der Turm setzt sich aus insgesamt 17 Stahlröhren zusammen, die im unteren Bereich 6 m und im oberen Bereich bei etwas geringerer Wandstärke 12 m lang sind. Bereits zu einem frühen Zeitpunkt fiel in Abstimmung mit dem Bauunternehmen die Entscheidung, den Turm im Top-down-Verfahren zu errichten. Dabei wurden auf Bodenniveau zunächst die obersten Röhren mit einem Kran in Stellung gebracht, um danach angehoben zu werden und dadurch am gleichen Ort die Montage der jeweils darunterliegenden Röhren zu ermöglichen. Daraus ergaben sich große Vorteile in Bezug auf die Baustellensicherheit und die erreichte Präzision. Zugleich wurden aber auch zahlreiche sehr umfangreiche temporäre Baumaßnahmen nötig: beispielsweise ein maßgefertigtes Hebegerüst, das beim Anheben der oberen Stahlröhren nicht nur für seitliche Stabilität sorgte, sondern auch die Vertikallasten aufnahm.

Komplett mit allen innen und außen liegenden Teilen in den Werkstätten des Herstellers in Rotterdam vorgefertigt, wurden die Stahlröhren mit einem Frachtkahn direkt auf die Baustelle geliefert. Um jeglichen Transport auf der Straße und doppelte Arbeitsabläufe zu vermeiden, legte der Kahn direkt am Strand an. Von diesem Zeitpunkt an erfolgte der Bau des Turms dann innerhalb von nur zehn Wochen. Die dabei erreichte Genauigkeit ist eindrucksvoll: Die Abweichung in der Vertikalen beträgt weniger als 1/1500 der Höhe.

GRÜNDUNG

Das Turmfundament besteht aus einer vergleichsweise einfachen, 24 × 24 m großen und 3 m dicken Stahlbetonplatte. Grundsätzlich unproblematisch sind auch die Baugrundverhältnisse: Unter einer 6 m starken oberen Schicht aus Strandkies (grober Kies aus großen, abgerundeten Steinen) befinden sich tragfähige Kreidefelsen. Die nötige Unterkellerung des auf Strandniveau liegenden Besuchergebäudes erlaubte eine „ausgewogene" Gründung. Im Vergleich zur Situation vor dem Bau des Turms ist der Auflagedruck im Bereich der Fundamentsohle 6,5 m unter Gelände deutlich reduziert: Während bei den Ausschachtungsarbeiten 7200 t Material abgetragen wurden, betragen die Lasten des Stahlbetons und des Turms einschließlich Aussichtskabine und Gegengewicht lediglich 4150 und 1200 t. Das Turmfundament ist so konzipiert, dass das maximale Kippmoment auch beim heftigsten mit statistischer Wahrscheinlichkeit innerhalb von 50 Jahren möglichen Sturm nicht zu groß wird.

Die größte Herausforderung bei der Gründung des Turms lag in der Wasserhaltung der Baugrube. Die Gründungssohle liegt deutlich unter dem Gezeitenwasserspiegel (der dortige Wasserstand folgt dem Gezeitenstand des Strands mit einer Verzögerung von 2 Stunden und 15 Minuten) und sowohl der Strandkies als auch der Kreidefels sind poröse Materialien, sodass es keine Möglichkeit gab, die Baugrube mithilfe einer abdichtenden Wand trockenzuhalten. Unter Verwendung von Tiefbrunnen musste der Wasserpegel während der Bauzeit stattdessen so lange abgesenkt werden bis die Stahlbetonfundamentplatte gegossen und ausgehärtet war.

Die Vorrichtung zur Befestigung des Turms war mit großer Genauigkeit zu platzieren, weil die vielen Befestigungsschrauben mit M-85-Gewinde nur sehr geringe Bewegungstoleranzen bei der Montage der untersten Röhre zuließen.

A

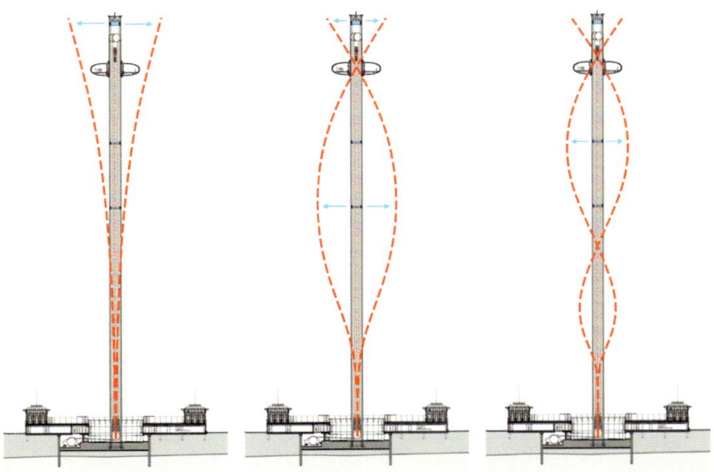

A
erster, zweiter
und dritter
Schwingungsmodus

B

C

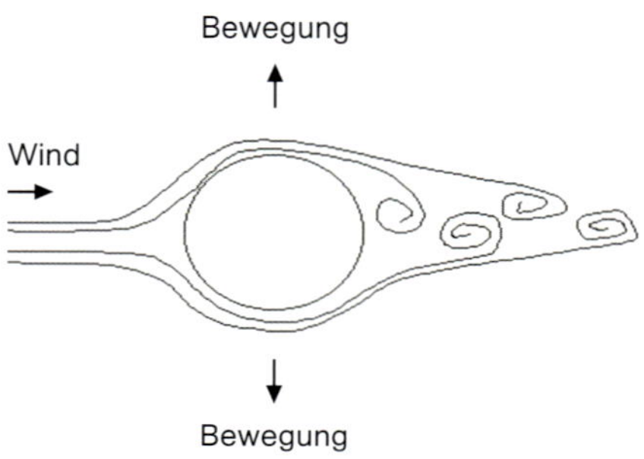

B
Herstellung der am oberen Turmende montierten Schwapp-Flüssigkeitsdämpfer

C
Wirbelablösungen in Richtung des Windflusses

SCHWAPP-FLÜSSIGKEITSDÄMPFER

Mit einem Verhältnis von Höhe zu Durchmesser von mehr als 40:1 ist der Turm äußerst schlank. Daraus resultiert eine sehr niedrige erste Eigenfrequenz von 0,19 Hz. Mit 1,9 bzw. 4,36 Hz sind aus bautechnischer Sicht aber auch die zweiten und dritten Schwingungsmoden niedrig. Alle drei Frequenzen werden daher mithilfe von insgesamt 76, mit einem Gemisch aus Wasser und Frostschutzmittel gefüllten Schwapp-Flüssigkeitsdämpfern gedämpft, die sich in drei unterschiedlichen Höhen im Inneren des Turms befinden. Am wirkungsvollsten sind diese auf Höhe der größten Auslenkung – aus diesem Grund befinden sich die Dämpfer der ersten Turm-Eigenfrequenz am oberen Turmende. Die Dämpfer der zweiten Biegeeigenfrequenz sind sowohl ganz oben als auch im Bereich der größten Auslenkung der doppelt gekrümmten Schwingungsform angebracht, während die Dämpfer der dritten Biegeeigenfrequenz im Bereich der größten Auslenkung der dreifach gekrümmten Schwingungsform liegen.

Sämtliche der unmittelbar an die Innenwand der Stahlröhren montierten Dämpfer bestehen aus kreisförmigen, verschlossenen Edelstahlboxen mit Wasserfüllung und innen liegenden Staublechen. Solche Schwapp-Flüssigkeitsdämpfer sind sehr ungewöhnlich und wurden in diesem Fall ausgewählt, weil es aus Platzgründen unmöglich war, konventionelle Feder-Masse-Schwinger einzusetzen. Zugleich verfügen sie aber auch über die Eigenschaft, auf eine große Bandbreite an Frequenzen zu reagieren. Bei diesem Turm sind sie besonders gut geeignet, weil sich die Eigenfrequenzen in Abhängigkeit der Position der Aussichtskabine und der Anzahl der Fahrgäste immer wieder leicht verändern.

PERFORIERTE BEKLEIDUNG

Die Metallbekleidung des Turmschafts übernimmt die Aufgabe einer ästhetischen Abdeckung der Stahlröhrenstöße, der Förderkabel (die die Kabine mit dem im Inneren des Turms fahrenden Gegengewicht verbinden) sowie der Stromschienen. Sie besitzt aber auch eine wesentliche technische Funktion, indem sie die durch Wirbelablösungen induzierte Bewegung des Turms bei windigem Wetter minimiert. Dieses Problem ist Ingenieuren natürlich nicht neu, denn wenn die Wirbelablösungsfrequenz bei bestimmten Windgeschwindigkeiten mit einer der Eigenfrequenzen des Turms übereinstimmt, kann der Turm zu großen Bewegungen senkrecht zur Windrichtung angeregt werden, die für Besucher unangenehme Schwankungen sowie Bauwerksschäden verursachen können.

Die Metallbekleidung weist einen Anteil von rund 40 Prozent an Öffnungen auf, durch die die Luftströme auch in den ringförmigen Spalt zwischen Turmwand und Bekleidungsblechen gelangen. Diese sekundären Ströme können in Zonen mit geringerem Winddruck dann wieder nach außen zurückfließen.

Durch das Zusammentreffen mit der äußeren Windströmung wird der Effekt der wechselseitigen Wirbelablösung gestört und ein Aufschaukeln der Turmschwingung in seiner Eigenfrequenz (Resonanz) verhindert.

Architekten kadawittfeldarchitektur, Aachen (DE) Tragwerksplaner Bollinger+Grohmann, Frankfurt am Main (DE)

Kraftwerk Lausward in Düsseldorf

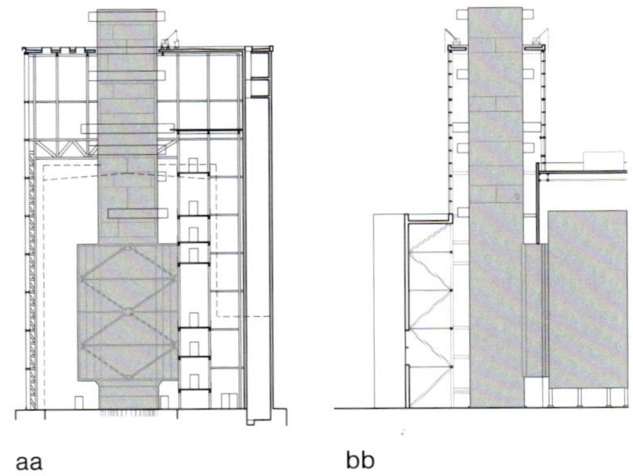

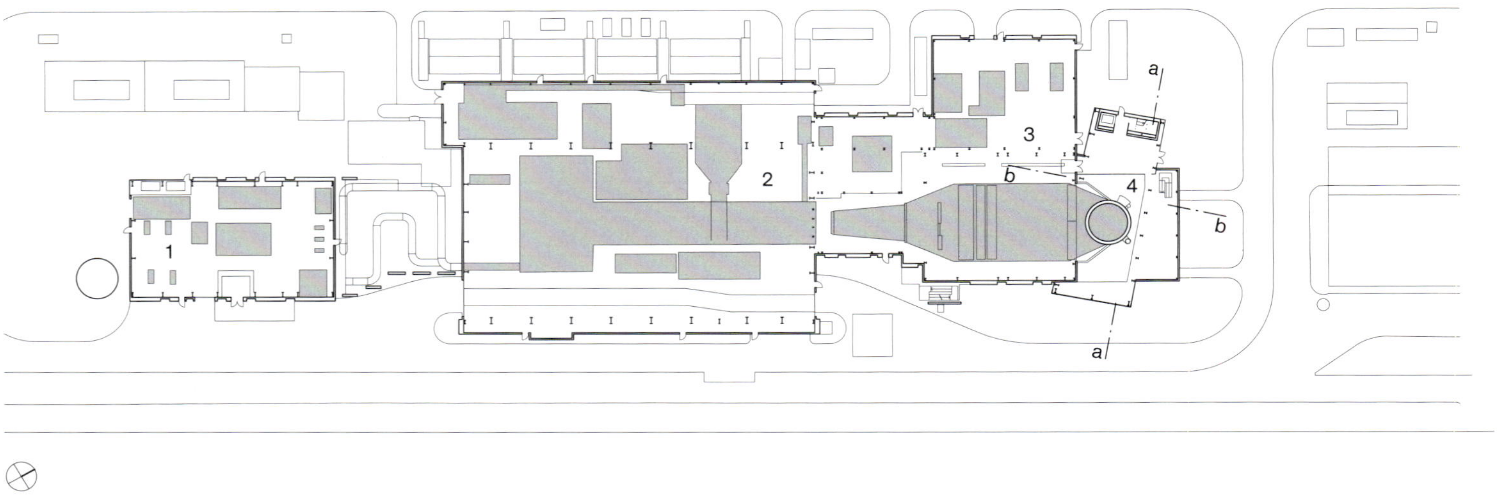

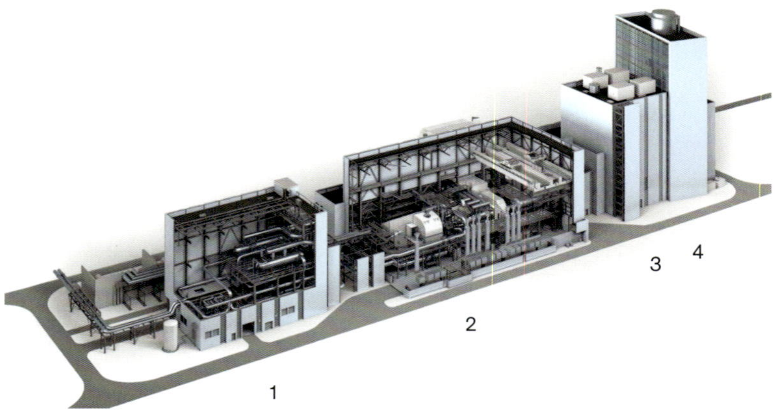

Schnitte Stadtfenster
Grundriss Gesamtanlage
Maßstab 1:1500

1 Fernwärme-auskopplung
2 Turbinenhalle
3 Kesselhaus
4 „Stadtfenster“

Auf der dreiseitig vom Rhein umflossenen Halbinsel Lausward haben die Stadtwerke Düsseldorf in direkter Nachbarschaft zu bestehenden Kraftwerksblöcken ein modernes, hocheffizientes Gaskraftwerk in Betrieb genommen.

Das gestalterische Thema des Neubaus ist das Ergebnis eines von der Stadt ausgelobten Fassadenwettbewerbs: Stehende gereihte Rahmen bilden die sichtbare Hülle der gesamten Anlage und fassen sie zu einer Großform zusammen. Dabei machen Gruppen gleich großer Elemente die darunterliegenden Kraftwerkskomponenten ablesbar, Sonderrahmen verleihen der Ansicht Spannung und Rhythmus. Das vorderste, größte Element ist eine zweiseitig verglaste Einhausung für den Schornstein und nimmt in 40 m Höhe eine Besucherplattform auf. Dieses „Stadtfenster" ist gegenüber der Kraftwerksanlage um 15° gedreht und ermöglicht so den Blick auf die Innenstadt. Stahlrahmenkonstruktion und Hülle der übrigen Hallen entsprechen den üblichen Standards im Kraftwerksbau. Lediglich die äußere Haut wurde von den Architekten adaptiert und mit silberfarben beschichteten Stahlblechkassetten ausgeführt. Die zurückgesetzten Fugen bestehen aus schwarzen Lochblechen und einer dahinterliegenden weißen Refraktionsfläche, die nachts von seitlich angeordneten LED-Leuchten angestrahlt wird. So kehrt sich das Bild heller Rahmen mit dunklen Fugen in der Nacht um und wird zu einer zeichenhaften Lichtskulptur aus vertikalen Leuchtbändern.

Burkhard Franke

Text Burkhard Franke, München (DE)

A

B

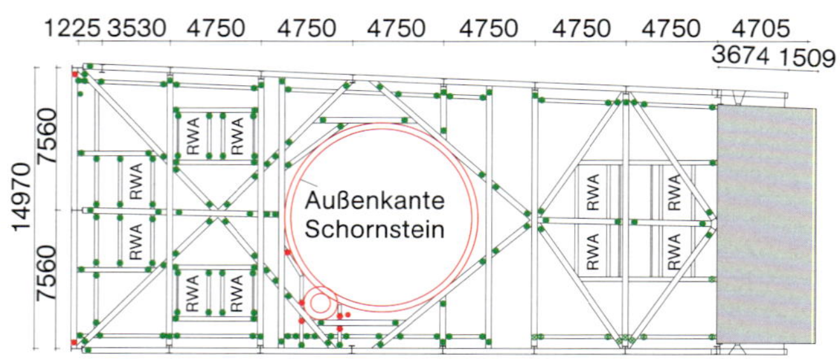

A
Axonometrie Tragwerk mit Stahlbetonkern, Besucherplattformen und „Torscheibe“

B
Stahlkonstruktion Dach mit Aussparungen für Schornstein und RWA

C, D
Stahlkonstruktion Ansicht Süd bzw. Ost mit Anschlüssen gelenkig (grün) und biegesteif (rot)

TRAGWERKSKONZEPT „STADTFENSTER“

Das circa 60 m hohe und 38 m breite „Stadtfenster“ ist schon aufgrund seiner Größe und der beiden verglasten Hauptfassaden der konstruktiv anspruchsvollste Baukörper der Kraftwerkshülle. Eine zusätzliche Herausforderung bestand darin, dieses aus Sicht des Kraftwerksbetreibers funktional nicht notwendige Gebäude vollständig losgelöst von den angrenzenden Anlagenkomponenten – Kesselhaus und Schornstein – zu planen und zu bauen. Aus diesem Grund ist in die dem Kraftwerk zugewandte Fassade eine 40 m hohe Öffnung geschnitten, die nur über Bewegungsfugen mit dem Kesselhaus verbunden ist. Die Dachfläche weist neben zehn RWA-Öffnungen ein großes kreisrundes Loch für den Schornstein auf – ohne diesen zu berühren.

AUSSTEIFUNG

Im weitgehend leeren Innenraum des stehenden Kubus gibt es keinerlei für die Lastabtragung der Gesamtstruktur relevanten Tragwerkselemente. Die beiden verglasten Hauptfassaden tragen ebenfalls nicht zur Aussteifung bei. Diese Aufgabe übernehmen neben der ausgekreuzten Dachfläche ein Treppenhauskern an der nördlichen Schmalseite und ein gegenüberliegendes, gebäudehohes Fachwerk. Beide Bauteile steifen die Konstruktion in Ost-West-Richtung sowie gegen Torsionslasten aus. In Nord-Süd-Richtung leistet dies ausschließlich der Treppenhauskern.

Eine räumliche Tragwerksanalyse mit dem Antwortspektrenverfahren zeigte, dass für die Bemessung des Aussteifungstragwerks in beiden Hauptrichtungen die Windlast maßgebend ist, dennoch sind alle Tragwerksverbindungen auch erdbebengerecht konstruiert.

C

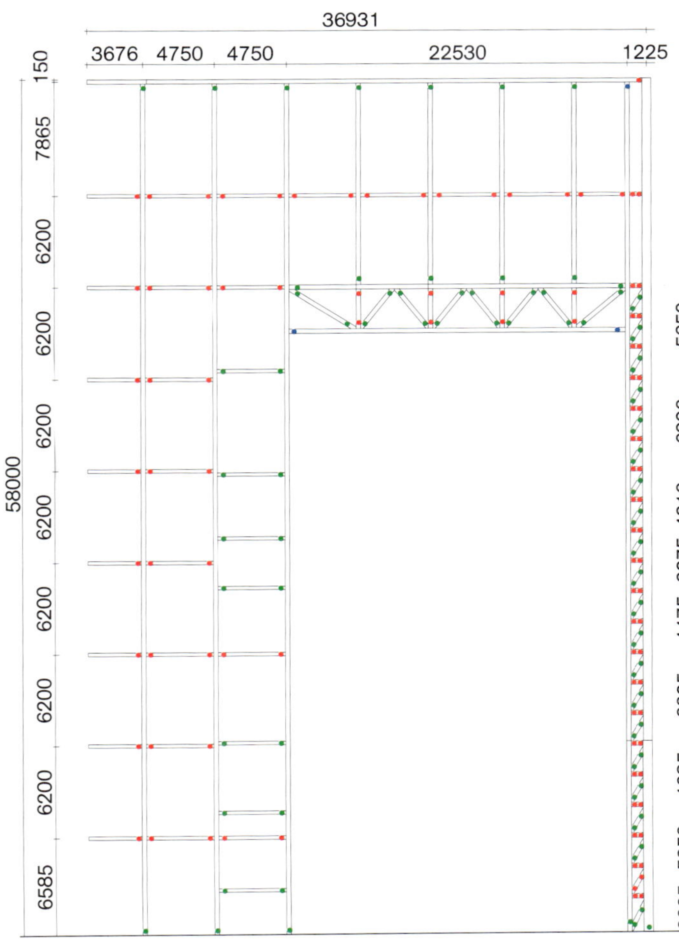

D

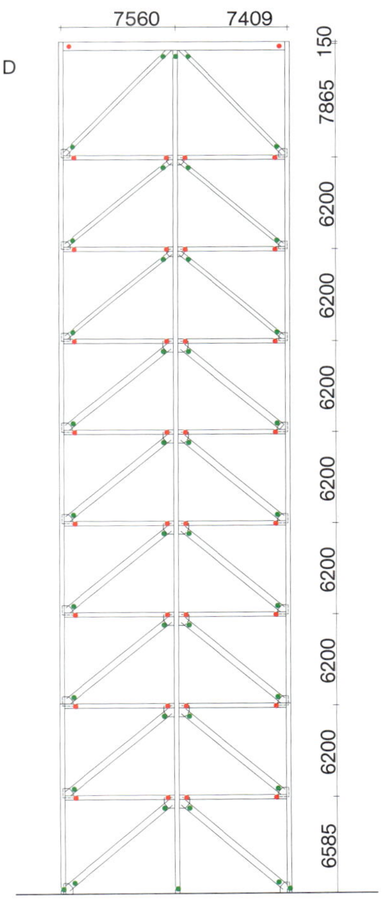

VERTIKALER LASTABTRAG

Alle Vertikallasten werden über die Stahlstützen und den Stahlbetonkern abgetragen. Im Bereich der Durchdringung durch die Kraftwerksanlage wird das darüberliegende Tragwerk durch einen Fachwerkträger abgefangen, der die Kräfte in die flankierenden Stützen leitet – dazu ist die Gebäudeecke durch einen schmalen Fachwerkträger verstärkt.

DIE „TORSCHEIBE“

Eine vor die Glassfassade tretende geschlossene Wandfläche nimmt die Richtung des Kraftwerks wieder auf und bildet dessen architektonischen Abschluss. Anders als der Hauptbaukörper ist dieses Bauteil im Inneren durch Verbände ausgekreuzt und entsprechend steif. Durch die in Querrichtung vergleichsweise weichen Fassadenpfosten können die Kräfte dennoch nicht ausreichend auf den Hauptbaukörper übertragen werden. Die „Torscheibe“ trägt also – anders als es den Anschein hat – kaum zur Aussteifung bei, musste aber wegen ihres Einflusses auf das dynamische Tragwerksverhalten berücksichtigt werden.

E

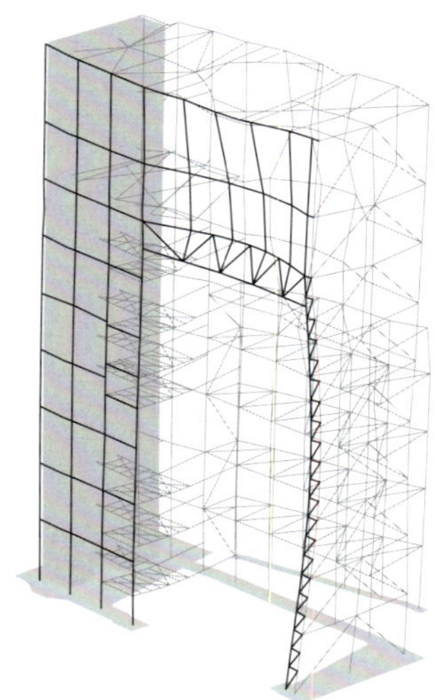

F

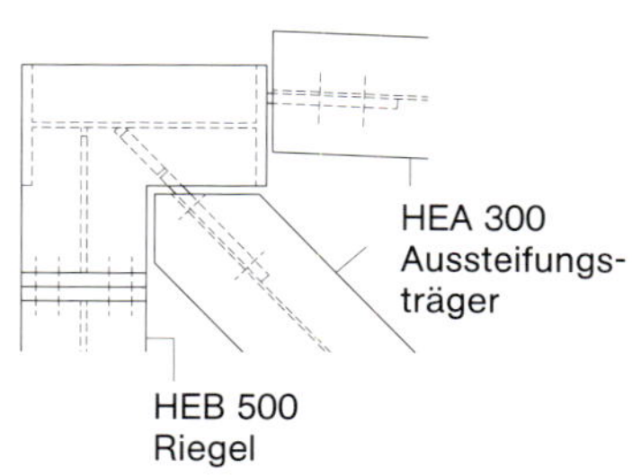

G

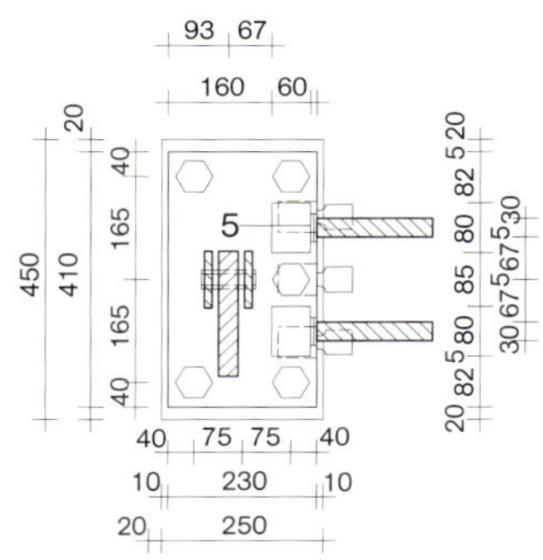

cc

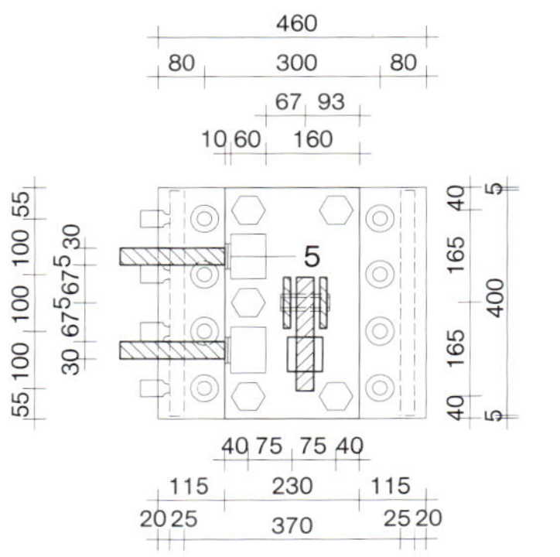

dd

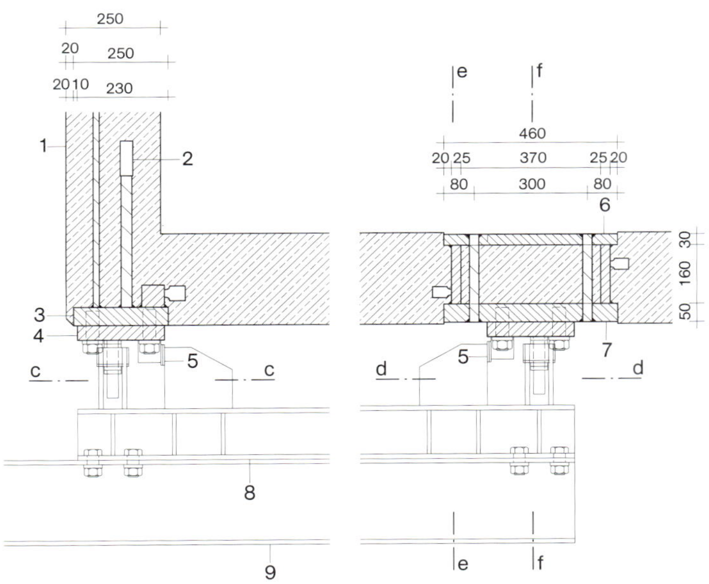

ee

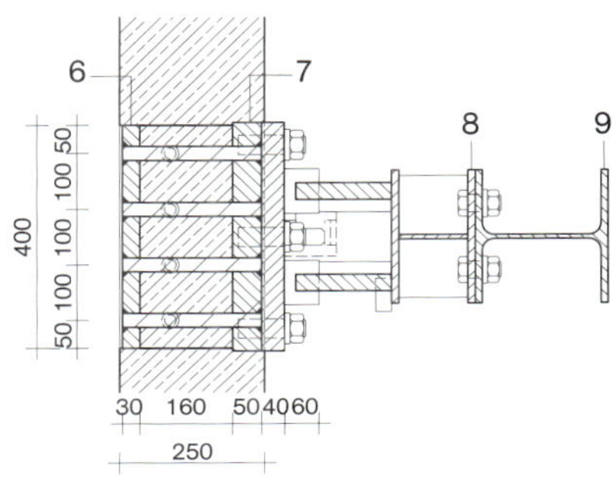

ff

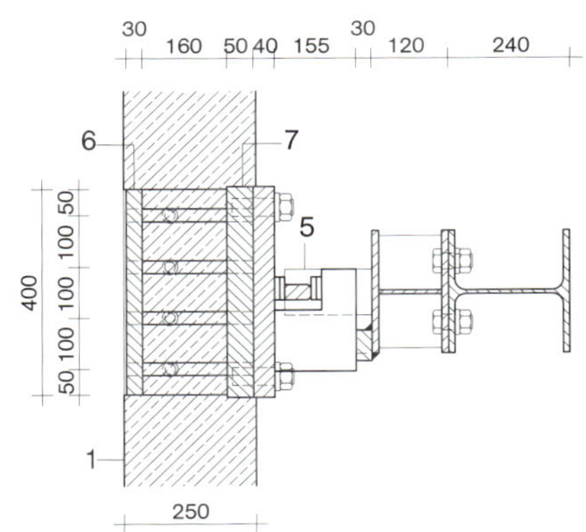

E
Diagramm Verformung der Fassade (Gesamtüberlagerung aus seltenen charakteristischen Lasten)

F
Horizontalschnitt Stahlbaudetail Dach Südost-Ecke

G
Schnitte Einbauteile Maßstab 1:20

1 Stahlbetonwand 250 mm
2 4× Stahlstab Ø 25 × 360 BST 500S Muffe Lenton EL25A12
3 Einbauteil Flachstahl 250/450/50 mm
4 Flachstahl 230/410/40 mm
5 Druckfutter
6 Flachstahl 460/400/30 mm
7 Einbauteil Flachstahl 460/410/50 mm
8 Satteltträger Stahlprofil 240/120 mm geschweißt
9 Fassadenriegel Stahlprofil HEA 240

STAHLBETONKERN UND EINBAUTEILE

Der Treppenhauskern wurde in Gleitbauweise aus Stahlbeton erstellt. Hierfür ist die gesamte Bewehrung entsprechend gestaffelt, Aussparungen gewährleisten den Einbau der nachträglich in die Kernröhre eingehobenen Fertigteiltreppen und Podeste.

Einbauteile zum Anschluss der Stahlfassade an den Kern wurden während des Schalungsvorgangs passgenau eingeglitten. Dieser Prozess erforderte besondere Sorgfalt, da die Wandscheiben des Kerns im oberen Bereich mit einer Dicke von 25 cm lediglich begrenzte Kapazitäten zur Aufnahme von Biegemomenten aufweisen. Nach der Montage wurden an den Anschweißplatten der Einbauteile Knaggen und Schrauben angeschweißt, welche die Lasteinleitung aus den Riegeln übernehmen.

Die Fassadenriegel werden in einem Abstand von etwa 60 cm an den schmalen Kernseiten vorbeigeführt und lagern jeweils zweimal auf den Wandscheiben auf. Die Riegel leiten die Druck- und Zugkräfte sowie horizontale Querkräfte nicht direkt weiter, sondern sind mit einem Sattelträger verschraubt. An dessen beiden Enden befinden sich Stahlbleche zur Druckkrafteinleitung sowie Hakenbleche zur Aufhängung. Der zwischengeschaltete Sattelträger minimiert zum einen den Hebelarm zur Lasteinleitung in den Beton und garantiert zum anderen Ausgleichsmöglichkeiten während der Montage des Stahlbaus.

Vertikalschnitt Fassade
Maßstab 1:20

1 Fassade „Torscheibe“: Fassadensystemkassette Stahlblech d = 1 mm gekantet 30 mm Unterkonstruktion thermisch getrennt 30 mm; Fassadenbahn diffusionsoffen Fassadensystempaneel Stahlblech gekantet mit Wärmedämmung Steinwolle 200 mm Stahlträger IPE 260 mm
2 Fassade „Stadfenster“: Verglasung VSG 2× 10 mm mit Siebdruck in Pfosten-Riegel-Konstruktion Stahlrohr Fassadenriegel Stahlprofil HEA 240 mm Fassadenstütze Stahlprofil HEB 450 mm

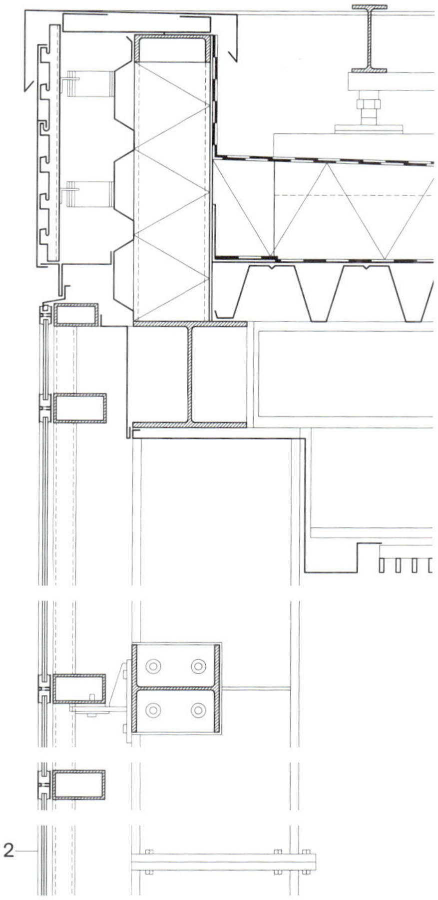
2

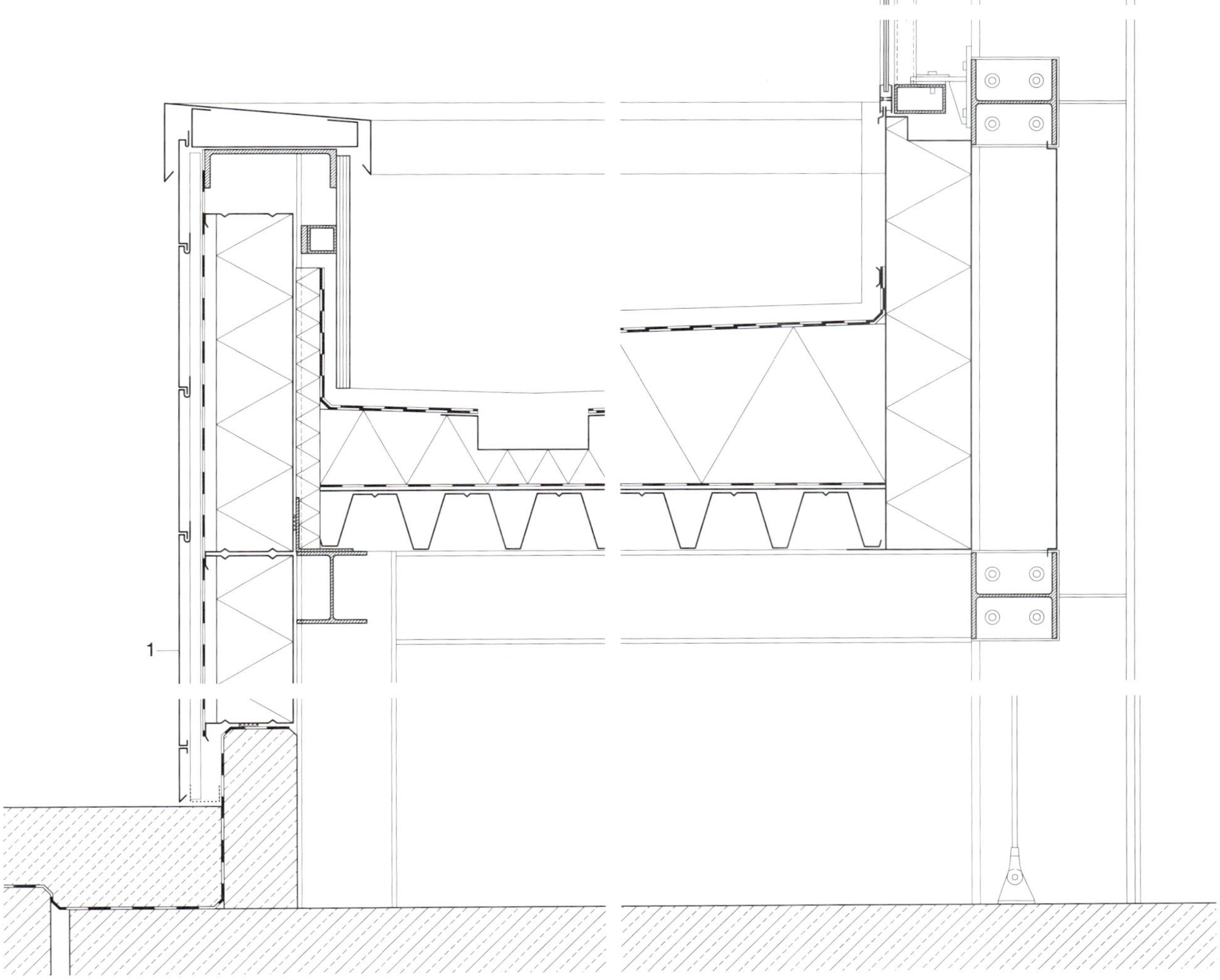
1

Architekten KSP Jürgen Engel Architekten, Frankfurt (DE) / Peking (CN)

Tragwerksplaner Weiske + Partner, Stuttgart (DE)

Meixi Urban Helix in Changsha

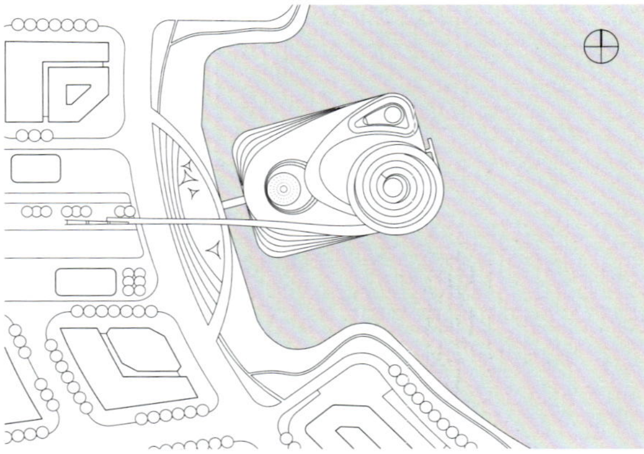

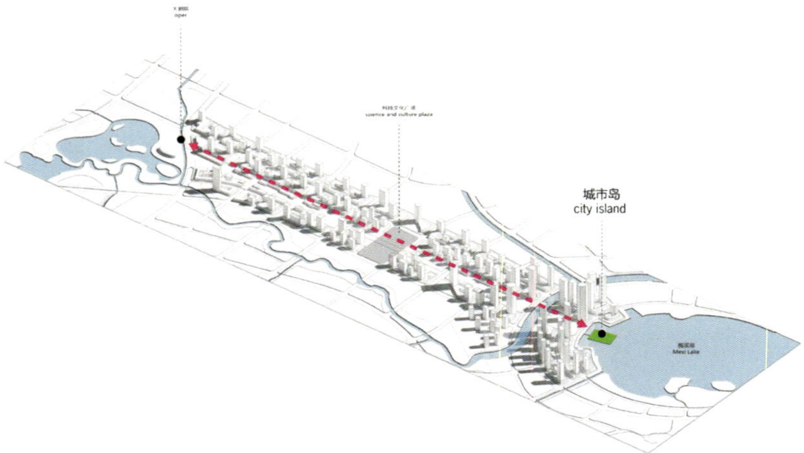

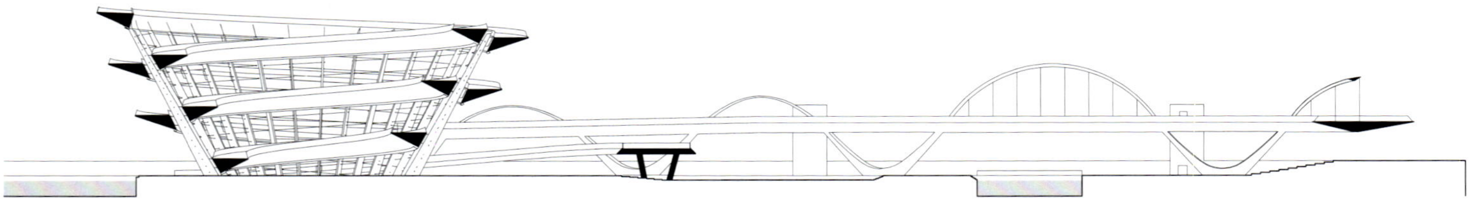

aa

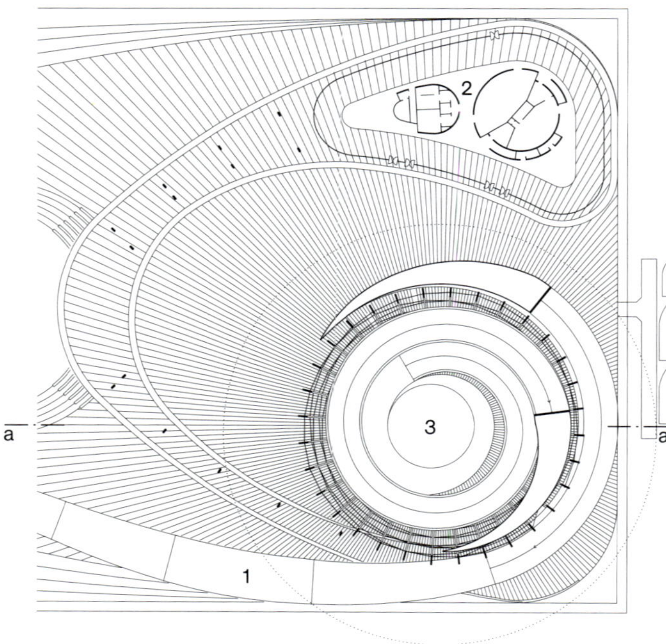

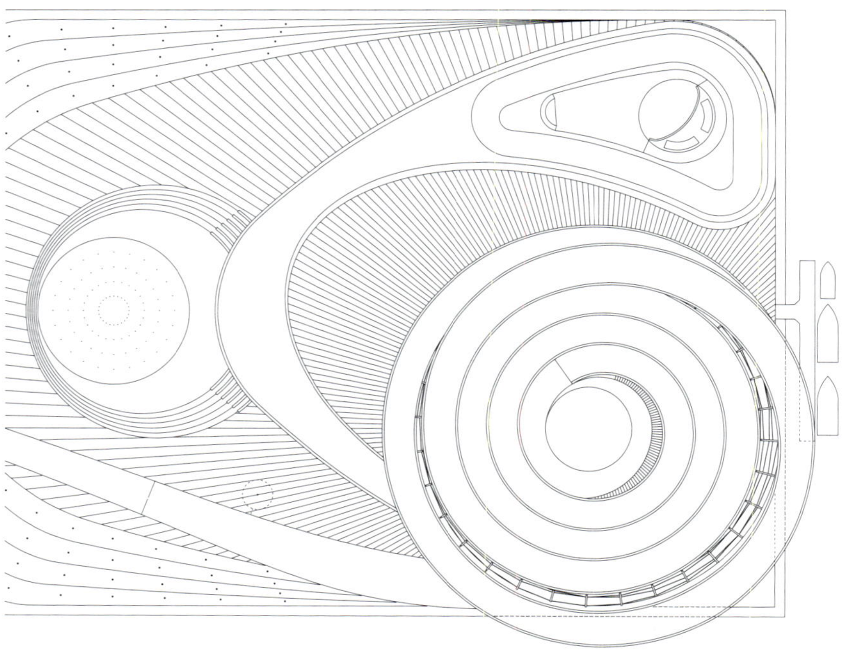

Lageplan
Maßstab 1:7500

Axonometrie städtische
Achse Meixi

Schnitt, Grundrisse
Maßstab 1:1500

1 große Zugangsbrücke
2 Infopoint und Café
3 „Amphitheater“

Eine konische, 30 m hohe Doppelhelix bildet das neue Wahrzeichen der Meixi International New City. Dieses Stadterweiterungsgebiet der chinesischen Sieben-Millionen-Metropole Changsha bietet rund um den künstlich angelegten Meixi-See eine Fläche von 38 km^2 für ein ökologisches Vorzeigeprojekt mit Wohn- und Geschäftsvierteln, einem Forschungs- und Wissenschaftsbezirk sowie einem Kunst- und Kulturquartier. Die Doppelhelix steht weithin sichtbar auf einer rechteckigen Insel am Ende einer noch zu realisierenden städtischen Achse.

Besucher erreichen die offene Struktur über zwei Brücken, von denen die längere in circa 10 m Höhe direkt an die äußere Spirale anbindet. Von hier aus schraubt sich die 6 m breite Rampe auf der Außenseite der kranzartigen Stützen mit zunehmendem Radius in die Höhe und erreicht am höchsten Punkt einen Durchmesser von 88 m. Nun geht die Bahn fließend in die innere absteigende Spirale über und mündet nach einer Lauflänge von insgesamt etwa 1 km in eine öffentliche Platzfläche. Hier befinden sich in einem massiven Sockel ein Café, Ausstellungsflächen und ein Infopoint. Die einem Amphitheater ähnliche Mitte bietet sich als Rahmen für Veranstaltungen an.

Die einzige „Funktion“ dieser begehbaren Skulptur ist die Aussicht. Beim Flanieren genießt man ringsum den Blick auf den See und eine der am schnellsten wachsenden Metropolregionen der Welt.

Burkhard Franke

Text Ulrich Breuninger, Weiske + Partner, Stuttgart (DE)

A

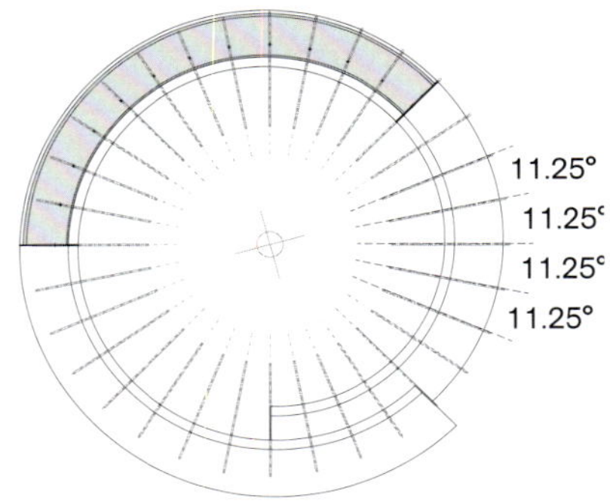

B

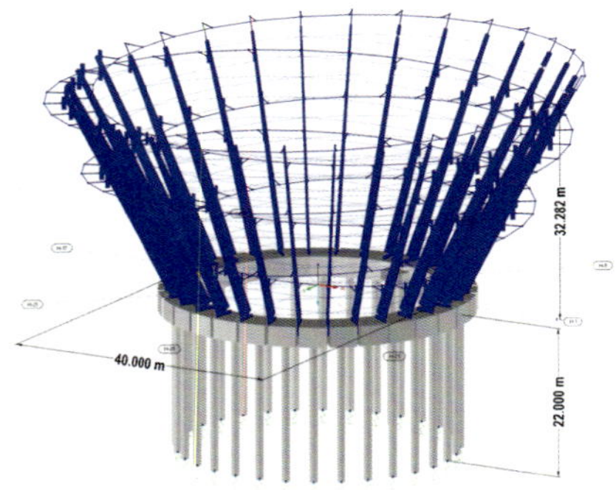

C

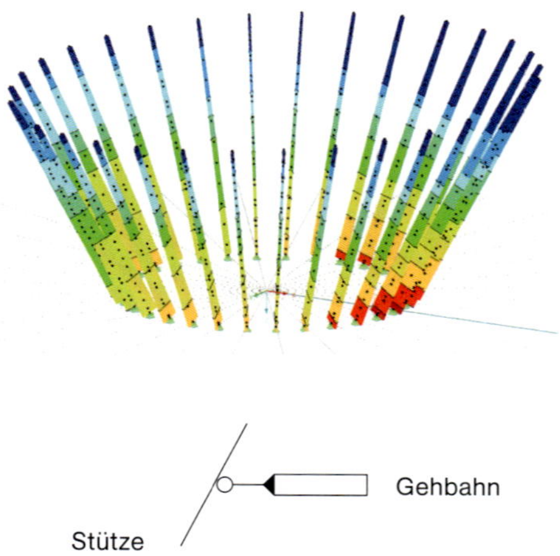

D

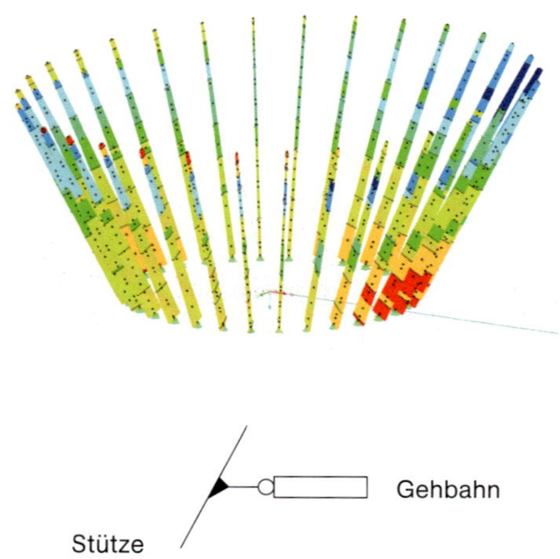

E

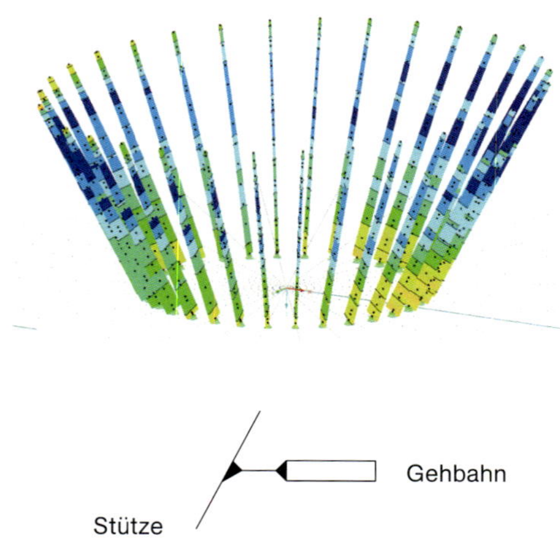

A
Geometrie aus Kreissegmenten und oberer Abschnitt der Gehbahn

B
Stützenkranz auf Ringfundament

Auslastung der Stützen bei Varianten des Anschlussdetails an Stütze und Gehbahn (hohe Belastungen in Rot):

C
an Stütze gelenkig
an Gehbahn steif

D
an Stütze steif
an Gehbahn gelenkig

E
an Stütze steif
an Gehbahn steif;
diese Variante wurde ausgewählt

ARCHITEKTONISCHE ZIELSETZUNG

Die intensive Zusammenarbeit zwischen Architekten und Tragwerksplanern – im weiteren Planungsverlauf auch zwischen deutschen und chinesischen Planungsteams – war kennzeichnend für dieses in nur fünf Jahren realisierte Projekt. In einem internationalen Wettbewerb des Jahres 2013 entwickelten die Architekten eine Figur für eine Aussichtsplattform, die nicht durch Höhe besticht, sondern durch eine raumgreifende kontinuierliche Spiralbewegung mit nach oben zunehmendem Durchmesser. Die äußere Gehbahn dieser eleganten Form dient zum Hochgehen, die innere führt wieder hinunter.

Schon in dieser frühen Entwurfsphase wurde entschieden, dass die schraubenförmige Gehbahn das äußerlich dominante Element der Skulptur sein soll, die Stützen sollten möglichst in den Hintergrund treten.

KONZEPTION DES TRAGWERKS

Die Tragwerksplaner konzipierten die Schraube von Beginn an als biege- und torsionssteife Röhre. Sie wird am Rand in regelmäßigen Abständen auf einen Kranz aus Stützen aufgelagert. Damit diese möglichst schlank ausgeführt werden können, sollten sie nur Lasten in Achsrichtung der Stützen aufnehmen.

Die regelmäßige Randlagerung der Gehbahn erfolgte im Wettbewerbsbeitrag noch durch zwei getrennte Stützenreihen für die innere und die äußere Bahn. Sie wurden in der weiteren Bearbeitung zu einer Reihe zusammengefasst, sodass sich die exzentrischen Lasten aus den Spiralen weitgehend ausgleichen.

Geometrisch wird die Helix im Grundriss von einem in 32 Segmente unterteilten Kreis überlagert. Das Winkelmaß von 11,25° definiert die Lage der Stützen (Abb. A). Ihre Tiefe nimmt nach unten zu, um die sich addierenden Vertikallasten aufzunehmen und um am Fußpunkt eine Einspannwirkung zu erzielen. Ein Kreisringfundament auf Großbohrpfählen nimmt die Vertikallasten auf (Abb. B). Die geneigten Stützen erzeugen eine Vorspannung des Kreisringfundaments. Ebenso wird die Einspannung der Stützen im Kreisringfundament über eine zweiachsige Biegebeanspruchung aufgenommen und kurzgeschlossen. Die Gründungspfähle erhalten nur vertikale Druckbeanspruchungen.

Die Aussteifung der Konstruktion in tangentialer Richtung erfolgt über filigrane Zugseile zwischen den Stützen. Ihre sehr flache Neigung reduziert die Horizontalsteifigkeit der Struktur und damit die Reaktionskräfte aus Erdbebenbeanspruchungen.

Eine besondere Bedeutung für das Gesamtsystem hat die Steifigkeit der Verbindung zwischen Stütze und Gehbahn; für ihre zwei Anschlusspunkte wurden gelenkige und steife Varianten gerechnet (Abb. C–E). Die geringste Stützenbeanspruchung und die entsprechend kleinsten Dimensionen ergaben sich dabei aus einem steifen Anschluss sowohl an der Stütze als auch an der Gehbahn.

F

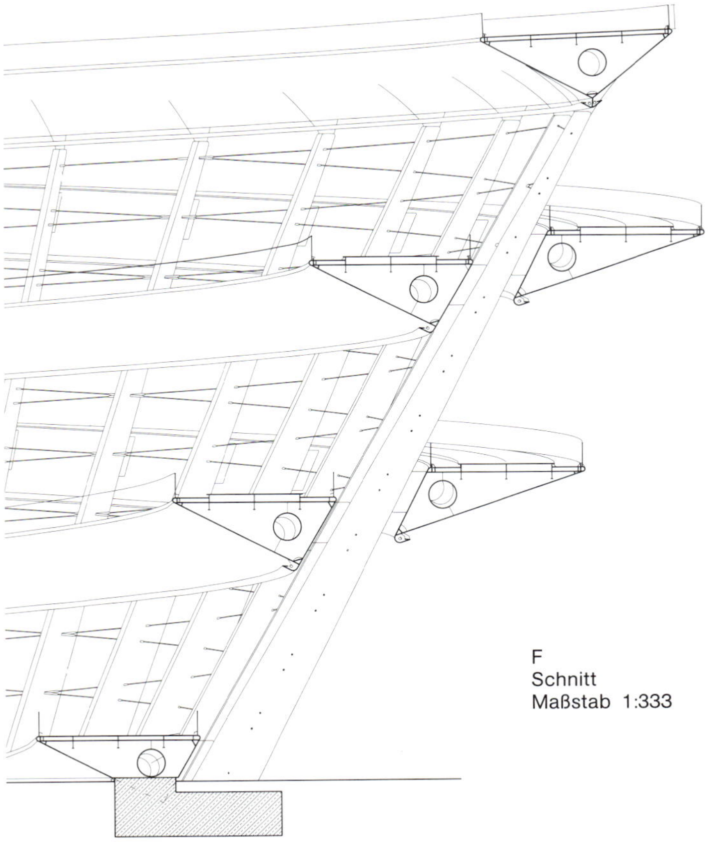

F
Schnitt
Maßstab 1:333

G

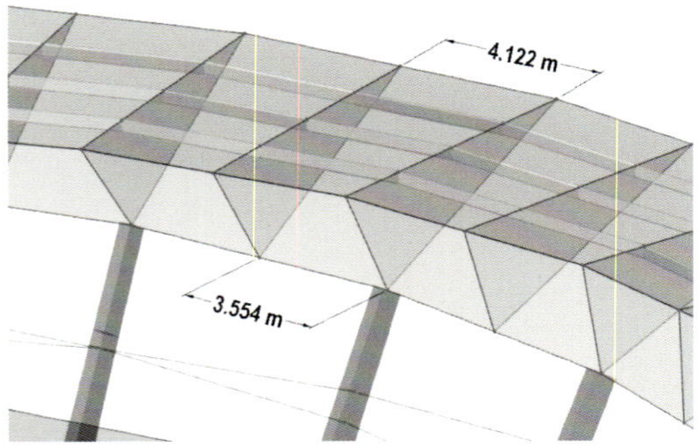

H

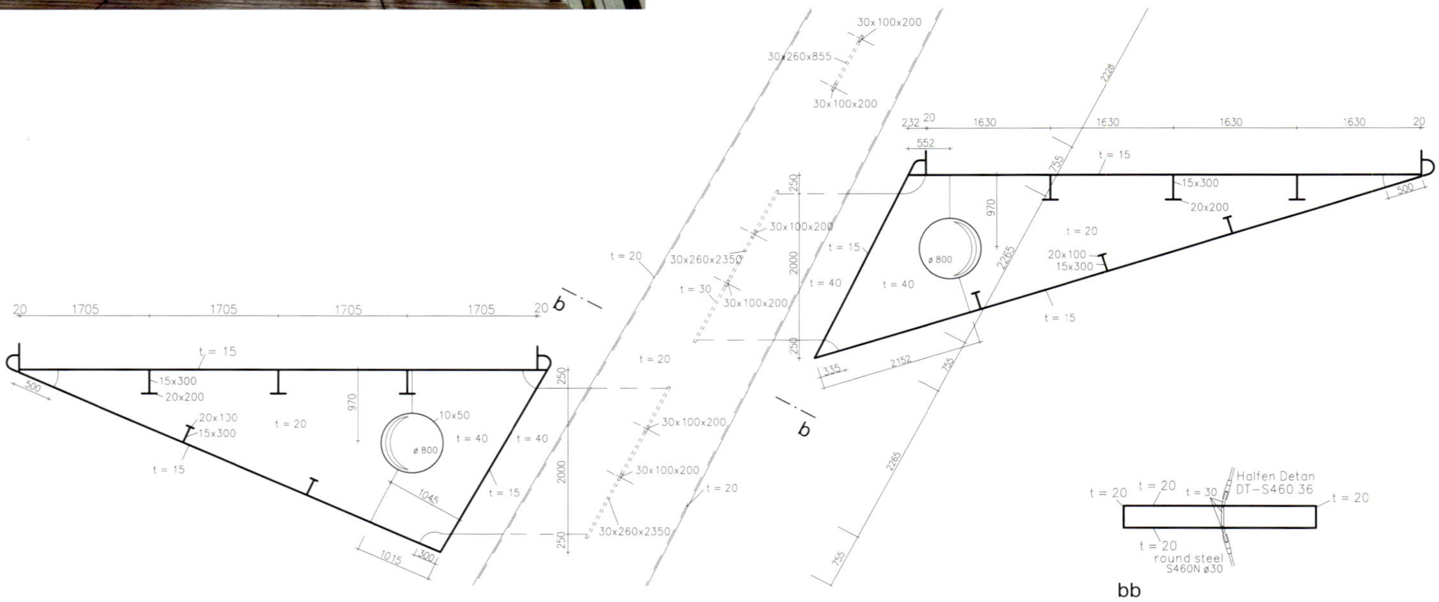

I

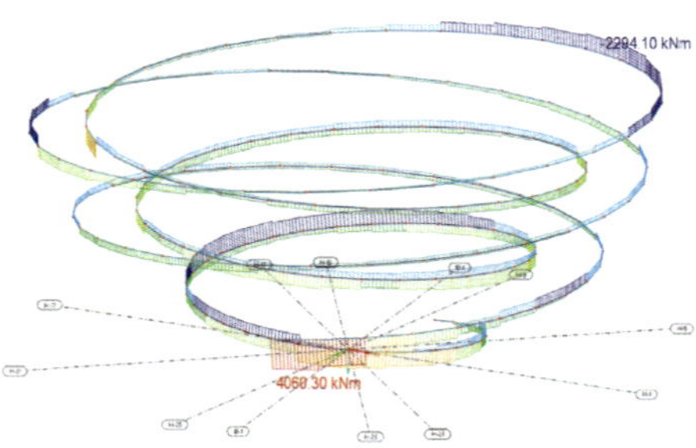

J

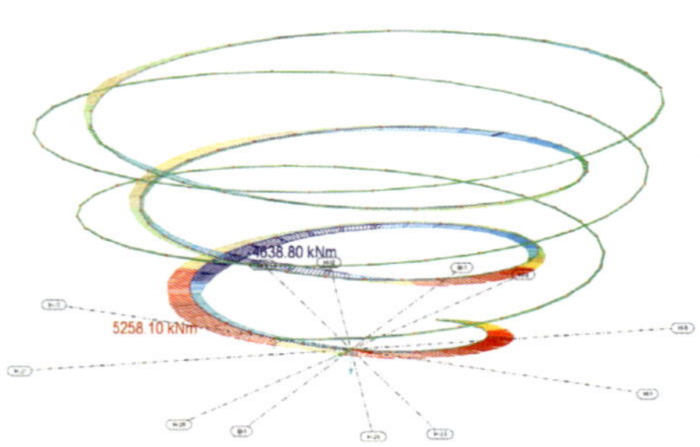

K

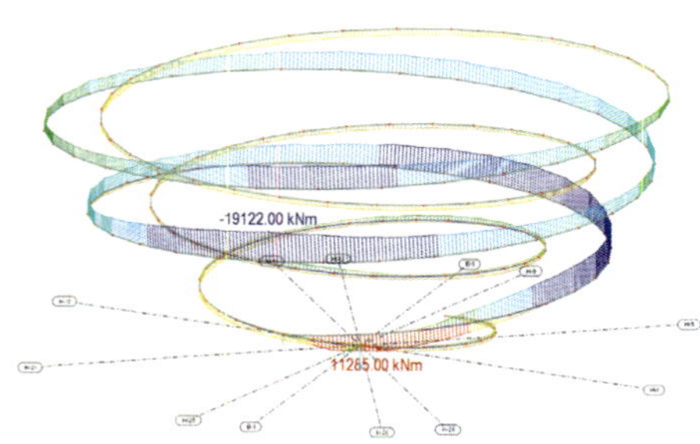

G
Segmente und Schotten der Gehbahn

H
Vertikal- und Horizontalschnitt Stützenanschluss-Maßstab 1:100

Statische Diagramme (Umhüllende):

I
Biegemomente M_y

J
Biegemomente M_z

K
Torsionsmomente M_t

KONSTRUKTION IN STAHLBAUWEISE

Abgesehen von der Gründung wurde die Doppelhelix vollständig in Stahl konstruiert. In der Volksrepublik China stellt diese Bauweise schon deshalb eine Herausforderung dar, weil für Sonderbauten aus Stahl keine Normen existieren. Auch musste eine externe Expertenkommission sämtliche Planungen überprüfen und genehmigen.

Die Gehbahn und die Stützen sind als geschweißte Hohlkästen ausgeführt. Überstehende Bleche für die Schweißnähte wurden vermieden, um die Korrosionsgefahr an Innenkanten zu minimieren und eine präzise Formgebung zu erreichen.

Die Gehbahn besteht aus jeweils zwei Segmenten zwischen zwei Stützen (Abb. G). Die im Querschnitt dreieckigen Hohlkästen werden durch Schotten und innen angeschweißte T-Bleche ausgesteift. Aufgrund der statisch vorteilhaften Dreiecksform genügen 15 mm starke Bleche für die äußere Wandung.

Die Stützen haben auf der Schmalseite eine Ansichtsbreite von 300 mm und sind aus 20 mm starken Blechen zusammengesetzt.

Das Detail am Übergang von der Gehbahn zu den Stützen wurde bewusst reduziert. Es entsteht aus der Verlängerung des Auflagerquerschotts in der Gehbahn und der Einspannung dieses Bleches in den Hohlkasten der Stütze.

Die Auskreuzungen aus Rundstahl mit einem Durchmesser von nur 30 mm treten selbst aus der Nähe kaum in Erscheinung und stören nicht den klaren Ausdruck der Struktur.

Architekten Heatherwick Studio, London (GB)

Tragwerksplaner AKT II, London (GB)
Thornton Tomasetti, New York (US)

Vessel in New York

Wie ein gigantischer, nach oben offener Bienenkorb besetzt „Vessel“ den zentralen Freibereich der Hudson Yards am westlichen Ufer von Manhatten. Mit 46 m ist die Aussichtsplattform hoch genug für einen Blick über das nun teilweise überbaute Zugdepot der Long Island Rail Road in Richtung Hudson River. Andererseits wirkt das Bauwerk winzig in Relation zu den bis zu 400 m hohen Wolkenkratzern ringsum.

Bei Gesamtkosten von geschätzt 25 Milliarden Dollar gilt Hudson Yards als eines der größten Immobilienprojekte der USA mit rund einem Dutzend Wohn- und Bürotürmen, Luxusgeschäften und -restaurants, einem riesigen Kunst- und Kulturzentrum und einem Zugang zum südlich angrenzenden High Line Park. Die spektakuläre öffentlich zugängliche Skulptur des Londoner Büros Heatherwick ist vor diesem Hintergrund nicht zuletzt als Teil der Vermarktungsstrategie für den neu entstandenen Stadtteil zu betrachten – und angesichts der beträchtlichen Baukosten auch nur so zu finanzieren. Aus städtebaulicher Sicht bildet Vessel eine Landmarke in der Mitte des Platzes und stärkt als attraktiver Versammlungs- und Veranstaltungsort den öffentlichen Raum.

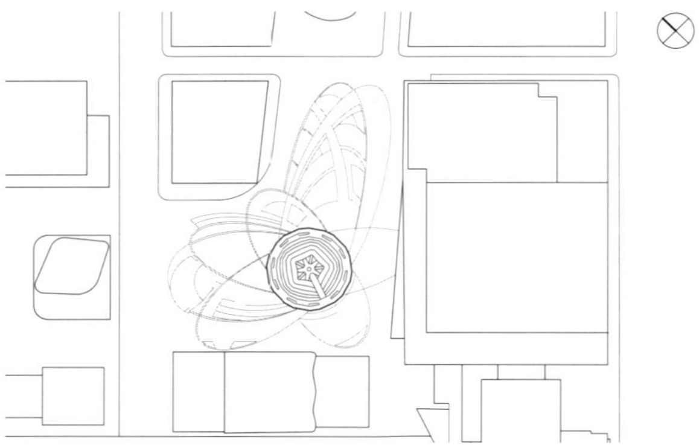

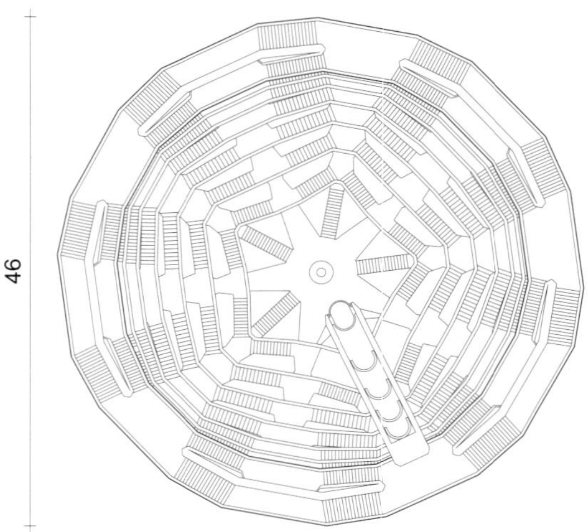

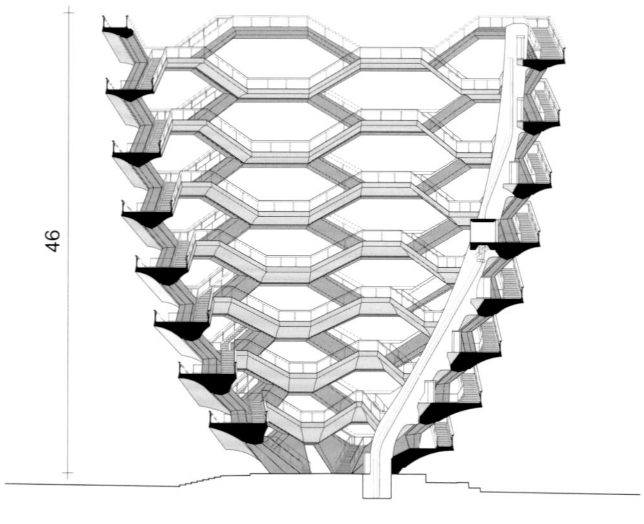

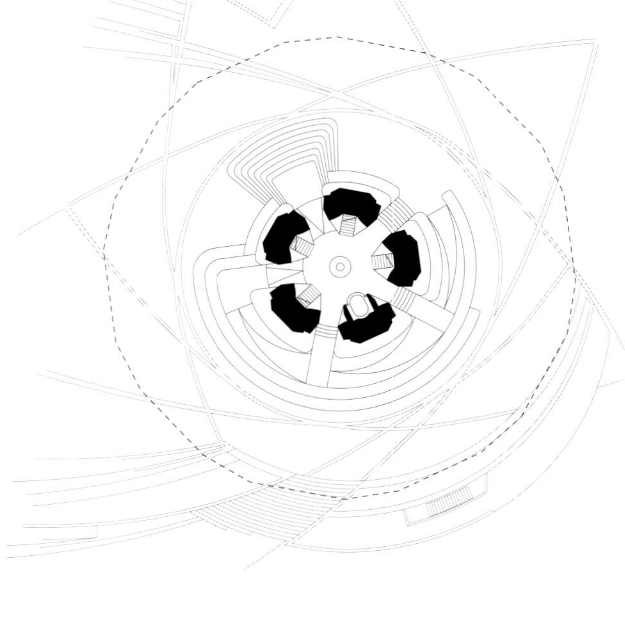

Lageplan
Maßstab 1:5000

Schnitt, Aufsicht,
Grundriss unterste Ebene
Maßstab 1:750

Aus der Ferne zeigt das durchlässige Objekt zunächst vielfach geknickte, horizontale Bänder, die sich beim Näherkommen als mehrschichtige Treppenanlage von beträchtlicher Komplexität entpuppen. Über die wenigen Stufen eines kreisrunden Sockels, der die aufwendige Gründung elegant überspielt, betreten Besucher die Treppenskulptur und gelangen zwischen den fünf Fußpunkten hindurch ins Zentrum der Anlage. Wer nicht den aufwendig konstruierten Schrägaufzug benutzen will, steigt über radiale Treppen nach außen empor auf die ersten Zwischenpodeste. Ab hier führen einläufige Treppen alternierend auf der Innen- und Außenseite der Anlage über 16 Zwischenebenen bis hinauf zu den fünf obersten Plattformen. Wegen des nach oben stetig zunehmenden Durchmessers des Volumens sind die obersten Treppenpodeste auch die längsten. Letztlich geht es ohnehin nicht darum, einen höchsten Punkt mit der bestmöglichen Aussicht zu erreichen, sondern von einer beliebigen Stelle im Rund die Aussicht auf die Umgebung, aber auch auf die erstaunliche Geometrie der Struktur aus 160 Treppenläufen zu genießen.

Burkhard Franke

Text Albert Williamson-Taylor, Alessandro Margnelli und Edoardo Tibuzzi, AKT II, London (GB)

A

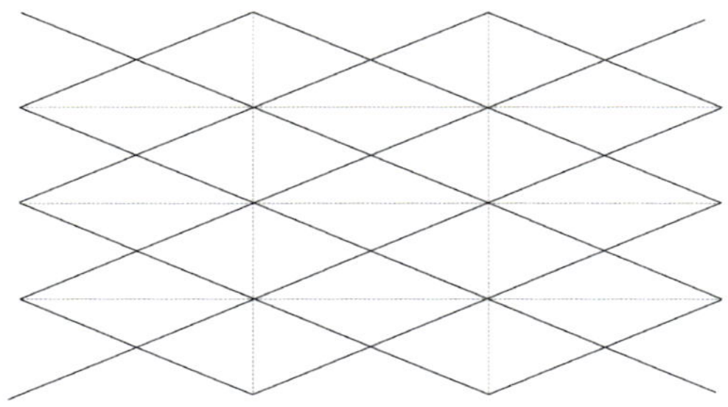

B

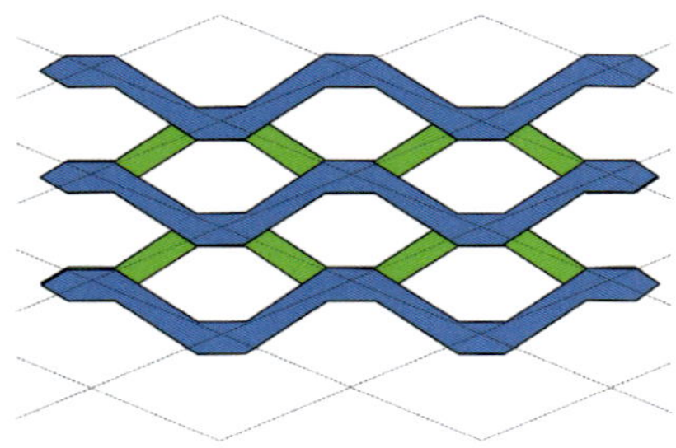

C

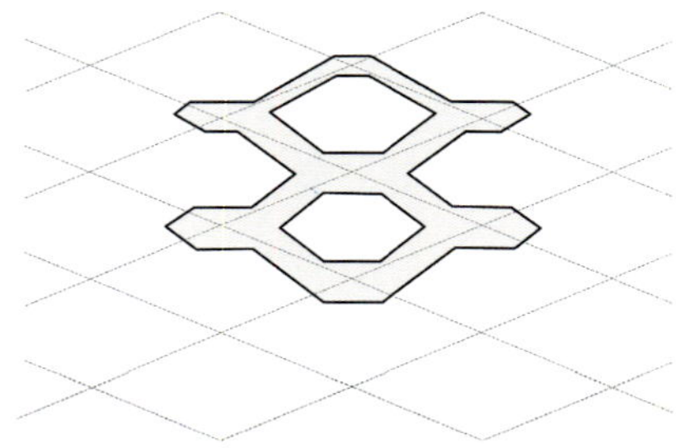

D

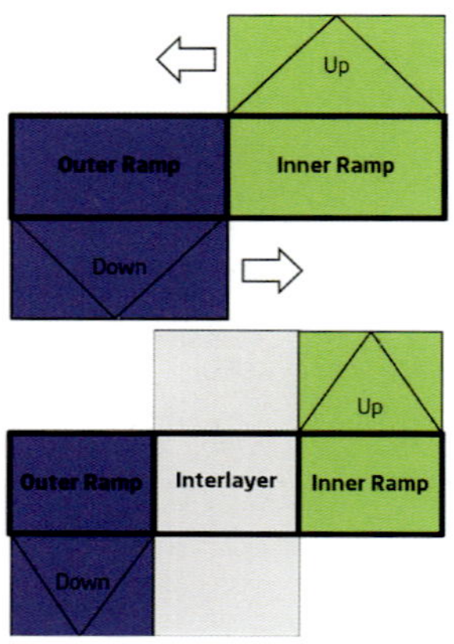

E

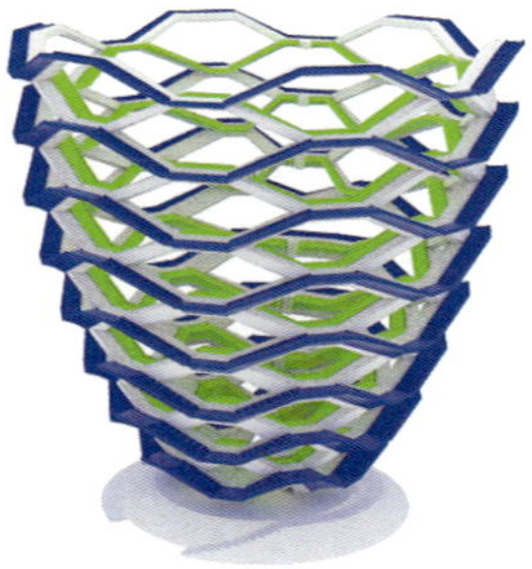

F

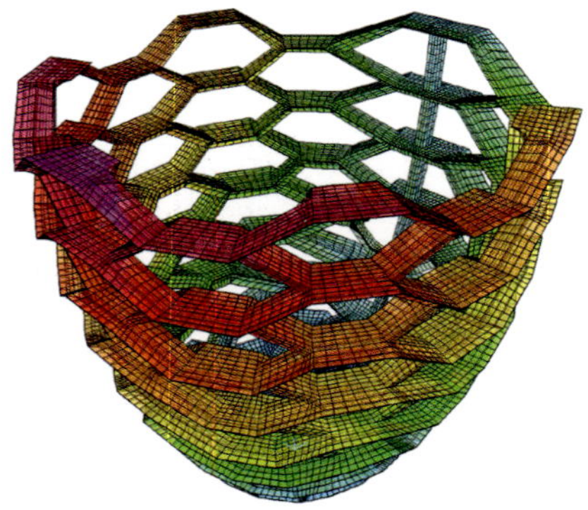

A
Grundlage Geometrie: rautenförmiges Raster

B
zweilagige Schicht aus Treppen und Podesten

C
Optimierung des Tragwerks

G

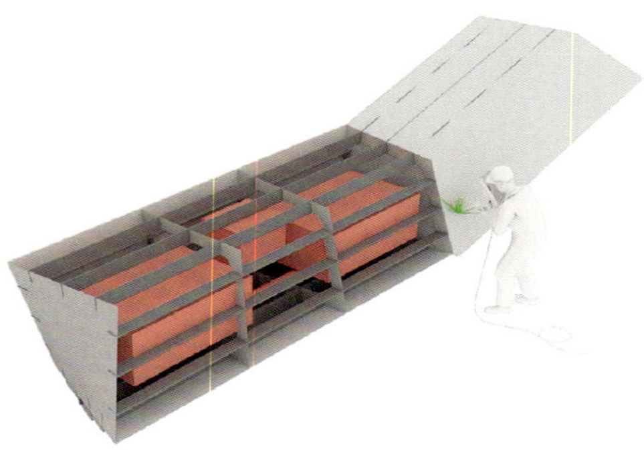

D
Raum für Tragwerk durch Auseinanderschieben der Treppen

E
Axonometrie der Gesamtstruktur

F
Verformungsdiagramm

G
abgestimmter Massedämpfer im Inneren eines Tragmoduls

H
Schnitt Tragwerk
Maßstab 1:500

GEOMETRIE UND FORM

Im Grenzbereich zwischen Architektur, Kunst und Forschung übersetzt das komplizierte Tragwerk von Vessel eine parametrisch entwickelte Geometrie in eine baubare physische Struktur.

Das Erscheinungsbild des gefäßartigen Baukörpers basiert auf einem liegenden rautenförmigen Raster, das als Grundlage für ein gleichförmiges Netz aus Treppen und Podesten dient (Abb. A). Eine innere und eine äußere Lage von horizontal verbundenen Treppenläufen erzeugen eine in allen Richtungen begehbare Raumschicht (Abb. B). Im Laufe des Entwurfsprozesses wurden die Treppen auseinander geschoben (Abb. D), um dazwischen Platz für die eigentliche Tragstruktur zu schaffen: eine Gitterschale mit wabenartigen, sechseckigen Öffnungen, an der innen und außen die Treppenläufe angehängt sind. Im parametrischen 3D-Modell wird diese dreilagige Hülle schließlich auf die rotationssymmetrische, sich nach unten verjüngende Grundform des Entwurfes übertragen, wodurch die Waben nach unten kleiner, nach oben größer werden (Abb. E).

TRAGWERKS-KONZEPT

Die Gitterschale nimmt alle vertikalen und horizontalen Lasten auf. Die aus Stahlblech geschweißten Tragelemente sind in Monocoque-Bauweise ausgeführt, um die Effizienz des sechseckigen Querschnitts zu maximieren. Außen sind sie an der schwarz lackierten Oberfläche ablesbar. Die Treppenläufe selbst kragen von dieser Tragschicht in beide Richtungen aus und sind mit glänzendem Blech aus einer Kupfer-Nickel-Legierung bekleidet. An das Haupttragwerk angeschlossen erhöhen sie die Steifigkeit der Schale. Es entsteht ein dreiteiliger Trägerquerschnitt, der sich mit zunehmender Höhenlage einer symmetrischen Form annähert (Abb. H). Die Blechstärken nehmen von 8 mm in den weniger beanspruchten oberen Bereichen bis auf 80 mm in der Nähe des hoch belasteten Fußpunktes zu.

Die Führungsschienen des Schrägaufzugs bilden nicht nur die geometrische Naht der Gitterschale, sondern auch ihr statisches Rückgrat. So ergeben sich auf der gegenüberliegenden Seite des Aufzugs die größten Verformungen aus statischen Lasten (Abb. F).

Die maßgebenden Einflussgrößen für die Berechnungen des Tragsystems sind jedoch nicht die Eigen-, Nutz- und Windlasten, sondern das dynamische Schwingungsverhalten eines Bauwerks, das sich letztlich wie eine große Feder verhält. Um zu verhindern, dass bei einem Konzert und einer Gruppe rhythmisch hüpfender Personen Unbehagen oder gar Panik aufkommt, wurde eine Obergrenze für die Beschleunigung eingeführt. Dabei versprach eine Vergrößerung der Masse oder der Steifigkeit keinen wesentlichen Einfluss auf das Schwingungsverhalten der Struktur – dieses wird in erster Linie durch die Geometrie bestimmt. Nach Analyse unterschiedlicher Nutzungsszenarios entschied man sich für die Installation von abgestimmten Massedämpfern (TMDs) im Inneren der Monocoque-Struktur (Abb. G). Diese dämpfen die Bewegung der Bauteile mithilfe einer trägen Masse und begrenzen so die Schwingungsamplitude.

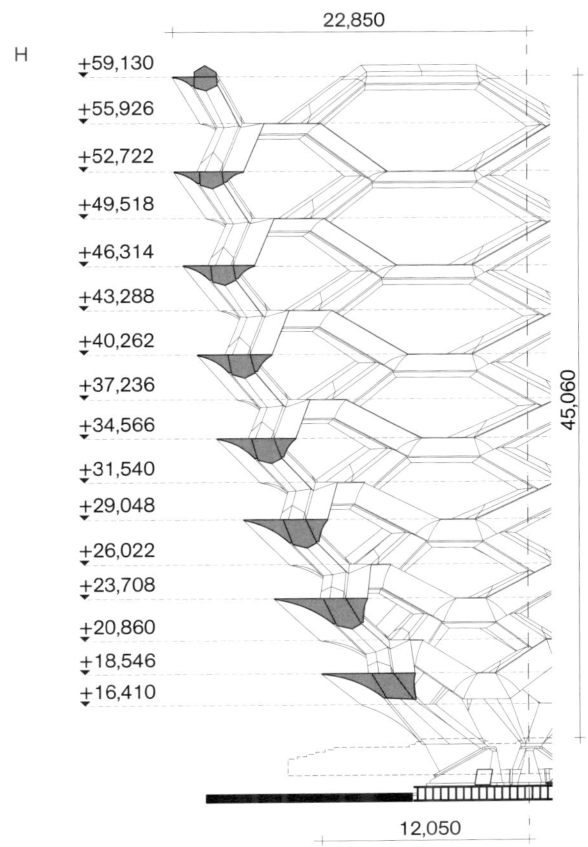

I

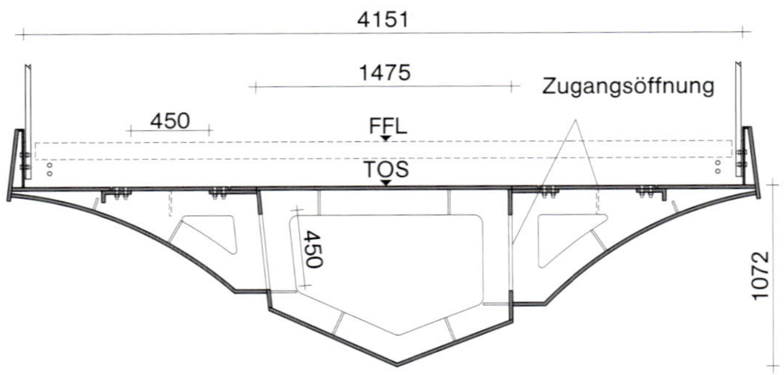

J

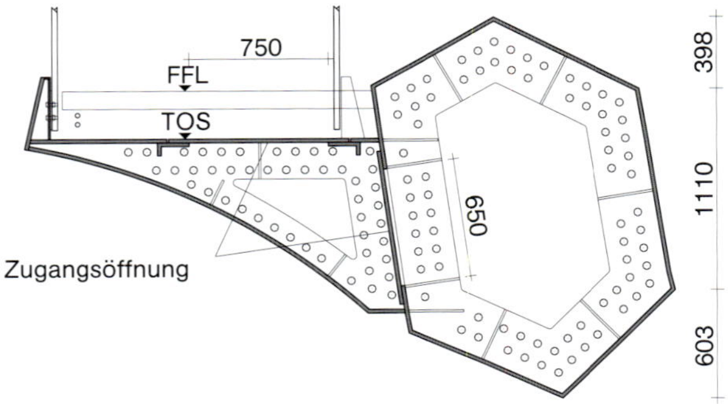

K

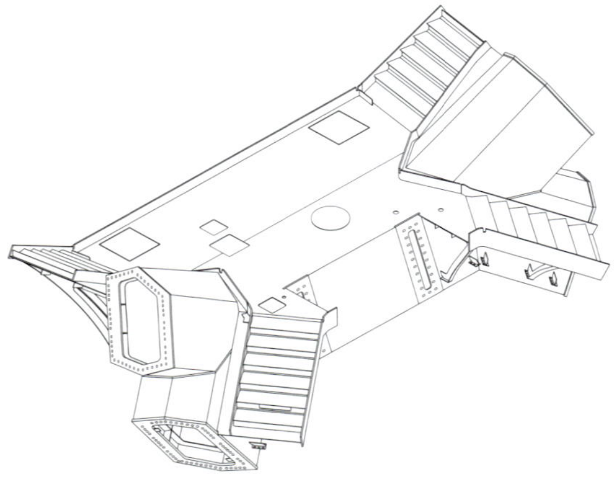

L

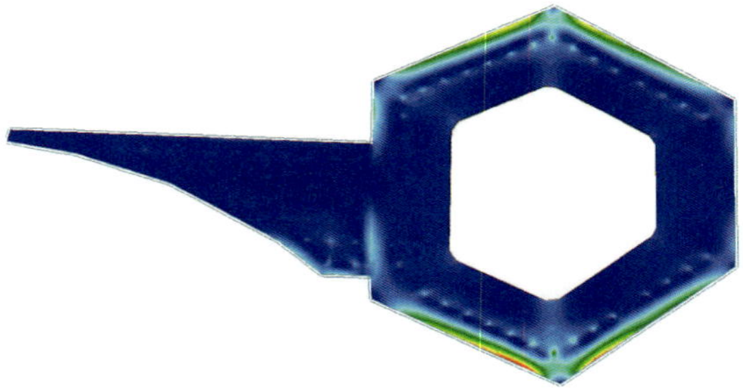

M

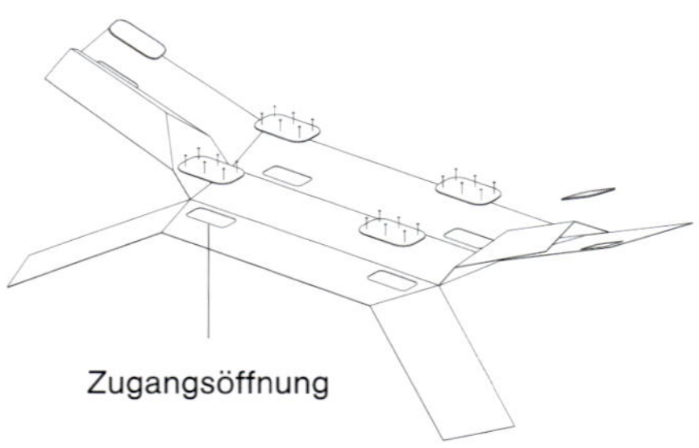

N

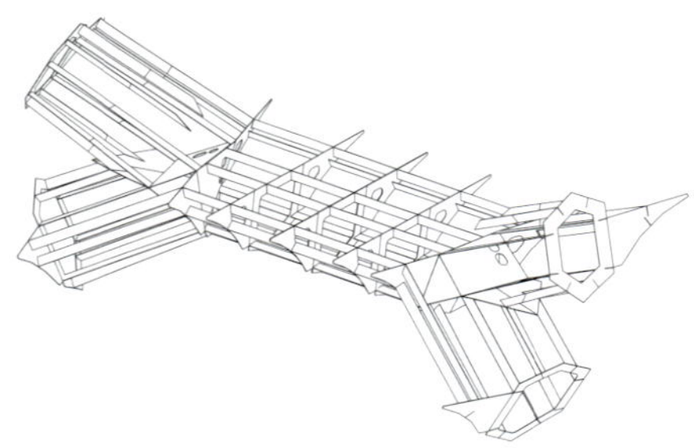

O

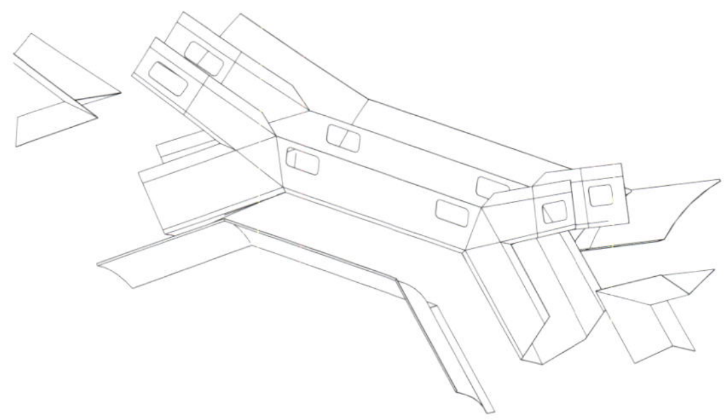

I
Detailschnitt Treppenpodest Ebene 15
Maßstab 1:50
FFL = OK Fertigfußboden
TOS = OK Stahlkonstruktion

J
typischer Modulstoß mit Verbindungsplatten
Maßstab 1:50

K
Axonometrie eines vorgefertigten „Hundeknochen“-Moduls

L
Spannungsdiagramm Modulstoß aus Finite-Elemente-Modell

Axonometrien „Hundeknochen“-Modul:

M
oberere Stahlbleche Monocoque mit Montageöffnungen

N
innere Stuktur mit Aussteifungsblechen

O
untere Stahlbleche Monocoque mit Montageöffnungen und seitlichen Verkleidungen

KONSTRUKTION UND BAUPROZESS

Um die scheinbar monolithische Struktur von The Vessel fertigen zu können, wurde sie in 80 gleichartige Module zerlegt. Jedes besteht aus einem Mittelteil mit Podest und vier davon abzweigenden Treppen, die auf halber Länge gestoßen werden. Auf diese Weise entsteht eine Doppel-Y-Form, der sogenannte „Hundeknochen" (Abb. K). Die biegesteife Verbindung erfolgt über Stoßplatten (Abb. J), Montageöffnungen erlauben das Verschrauben von innen (Abb. I, M, N, O).

Die Lage der Baustelle direkt am Hudson River ermöglichte eine Anlieferung per Schiff und damit die beträchtliche Modulgröße von typischerweise 15 × 7 m. Alle Elemente wurden inklusive Entwässerungsrohren, elektrischer Verkabelung und Schwingungsdämpfern im italienischen Monfalcone vorgefertigt und vor dem Transport probehalber zusammengebaut, um die geforderte hohe Passgenauigkeit der Verbindungsplatten sicherzustellen. Vor Ort wurden die Teile mit dem Kran in Position gehoben und wie ein riesiges 3D-Puzzle zusammengebaut.

Architekten: Diller Scofidio + Renfro, New York (US)
Rockwell Group, New York (US) (Partnerarchitekten)

Tragwerksplaner: Thornton Tomasetti, New York (US)

Kulturzentrum The Shed in New York

An der Westseite Manhattans, am nördlichen Ende der High Line, eröffnete im neuen Stadtviertel Hudson Yards Anfang April 2019 das Kunst- und Kulturzentrum „The Shed“. Zu dessen Besonderheiten zählt angesichts des umgebenden Luxusquartiers zweifellos das explizit an alle Menschen der Stadt gerichtete, bezahlbare Angebot. Bemerkenswert ist allerdings auch das Bauwerk, in dem es untergebracht ist.

The Shed besteht aus einem insgesamt achtgeschossigen Neubau in Stahlbauweise, der baulich mit dem benachbarten, ebenfalls von Diller Scofidio + Renfro und Rockwell Group geplanten Hochhaus verknüpft ist. Im Neubau befinden sich Ausstellungs- und Veranstaltungsflächen, mehrere Galerien, ein Theater mit Probenräumen und ein Kreativlabor. Dem Gebäude unmittelbar östlich vorgelagert ist die 1860 m² große Plaza – eine Freifläche für Konzerte, Events und Performances, die sich vollständig von einer rollbaren Gebäudehülle umschließen lässt.

Im Inneren dieser Gebäudehülle mit 9 m hohen Hubtoren entsteht ein visuell, akustisch und thermisch abgeschlossener Raum für bis zu 3000 Personen (The McCourt), der die Grundfläche des

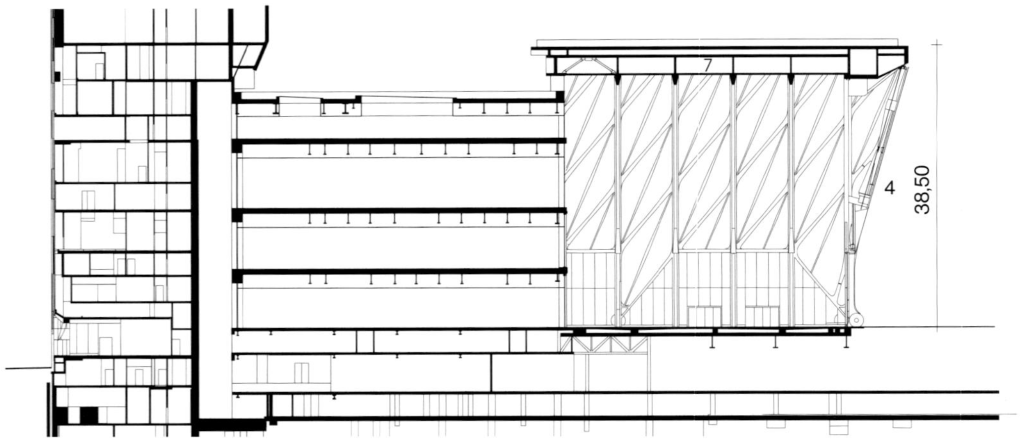

aa

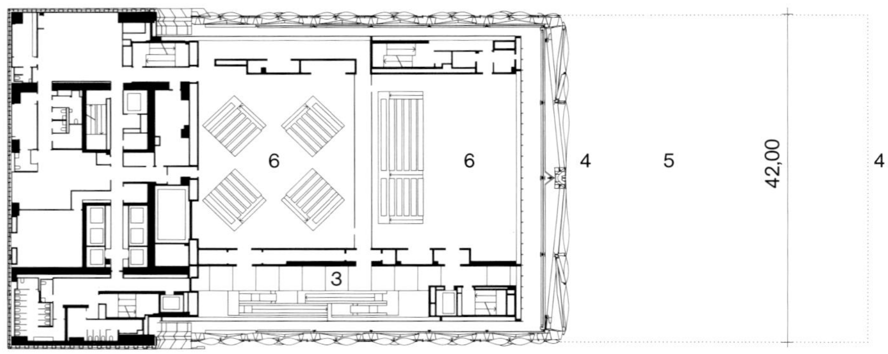

Ebene 6

Schnitt, Grundrisse
Maßstab 1:1000

Plaza-Ebene

1 The McCourt
2 Galerie
3 Foyer
4 rollbare Gebäudehülle
5 Plaza
6 Theater
7 Bühnentechnikbereich

Neubaus verdoppelt und komplett verdunkelt werden kann. Großflächig öffenbare Fassadenbereiche an der Ostseite des Neubaus erlauben die direkte Verknüpfung der beiden Räume – beispielsweise durch Zuschauertribünen, die teils im Gebäude und teils unter der Gebäudehülle liegen. Finden keine Veranstaltungen statt, schmiegt sich die U-förmige Hüllenkonstruktion aus Stahl und 148 silbrig-glänzenden ETFE-Folienkissen um die Dach- und Seitenflächen des Neubaus.

Konstruktiv ist die Gebäudehülle als Diagonalgitterkonstruktion aus eigens entwickelten Stahlprofilen ausgebildet. Diese wurden in einer Werkstatt vorgefertigt und schließlich vor Ort zusammengeschweißt.

Die Konstruktion ruht auf insgesamt sechs Fahrgestellen mit 16 Rädern aus gehärtetem geschmiedetem Stahl und lässt sich mithilfe von zwölf Elektromotoren auf Schienen hin- und herbewegen. Jedes der Räder trägt dabei auf der Fläche zweier Hände rund 250 t Gewicht.

Luftgefüllte drei- bzw. vierlagige ETFE-Folienkissen wurden nicht zuletzt deshalb als Material für die 4100 m^2 große Fassadenfläche ausgewählt, weil sie ein geringes Eigengewicht aufweisen, günstige Wärmedämmeigenschaften besitzen und zudem über hohe Toleranzen gegenüber den aus der Bewegung resultierenden Erschütterungen verfügen.

Roland Pawlitschko

Text Scott Lomax, Thornton Tomasetti, New York (US)

A

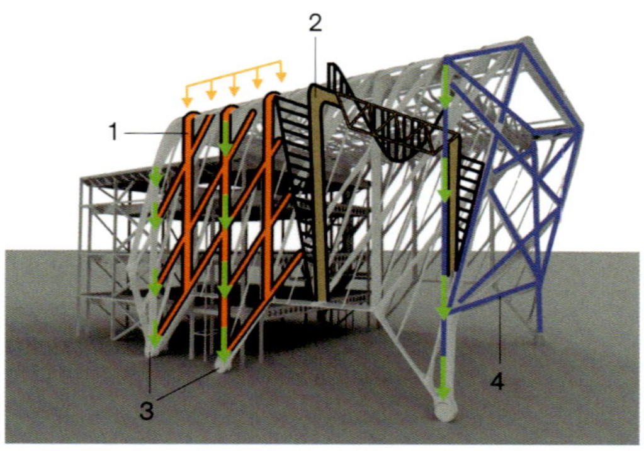

B

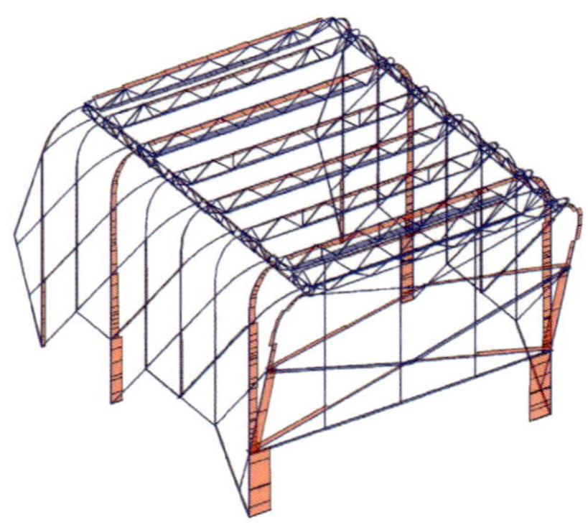

C

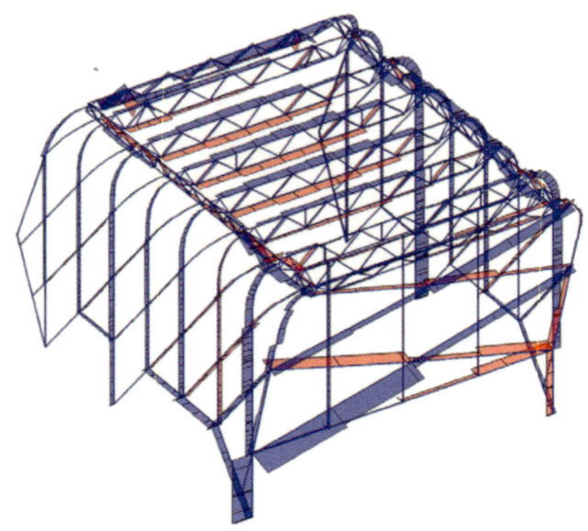

A
Diagramm zum allgemeinen Tragverhalten der rollbaren Hüllkonstruktion

1 Hauptstützen und Diagonalen bilden ein Diagrid.
2 Im Querschnitt wirkt die Konstruktion als Portalrahmen.
3 vertikaler Lastverlauf
4 Scheibenwirkung zur Stabilisierung und zur Aufnahme horizontaler Kräfte

B
Verhalten des Tragwerks bei vertikalen Lasten (rot: Druck, blau: Zug)

C
Verhalten des Tragwerks unter Windlast (rot: Druck, blau: Zug)

EIN GEBÄUDE, ZWEI EIGENSTÄNDIGE TRAGWERKE

The Shed besteht konstruktiv aus zwei vollkommen eigenständigen Bauwerken: einem feststehenden Gebäude in Stahlbauweise und einer darüber verfahrbaren Gebäudehülle (Abb. A).

Das 35 m hohe feststehende Gebäude verfügt über vier unterschiedlich hohe Ausstellungs- und Veranstaltungsgeschosse. Durchgängig 30 m breite Räume werden dabei von 1,6 m hohen, in Nord-Süd-Richtung orientierten Stahlträgern überspannt, die zu den Seitenfassaden jeweils 5 m auskragen. Das in statischer Hinsicht als Box mit drei Seiten konzipierte Gebäude wird durch zwei Erschließungskerne sowie Diagonalen in der Nord-, Süd- und Westseite ausgesteift. Die gläserne Ostfassade ist frei von aussteifenden Tragwerkselementen und in den unteren beiden Geschossen komplett öffenbar. Verglaste Seilnetzfassaden sorgen an der Nord- und Südfassade für maximale Transparenz.

Die rollbare Gebäudehülle ist ebenfalls als Box mit drei Seiten ausgebildet. In diesem Fall ist die Westseite gänzlich frei von Tragwerkselementen, während die Seitenwände aus einem offen liegenden Diagrid-Tragwerk bestehen. In Querrichtung verlaufende Fachwerk-Dachbinder verbinden die Nord- und Südseite und bieten in dem zwischen den Bindern entstehenden Dachraum zugleich Platz für Bühnentechnik (Abb. B, C). Fassaden und Dach sind bekleidet mit bedruckten Kissen aus ETFE, einem transluzenten, leichten Material, das energieeffizienter und kostengünstiger ist als Glas.

MASSGEFERTIGTE PROFILE FÜR DIE ROLLBARE HÜLLE

Vertikale und diagonale Stahl-Tragelemente definieren die Nord- und Südseiten der rollbaren Hüllkonstruktion. Die vertikalen Elemente verfügen über durchgehend trapezförmige Querschnitte, die in den Rundungen zur Dachfläche in konische Profile übergehen. Die Diagonalen sind als konische Querschnitte ausgebildet, die ihre maximale Breite jeweils im Bereich der Knoten erreichen und sich zur Mitte hin verjüngen.

Für diese Konstruktion waren aus einzelnen Blechen zusammengesetzte Profile zu entwickeln, die den Festigkeits- und Steifigkeitsanforderungen entsprechen, aber auch optisch ansprechend sein und über die statisch erforderlichen Blechdicken verfügen mussten. Die Profile hatten eine Mindestblechstärke aufzuweisen, die innere Steifen überflüssig macht und das Risiko einer Durchbiegung sowie eines Abzeichnens von Schweißnähten oder von inneren Stegen an der Oberfläche reduziert. Überdies war eine maximale Blechdicke zu definieren, um so eine praktikable Fertigung zu gewährleisten und um sicherzustellen, dass sich die Bleche der Stahlsorten S355 und S460 leicht in die richtige Form bringen lassen. Die Bleche der Primärkonstruktion sind zwischen 10 und 50 mm stark.

Im unteren Teil der Nord- und Ostfassade befinden sich mehrere 9 m hohe und als verglaste Stahlrahmenelemente ausgeführte Tore, die sich vertikal verfahren lassen, um großzügige Zugangsöffnungen für Open-Air-Veranstaltungen zu schaffen. Bewegt werden sie mithilfe eines Seilsystems durch Winden, die im Bühnentechnikbereich an der Dachunterseite untergebracht sind. Obwohl dieses System eher konventionell konzipiert ist, war das Unterbringen der Winden, Seile und Umlenkrollen nicht ganz einfach. Sowohl an den vertikalen Tragelementen als auch im Bühnentechnikbereich, in dem auch die Haustechnik untergebracht ist, herrschen beschränkte Platzverhältnisse.

ANTRIEBSSYSTEM UND FAHRWERKE

Zum Verfahren der Gebäudehülle kam ein Zahnstangenantrieb mit zwei Schlitten auf dem Dach des feststehenden Gebäudes zum Einsatz. Einer der beiden Schlitten verfügt über einen Ausleger (Abb. D), der sich ausschließlich bei extremen horizontalen Krafteinwirkungen auf dem Dach des feststehenden Gebäudes abstützt und so die gegenseitige Aussteifung des ansonsten statisch unabhängigen Gebäudes ermöglicht.

Die Hüllkonstruktion liegt auf sechs Fahrwerken auf. Deren Räder sind 25 cm breit, haben einen Durchmesser von 1,8 m und rollen auf Kranbahnschienen des Typs MRS 221 (Abb. E). Vier dieser Fahrwerke bestehen aus je zwei Rädern, während die beiden am stärksten belasteten Fahrwerke an der Ostseite über vier Räder verfügen. Die maximale Radlast beträgt je 3500 kN im bewegten Zustand und je 4000 kN im Ruhezustand. Die Fahrwerke fahren auf einem 83 m langen, im Abstand von 1 m verlegten Schienenpaar, wobei ungleichmäßige Lasten in jedem Radpaar über ein Kardangelenk ausgeglichen werden.

Die Schlittenantriebe sind über eine Drehmomentstütze und ein Gleitlager mit den Dachbindern der Hüllkonstruktion verbunden. Daraus ergeben sich fünf Freiheitsgrade, während reine Längskräfte in Bewegungsrichtung übertragen werden. Dieser Verbindungsmechanismus ist notwendig, um relative Bewegungen zwischen der festen und der beweglichen Tragstruktur in allen Richtungen zusätzlich zur Längsrichtung zu ermöglichen.

Die beiden Schlitten werden von jeweils sechs 15-PS-Elektromotoren bewegt, die die Ritzel durch ein Planetengetriebe antreiben. Das dynamische Steuerungssystem sowie die mit variabler Geschwindigkeit fahrbaren Motoren ermöglichen ein sanftes Beschleunigen und Verzögern an den beiden Parkpositionen der Gebäudehülle.

Bei einer Geschwindigkeit von circa 7,5 m pro Minute dauert es etwa fünf Minuten, um die 4000 t schwere Hüllkonstruktion komplett aus- bzw. einzufahren.

PARAMETRISCHES TRAGWERKSMODELL

Die Tragwerksberechnungen wurden mithilfe von Finite-Elemente-Modellen durchgeführt. Während der Entwurfsphase entstanden für das Diagrid-Tragwerk zahlreiche Varianten.

Wichtig war dabei eine schnelle und reibungslose Entwicklung der Analysemodelle, um innerhalb des Projektzeitplans auf den Entwurfsprozess reagieren zu können.

Ein parametrisches geometrisches Modell erlaubte schnelle Änderungen der Gesamtform. Um die daraus resultierenden Aktualisierungen der Analysemodelle zu erleichtern, ohne diese jedes Mal neu erstellen zu müssen, kamen von Thornton Tomasetti entwickelte Kommunikationsplattformen wie Konstru sowie speziell für Grasshopper entwickelte Skripte zum Einsatz.

D

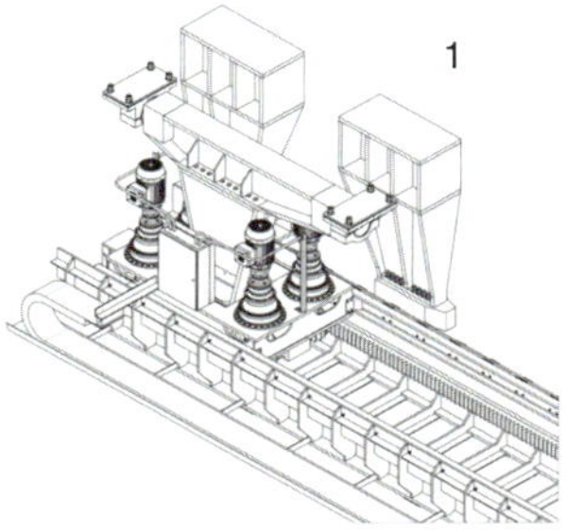

E

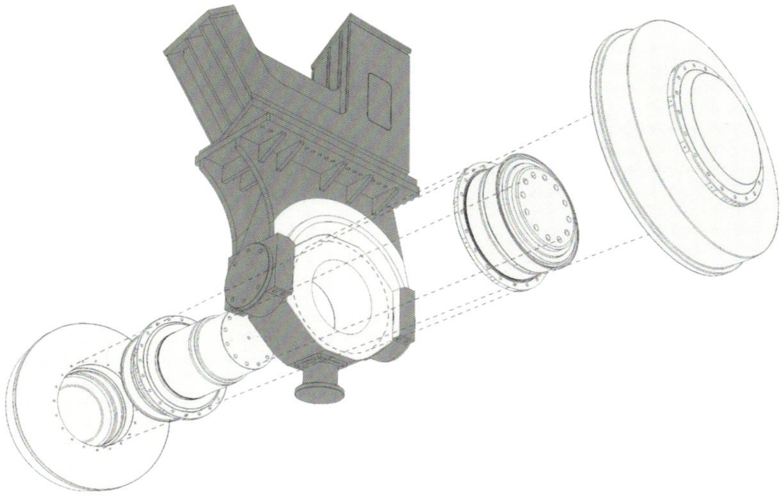

F

G

H

I

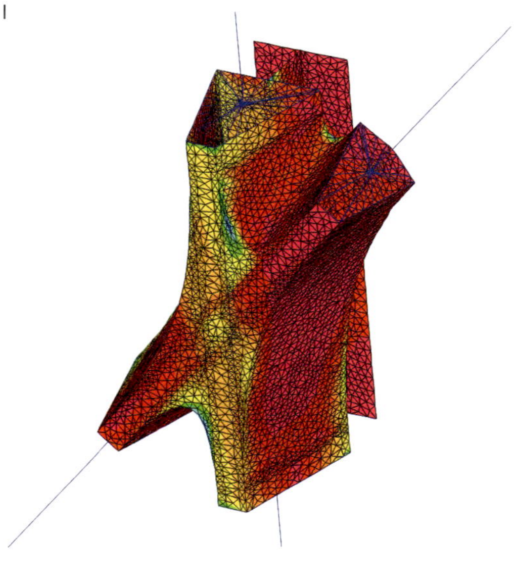

J

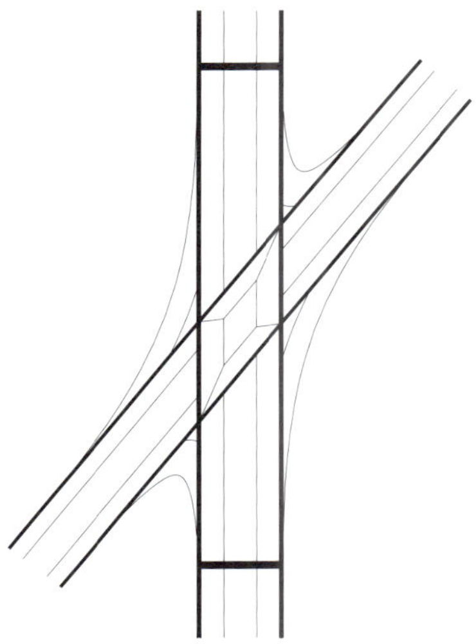

K

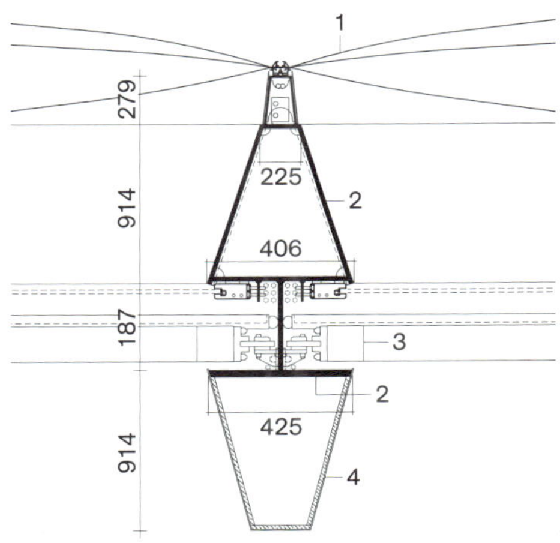

D
Prinzipskizze des Zahnstangenantriebs mit Ausleger (1)

E
Explosionszeichnung eines Fahrwerks mit zwei Rädern

F
konisch zulaufende Bekleidungen an den Innenseiten der vertikalen Tragelemente enthalten Lüftungsleitungen

G
Die Räder des Fahrwerks bewegen sich auf Kranbahnschienen

H
Fertigung eines Stahlknotens in der Werkstatt

I
Spannungsverteilung innerhalb eines Tragwerksknotens der rollbaren Hüllkonstruktion

J
schematischer Vertikalschnitt Stahlknoten

K
Horizontalschnitt vertikales Tragelement Maßstab 1:50

1 ETFE-Kissen
2 Primärkonstruktion
3 Hubtor
4 Bekleidung für Lüftungsleitungen

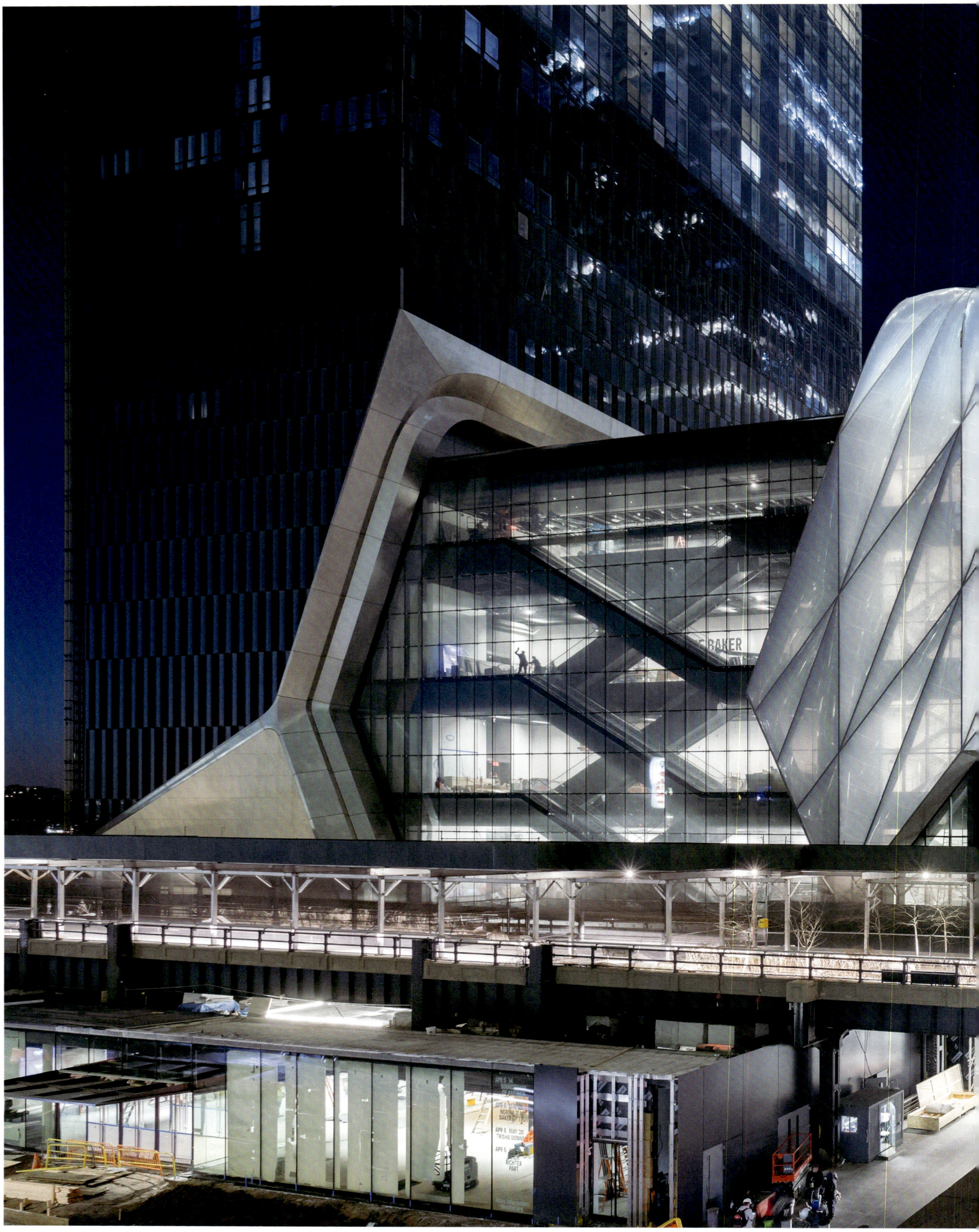

Anhang

AUTOREN 226

ABBILDUNGSNACHWEIS 228

PROJEKTBETEILIGTE 229

IMPRESSUM 232

AUTOREN

JAN AKKERMANN
Jan Akkermann ist geschäftsführender Gesellschafter bei Krebs+Kiefer Ingenieure und war seit dem Wettbewerb in den Tragwerksentwurf der Kienlesbergbrücke involviert.

ROLAND BECHMANN
Roland Bechmann ist Vorstand und Partner des Ingenieurbüros Werner Sobek, das für die Tragwerksplanung der Adidas-Arena in Herzogenaurach verantwortlich war.

AMLIS BOTSCH
Amlis Botsch studierte Architektur und war u.a. am Institut für Tragkonstruktionen und Konstruktives Entwerfen bei Prof. Jan Knippers tätig. Zwischen 2016 und 2019 war er freier Redakteur bei Detail.

ULRICH BREUNINGER
Ulrich Breuninger ist geschäftsführender Gesellschafter des Ingenieurbüros Weiske + Partner, Lehrbeauftragter für Stahlverbundbau an der HFT Stuttgart und Prüfingenieur für Bautechnik der Fachrichtungen Metall- und Massivbau. Er verantwortete auf deutscher Seite die Tragwerksplanung der Meixi Urban Helix.

ED CLARK
Ed Clark ist Direktor bei Arup und leitet eine multidisziplinäre Abteilung für Gebäudeentwurf in London. Beim Projekt Coal Drops Yard leitete er das Planungsteam von der Konzeptentwicklung bis zur Fertigstellung.

CRISTOBAL CORREA
Cristobal Correa ist Director bei Buro Happold Engineering in New York und leitete dort unter anderem das Projekt Jewel Changi Airport. Er ist außerdem Professor für Tragwerkslehre am Pratt Institute in New York.

OLIVER ENGLHARDT
Oliver Englhardt ist Bauingenieur und war mit seinem Ingenieurbüro &structures für die Tragwerksplanung des Isarsteg Nord in Freising zuständig.

BURKHARD FRANKE
Burkhard Franke arbeitet freiberuflich als Architekt, Redakteur und Fotograf. Er schreibt regelmäßig Fachbeiträge für Detail und structure – published by Detail.

ANDREAS GABRIEL
Andreas Gabriel war nach langjähriger Praxis als Architekt bis 2018 Redakteur bei Detail und dort mit der Konzeption und Umsetzung von Themenheften, Fachbüchern und neuen Heftprofilen befasst.

MATTHIAS GANDER
Matthias Gander ist Bauingenieur und war mit seinem Ingenieurbüro Bergmeister Ingenieure insbesondere für die Ausführungsplanung des Isarstegs Nord in Freising verantwortlich.

BARTLOMIEJ HALACZEK
Bartlomiej Halaczek ist sowohl Bauingenieur als auch Architekt und verantwortete als Associate bei Knight Architects den gestalterischen Entwurf der Kienlesbergbrücke in Ulm.

THORSTEN HELBIG
Thorsten Helbig ist geschäftsführender Gesellschafter von Knippers Helbig und war zusammen mit Boris Peter für die Tragwerksplanung des Technologiezentrums in Chicago verantwortlich.

TIM KELLY
Tim Kelly ist Tragwerksplaner bei Buro Happold und war als Projektleiter für den Bau des Morpheus Hotels verantwortlich.

DEVAN LEVIN
Devan Levin arbeitet als Bauingenieur bei Rokach & Ashkenazi Engineers und war Projektleiter der Tragwerksplanung der Be'er-Sheva-Brücke.

SCOTT LOMAX
Scott Lomax ist Bauingenieur und war im Ingenieurbüro Thornton Tomasetti als Senior Principal für die Tragwerks-, Fasssaden- und Fahrwerksplanung von The Shed zuständig. Er ist Assistant Professor am Pratt Institute und Beiratsmitglied der Urban Assembly School of Design and Construction in New York.

WOLF MANGELSDORF
Wolf Mangelsdorf ist Tragwerksplaner bei Buro Happold und war als Projektpartner für den Bau des Morpheus Hotels verantwortlich.

ALESSANDRO MARGNELLI
Alessandro Margnelli ist Direktor für Technik und Entwurf im Ingenieurbüro AKT II in London und war für den Bau des Projekts Vessel in New York mitverantwortlich.

CHRISTOPH MAYR
Christoph Mayr ist Architekt. Sein Büro J2M Architekten hatte zusammen mit den Ingenieuren von Bergmeister Ingenieure und &structures den Wettbewerb für den Isarsteg Nord in Freising gewonnen.

SIMON DE NEUMANN
Simon de Neumann ist ein auf Stahlbau spezialisierter Ingenieur bei Ramboll in Espoo. Er leitete den Entwurf und die Ausführung des Stahltragwerks der Oodi-Bibliothek in Helsinki.

BAS VAN OOIJEN
Bas van Ooijen ist Bauingenieur und war bei Grontmij (heute Sweco Nederland) als Projektleiter für die Tragwerksplanung des Hauptbahnhofs von Den Haag zuständig.

ANDREAS ORDON
Andreas Ordon ist Architekt und arbeitet für das Büro Stollenwerk Architekten. Von 2014 bis 2017 war er als freier Redakteur für die Zeitschrift structure – published by Detail tätig.

NIR OVADYA
Nir Ovadya war Architekt bei Bar Orian Architects und Projektleiter der Be'er-Sheva-Brücke.

ROLAND PAWLITSCHKO
Roland Pawlitschko ist Architekt sowie freier Autor, Architekturkritiker und Übersetzer. Seit 2007 arbeitet er als freier Redakteur mit der Detail-Redaktion zusammen.

BORIS PETER
Boris Peter ist geschäftsführender Gesellschafter von Knippers Helbig und war zusammen mit Thorsten Helbig für die Tragwerksplanung des Technologiezentrums in Chicago verantwortlich.

JULIA RATCLIFFE
Julia Ratcliffe ist Ingenieurin und die Gründerin der Scale Consulting Ltd. Zuvor war sie Mitglied der Geschäftsführung von Expedition Engineering in London und als Projektleiterin für den Tragwerksentwurf des Intesa-Sanpaolo-Hochhaus in Turin verantwortlich.

JOHN ROBERTS
John Roberts ist Tragwerksplaner und Director of Operations im Ingenieurbüro Jacobs UK in Manchester. Bei Planung und Bau des Aussichtsturms in Brighton war er als Chefingenieur tätig.

MARTIN ROMBERG
Martin Romberg ist Prokurist und Gruppenleiter Internationaler Brückenbau bei Leonhardt, Andrä und Partner in Stuttgart. Beim Projekt Queensferry Crossing war er vor allem verantwortlich für die Geometrie- und Montagekontrolle bei der Seil- und Überbauinstallation.

KLAAS DE RYCKE
Klaas De Rycke ist Partner und Geschäftsführer der Bollinger+Grohmann Sarl in Paris und Brüssel sowie im Vorstand der Bollinger +Grohmann Holding AG. Er hat das Projekt Sporthalle Quai de la Moselle in Calais während der Wettbewerbs- und Entwurfsphase betreut.

NORBERT SAUERBORN
Norbert Sauerborn ist Mitgesellschafter und Leiter des Technischen Büros bei der Stahl + Verbundbau GmbH in Dreieich, die am Bau der Adidas-Arena in Herzogenaurach beteiligt war.

ANGELIKA SCHMID
Angelika Schmid ist Prokuristin des Ingenieurbüros Werner Sobek in Stuttgart und war Projektleiterin der Adidas-Arena in Herzogenaurach.

JAKOB SCHOOF
Jakob Schoof ist seit 2009 Redakteur und seit 2018 stellvertretender Chefredakteur von Detail. Er verantwortete dort unter anderem die Zeitschriften- und Buchreihe Detail Green zu Themen des nachhaltigen Bauens und leitete die Redaktion der Zeitschrift structure – published by Detail.

KJELD THOMSEN
Kjeld Thomsen war als Geschäftsführer von ISC verantwortlich für die Tragwerksplanung des Stahlüberbaus der Sundsvall-Autobahnbrücke.

EDOARDO TIBUZZI
Edoardo Tibuzzi ist Direktor für Technik und Entwurf im Ingenieurbüro AKT II in London und war für den Bau des Projekts Vessel in New York mitverantwortlich.

AGNES WEILANDT
Agnes Weilandt ist Bauingenieurin und als Partnerin bei Bollinger+Grohmann für viele französische Projekt verantwortlich.

MICHAEL WERWIGK
Michael Werwigk ist Mitglied der erweiterten Geschäftsleitung bei schlaich bergermann partner und war seit der Wettbewerbsphase als Projektleiter für den Tragwerksentwurf und die Ausführung des Science Center Experimenta verantwortlich.

ALBERT WILLIAMSON-TAYLOR
Albert Williamson-Taylor ist Direktor für Technik und Entwurf im Ingenieurbüro AKT II in London und war für den Bau des Projekts Vessel in New York mitverantwortlich.

ABBILDUNGSNACHWEIS

DÄCHER

MATMUT-ATLANTIQUE-STADION IN BORDEAUX
Seite 11, 14 rechts: Cabinet Jaillet-Rouby
Seite 12, 18: Iwan Baan
Seite 13: Iwan Baan/Herzog & de Meuron
Seite 14 links, 17 links und Mitte, 19: Herzog & de Meuron
Seite 17 rechts: James Sanders/Herzog & de Meuron

HAUPTBAHNHOF IN DEN HAAG
Seite 21, 24/25, 29: Jannes Linders
Seite 23, 26: Bart van Hoek

TECHNOLOGIEZENTRUM IN CHICAGO
Seite 31: McShane Construction, Rosemont (USA)
Seite 32–39: Simon Menges

SPORTHALLE QUAI DE LA MOSELLE IN CALAIS
Seite 41, 47 unten: faceB
Seite 43: Maxime Delvaux
Seite 44, 47 oben: Delphine Lermite
Seite 47 Mitte: Jonathan Alexandre

COAL DROPS YARD IN LONDON
Seite 49, 54 links, 55 rechts, 57: John Sturrock/Argent LLP
Seite 50, 54 rechts, 55 links: John Sturrock
Seite 51: Luke Hayes
Seite 55 Mitte: Arup
Seite 56: Hufton + Crow

JEWEL AM FLUGHAFEN CHANGI IN SINGAPUR
Seite 59, 64/65, 66: Jewel Changi Airport Devt.
Seite 60, 63, 67: Safdie Architects
Seite 61: Darren Soh

BRÜCKEN

AUTOBAHNBRÜCKE BEI SUNDSVALL
Seite 71, 78 oben, unten links und Mitte: Firmengruppe Max Bögl
Seite 73, 74: Kasper Dudzik
Seite 76, 77: ISC Consulting Engineers
Seite 78 unten rechts, 80/81: Torbjörn Bergkvist

ISARSTEG NORD IN FREISING
Seite 83, 87 links und Mitte: J2M Architekten
Seite 84: Oliver Jaist
Seite 85, 87 rechts: Bruno Klomfar

QUEENSFERRY CROSSING BEI EDINBURGH
Seite 89, 94: lukas.kohler@lap-consult.com
Seite 90, 91: Transport Scotland
Seite 92 links, 93, 96/97: PA Images
Seite 92 rechts: bastian.kratzke@lap-consult.com

FUSSGÄNGERBRÜCKE IN BE'ER SHEVA
Seite 99, 104: Nir Ovadya
Seite 100–103: Amit Geron

KIENLESBERGBRÜCKE IN ULM
Seite 107, 114 oben links und unten: Krebs + Kiefer/Knight Architects
Seite 108, 112/113, 114 oben rechts: Wilfried Dechau
Seite 109: P. Blaha

GESCHOSSBAUTEN

INTESA-SANPAOLO-HOCHHAUS IN TURIN
Seite 119, Seite 124 oben rechts, 125: Michel Denancé
Seite 121, 122, 126, 127: Enrico Cano
124 oben links: Chris Wise/Expedition Engineering
Seite 124 unten links: Raphael Petit
Seite 124 unten rechts: Renzo Piano Building Workshop

MORPHEUS HOTEL IN MACAU
Seite 129: Bartosz Kolonko
Seite 130: Paulo dos Sousa
Seite 131, 134/135: Ivan Dupont
Seite 132: Virgile Simon Bertrand
Seite 136: Zaha Hadid Architects

SCIENCE CENTER EXPERIMENTA IN HEILBRONN
Seite 139, 145 oben: Spannverbund
Seite 141, 144, 148/149: Jan Bitter
Seite 145 unten: schlaich bergermann partner

ZENTRALBIBLIOTHEK OODI IN HELSINKI
Seite 151, 153, 155, 156/157, 159 Mitte und unten, 161: Tuomas Uusheimo
Seite 154, 159 oben: Ramboll

BÜROGEBÄUDE ARENA IN HERZOGENAURACH
Seite 163, 168 links, 170, 172: Marc Pfeiffer
Seite 165, 166, 168 rechts, 173: David Matthiessen

SONDERBAUTEN

AUSSICHTSTURM IN BRIGHTON
Seite 177: Jacobs UK
Seite 178–182: British Airways i360

KRAFTWERK LAUSWARD IN DÜSSELDORF
Seite 185, 190, 191: Bollinger+Grohmann
Seite 186 oben, 187, 188, 192, 193: Jens Kirchner
Seite 186 unten: Siemens

MEIXI URBAN HELIX IN CHANGSHA
Seite 195, 198, 203: KSP Jürgen Engel Architekten
Seite 197, 199–202: Marcus Bredt

VESSEL IN NEW YORK
Seite 205: Cimolai
Seite 207, 213: Michael Moran for Related Oxford
Seite 210/211: Getty Images

KULTURZENTRUM THE SHED IN NEW YORK
Seite 215, 218, 221 Mitte, 222/223: Iwan Baan , Courtesy of The Shed
Seite 217: Wade Zimmerman
Seite 221 links: Brett Beyer
Seite 221 rechts: Thornton Tomasetti

TITELBILD

MEIXI URBAN HELIX IN CHANGSHA
KSP Jürgen Engel Architekten

Sofern nicht anders angegeben, stammen alle Zeichnungen im Buch von den in den Projektkapiteln genannten Architekten und Ingenieuren.

PROJEKTBETEILIGTE

DÄCHER

MATMUT-ATLANTIQUE-STADION IN BORDEAUX
Architekten:
Herzog & de Meuron, Basel (CH)
Tragwerksplaner:
Cabinet Jaillet-Rouby, Orléans (FR)
Structures Ile de France, Montrouge (FR)
Bauherren:
ADIM Sud-Ouest (Vinci Construction), Mérignac (FR)
CPI SOMIFA (Fayat Group), Floirac (FR)
Landschaftsgestalter:
Michel Desvigne Paysagiste, Paris (FR)
Generalunternehmer:
SOGEA Sud-Ouest Hydraulique, Pessac (FR)
Castel & Fromaget, Fleurance (FR)
GTM Bâtiment Aquitaine, Mérignac (FR)
GTM TP GC, Mérignac (FR)
Razel-Bec, Orsay (FR)
SEG-Fayat, Floirac (FR)

HAUPTBAHNHOF IN DEN HAAG
Architekten:
Benthem Crouwel Architects, Amsterdam (NL)
Tragwerksplaner:
Sweco Nederland, De Bilt (NL) (ehemals Grontmij, De Bilt (NL))
Bauherren:
ProRail, Gemeente Den Haag, VROM und Nederlandse Spoorwegen, Den Haag (NL)
Baufirma:
Strukton, Maarssen (NL)

TECHNOLOGIEZENTRUM IN CHICAGO
Architekten:
Barkow Leibinger, Berlin (DE)
Tragwerks- und Fassadenplaner:
Knippers Helbig, New York (US) / Berlin (D)
Bauherr:
Trumpf Inc, Farmington (US)

SPORTHALLE QUAI DE LA MOSELLE IN CALAIS
Architekten:
Bureau faceB, Lille (FR)
Tragwerksplaner:
Bollinger+Grohmann, Paris (FR)
Bauherr:
Ville de Calais (FR)
Stahlbau:
BC Metalnord, Téteghem (FR)
Groupe Demathieu Bard, Montigny-lès-Metz (FR)

COAL DROPS YARD IN LONDON
Architekten:
Heatherwick Studio, London (GB)
Ausführungsplanung:
BAM Design, London (GB)
Tragwerksplaner:
Arup, London (GB)
Bauherr:
Argent Group, London (GB)
Generalunternehmer:
BAM Construction, London (GB)
Stahlbau:
Severfield, Thirsk (GB)

JEWEL AM FLUGHAFEN CHANGI IN SINGAPUR
Architekten:
Safdie Architects, Singapur (SG)
Tragwerksplaner Dach:
Buro Happold Engineering, New York (US)
Tragwerksplaner und Ausführungsplaner Dach:
RSP Architects Planners & Engineers, Singapur (SG)
Bauherr:
CapitaMalls Asia Limited and Changi Airport Group, Singapur (SG)
Dachtragwerk:
Mero-TSK, Würzburg (DE)
ETFE-Kissen:
Vector Foiltec, Bremen (DE)

BRÜCKEN

AUTOBAHNBRÜCKE BEI SUNDSVALL
Architekten:
KRAM Group, Stockholm (SE) / Rundquist Arkitekter, Stockholm (SE)
Wettbewerb:
KHR Arkitekter, Kopenhagen (DK), Møller & Grønborg, Kopenhagen (DK) / Rundquist ARchitekter, Stockholm (SE)
Ausführungsplanung:
Rundquist ARchitekter, Stockholm (SE)
Tragwerksplaner Stahlkonstruktion:
ISC Consulting Engineers, Kopenhagen (DK)
Tragwerksplaner Betonkonstruktion:
Centerlöf & Holmberg, Malmö (SE)
Bauherr:
Trafikverket (Swedish Transport Administration), Sundsvall (SE)
Herstellung und Montage Stahlstruktur:
Max Bögl, Neumarkt Sengenthal (DE)
Wasserbau:
Strabag / Josef Möbius, Västerås (SE)

ISARSTEG NORD IN FREISING
Architekten:
J2M Architekten, München (DE)
Tragwerksplaner:
Bergmeister Ingenieure, München (DE)
Oliver Englhardt, &structures, München (DE)
B&C Associati, Como (IT)
Bauherr:
Stadt Freising (DE)

QUEENSFERRY CROSSING BEI EDINBURGH
Entwurfsplanung:
Jacobs Arup Joint Venture, Edinburgh (GB)
Tragwerksplaner:
Forth Crossing Design Joint Venture:
Leonhardt, Andrä und Partner, Beratende Ingenieure VBI AG, Stuttgart (DE)
Ramboll Group A/S, Kopenhagen (DK)
Ramboll UK Limited, Southampton (GB)
Sweco UK, Leeds (GB)
Ausführung:
Forth Crossing Bridge Constructors:
Hochtief Solutions, Essen (DE)
American Bridge International, Coraopolis (US)
Dragados, London (GB)
Morrison Construction, Edinburgh (GB)
Prüfung:
URS, Aecom, London (GB)
Bauherr:
Transport Scotland, Glasgow (GB)

FUSSGÄNGERBRÜCKE IN BE'ER SHEVA
Architekten:
Bar Orian Architects, Tel Aviv (IL)
Projektteam:
Gidi Bar Orian, Nir Ovadya (Projektleiter), Liat Kraus, Ofri Broza
Tragwerksplaner:
Rokach & Ashkenazi Consulting Engineers, Tel Aviv (IL)
Bauherr:
Gemeinde Be'er Sheva (IL)
Landschaftsplaner:
Eitan Eden Architects, Tel Aviv (IL)
Generalunternehmer:
Shura, Caesarea (IL)
Stahlbau:
Adi 2000, Netanya (IL)

KIENLESBERGBRÜCKE IN ULM
Objekt- und Tragwerksplaner:
Krebs+Kiefer Ingenieure, Karlsruhe (DE)
Architektonische Gestaltung:
Knight Architects, High Wycombe (GB)
Bauherr:
SWU Stadtwerke Ulm / Neu-Ulm (DE)
Montage- und Ausführungsplanung:
Klähne Beratende Ingenieure, Berlin (DE)
Ausführung:
SEH Engineering, Hannover (DE)
Geiger & Schüle Bau, Ulm (DE)
Prüfingenieur:
Dr.-Ing. B.-F. Bornscheuer, Stuttgart (DE)

GESCHOSSBAUTEN

INTESA-SANPAOLO-HOCHHAUS IN TURIN
Architekten:
Renzo Piano Building Workshop, Genua (IT), Paris (FR), New York (US)
Studio Inarco (beratende Architekten), Turin (IT)
Tragwerksplaner:
Expedition Engineering, London (GB)
Studio Ossola, Turin (IT)
Studio Tecnico Majowiecki, Bologna (IT)
FHECOR Ingenieros Consultores, Madrid (ES)
Bauherr:
Intesa Sanpaolo
Fassadenplaner:
RFR, Paris (FR)
Landschaftsplaner:
Atelier Corajoud, Paris (FR)
Studio Giorgetta, Mailand (IT)
Innenarchitekten:
Michele De Lucchi, Mailand (IT)
Pier Luigi Copat Architectures, Paris (FR)
Baufirma:
Rizzani de Eccher, Pozzuolo del Friuli (IT)

MORPHEUS HOTEL IN MACAU
Architekten:
Zaha Hadid Architects, London (GB)
Leigh & Orange (ausführende Architekten), Hongkong (CN)
CAA City Planning & Engineering Consultants (Partnerarchitekten vor Ort), Macau (CN)
Tragwerksplaner:
Buro Happold Engineering, London (GB)
Bauherr:
Melco Resorts & Entertainment, Hongkong (CN)

SCIENCE CENTER EXPERIMENTA IN HEILBRONN
Architekten:
Sauerbruch Hutton, Berlin (DE)
Tragwerksplaner:
schlaich bergermann partner, Stuttgart (DE)
Bauherr:
Schwarz Real Estate, Neckarsulm (DE)
Projektsteuerung:
Drees & Sommer GmbH, Stuttgart (DE)
General Construction Management:
Drees & Sommer GmbH, Stuttgart (DE)
Stahlbau:
spannverbund, Waldems-Esch (DE)

ZENTRALBIBLIOTHEK OODI IN HELSINKI
Architekten:
ALA Architects, Helsinki (FI)
Tragwerksplaner:
Ramboll Finland, Espoo (FI)
Projektmanagement:
Ramboll CM, Espoo (FI)
Bauherr:
Stadt Helsinki (FI)
Bauunternehmen:
YIT, Helsinki (FI)
E.M. Pekkinen, Espoo (FI)

BÜROGEBÄUDE ARENA IN HERZOGENAURACH

Architekten:
Behnisch Architekten, Stuttgart (DE)
Tragwerksplaner:
Werner Sobek, Stuttgart (DE)
Bauherr:
adidas, Herzogenaurach (DE)
Landschaftsarchitekten:
LOLA Landscape Architects, Rotterdam (NL)
Fassadenplaner:
KuB Fassadentechnik, Schwarzach (AT)
Generalunternehmer:
Züblin, Stuttgart (DE)
Stahlbau:
ARGE WoS Stahlbau:
Züblin Stahlbau, Hosena (DE)
stahl + verbundbau GmbH, Dreieich (DE)
Brandschutz:
Endreß Ingenieurgesellschaft, Ludwigshafen (DE)

AUSSICHTSTURM IN BRIGHTON

Architekten:
Marks Barfield Architects, London (GB)
Tragwerksplaner:
Jacobs UK, Manchester (GB)
Bauherr:
Brighton i360 Ltd, Brighton (GB)
Berater Schwingungstechnik:
Prof. Max Irvine, Sydney (AU)
Berater Aussichtskabine:
Nic Bailey Design, Dartmouth (GB)
Generalunternehmer:
Hollandia Infra, Krimpen aan den IJssel (NL)
Aussichtskabine, Antrieb & Steuerung:
Pomagalski, Voreppe (FR)

KRAFTWERK LAUSWARD IN DÜSSELDORF

Architekten:
kadawittfeldarchitektur, Aachen (DE)
Tragwerksplaner:
Bollinger+Grohmann, Frankfurt am Main (DE)
Bauherr:
Stadtwerke Düsseldorf (DE)
Lichtplaner:
Andres Lichtplanung, Hamburg (DE)
Stahltragkonstruktion und Metallfassaden:
Züblin Stahlbau, Hosena (DE)
Anlagentechnik und Generalübernehmer:
Siemens, Erlangen (DE)

MEIXI URBAN HELIX IN CHANGSHA

Architekten:
KSP Jürgen Engel Architekten, Frankfurt (DE)/ Peking (CN)
Tragwerksplaner:
Weiske + Partner, Stuttgart (DE)
Bauherr:
Stadt Changsha (CN)

VESSEL IN NEW YORK

Architekten:
Heatherwick Studio, London (GB)
Architekten Ausführung:
Kohn Pedersen Fox, New York (US)
Tragwerksplaner Entwurf:
AKT II, London (GB)
Tragwerksplaner Ausführung:
Thornton Tomasetti, New York (US)
Bauherr:
Related, Oxford Properties Group, New York (US)
Landschaftsplaner:
Nelson Byrd Woltz, New York (US)
Stahlbau:
Cimolai, Porcia (IT)

KULTURZENTRUM THE SHED IN NEW YORK

Architekten:
Diller Scofidio + Renfro, New York (US)
Partnerarchitekten:
Rockwell Group, New York (US)
Tragwerks-, Fahrwerks- und Fassadenplaner:
Thornton Tomasetti, New York (US)
Bauherr:
The Shed, New York (US)
Berater Antriebstechnik:
Hardesty & Hanover, New York (US)
ETFE-Kissen:
Vector Foiltec, Bremen (DE)

IMPRESSUM

HERAUSGEBER
Jakob Schoof

REDAKTION
Roland Pawlitschko,
Lena Stiller

GESTALTUNG
strobo B M
(Matthias Friederich,
Julian von Klier,
Monnier Ostermair)

LEKTORAT
Gabriele Oldenburg

REPRODUKTION
Repro Ludwig,
AT–Zell am See

DRUCK UND BINDUNG
Kösel GmbH & Co. KG,
DE–Altusried-Krugzell

PAPIER
Luxoart samt 1,08-f. Vol.
115 g/m² (Innenteil)
Peydur Neuleinen 135 g/m²
(Einband)

© 2020
DETAIL Business
Information GmbH,
München
detail.de

Die für dieses Buch verwendeten FSC-zertifizierten Papiere werden aus Fasern hergestellt, die nachweislich aus umwelt- und sozialverträglicher Herkunft stammen.

Dieses Werk ist urheberrechtlich geschützt.
Die dadurch begründeten Rechte, insbesondere die der Übersetzung, des Nachdrucks, des Vortrags, der Entnahme von Abbildungen und Zeichnungen, der Mikroverfilmung oder der Vervielfältigung auf anderen Wegen und der Speicherung in Datenverarbeitungsanlagen, bleiben, auch bei nur auszugsweiser Verwertung, vorbehalten.

Eine Vervielfältigung dieses Werks oder von Teilen dieses Werks ist auch im Einzelfall nur in den Grenzen der gesetzlichen Bestimmungen des Urheberrechtsgesetzes in der jeweils geltenden Fassung zulässig. Sie ist grundsätzlich vergütungspflichtig. Zuwiderhandlungen unterliegen den Strafbestimmungen des Urheberrechts.

Bibliografische Information der Deutschen Nationalbibliothek:
Die Deutsche Nationalbibliothek verzeichnet diese Publikation in der Deutschen Nationalbibliografie; detaillierte bibliografische Daten sind im Internet über dnb.d-nb.de abrufbar.

ISBN 978-3-95553-518-6
(Print)
ISBN 978-3-95553-519-3
(E-Book)

FSC www.fsc.org
MIX
Papier aus verantwortungsvollen Quellen
FSC® C013736